HEYNE ‹

Céline Chadelat & Bernard Baudouin

# THICH NHAT HANH

## Ein Leben in Achtsamkeit

### Die Biografie

Mit einem Vorwort von Daniel Odier

Aus dem Französischen übersetzt
von Maike und Stephan Schuhmacher

WILHELM HEYNE VERLAG
MÜNCHEN

Die französische Originalausgabe erschien 2016 unter dem Titel
»Thich Nhât Hanh. Une vie en pleine conscience«
bei Presses du Châtelet, Paris.

Verlagsgruppe Random House FSC® N001967

Taschenbucherstausgabe 10/2019
Copyright © 2016 by Presses du Châtelet
Copyright © der deutschsprachigen Ausgabe 2017 by Lotos Verlag,
München, in der Verlagsgruppe Random House GmbH
Copyright © dieser Ausgabe 2019 by Wilhelm Heyne Verlag,
München, in der Verlagsgruppe Random House GmbH,
Neumarkter Straße 28, 81673 München
Alle Rechte sind vorbehalten. Printed in Germany.
Redaktion: Dr. Martina Darga
Umschlaggestaltung: Guter Punkt, München
Umschlagfoto: © mauritius images/Godong/Alamy
Herstellung: Helga Schörnig
Satz: Satzwerk Huber, Germering
Druck und Bindung: GGP Media GmbH, Pößneck
ISBN 978-3-453-70379-7

www.heyne.de

# Inhalt

## Erster Teil
### Die Realität des Leidens im Buddhismus

## Zweiter Teil
### Eine Stimme des Friedens im Vietnamkrieg

## Dritter Teil
### Der Lotos entfaltet sich

### Anhang I

*Sie sind in der Gegenwart mit Ihrem Leben verabredet.*
*Wenn Sie diese Verabredung versäumen,*
*laufen Sie Gefahr, Ihr Leben zu versäumen.*

THICH NHAT HANH

# Thich Nhat Hanh, Herz und Geist

Die Persönlichkeit von Thich Nhat Hanh zu erfassen ist ein komplexes Unterfangen. Es verlangt eine klare Übersicht über zahlreiche Faktoren, die das Leben, das Handeln und die Lehre dieses großen Zen-Meisters bestimmt haben. Thay, wie er von seinen Freunden und Anhängern genannt wird, trennt die politische und soziale Aktion nicht von der Zen-Praxis ab. Er verstand, alle Kostbarkeiten aus der Tradition der Lehren der ihm vorangegangenen Meister zu schöpfen und sich gleichzeitig gegen die Tradition aufzulehnen und tief greifende Veränderungen in ihr herbeizuführen. Thich Nhat Hanh zu verstehen heißt auch, den Menschen hinter der Aktion, den Dichter, den Künstler wahrzunehmen, dessen unermessliches Mitgefühl über jede parteiische Sichtweise hinausreicht. Der Blick Thays umfängt, er trennt niemals. Was Thay »Achtsamkeit« nennt, wird sowohl auf die schlichtesten und alltäglichsten Aufgaben als auch auf die politische Sicht der Welt angewandt. Die tiefgründige Sichtweise, der zufolge wir eng mit allen anderen Menschen wie auch mit der Natur verbunden sind, tritt bei ihm stets an die Stelle einer Anschauung, die den Menschen im Zentrum einer Totalität sieht, die gleichermaßen unermesslich wie komplex ist. Um die Wirklichkeit zu verstehen, genügt es, achtsam hinzuhören und sich von jeder parteiischen, dogmatischen oder vom Glauben geprägten Sicht zu lösen. Auf die

Frage »Wenn Sie Osama bin Laden begegnen würden, was würden Sie zu ihm sagen?« antwortete er: »Ich würde ihm zuhören«.

Wie alle Zen-Meister hat Thay auch eine provokative Seite von großer Subtilität und wunderbarer Intelligenz. Er geht den Dingen mit einer erstaunlichen Verschmelzung von Zartheit und Strenge auf den Grund. Seine Präsenz ist intensiv, subtil und anmutig zugleich. Er scheut keinen körperlichen Kontakt, wie es viele Mönche tun, und ich erinnere mich mit tiefer Bewegung an das erste Mal, als er mich in die Arme genommen hat – es war eine Übertragung von Stille durch einen völlig gegenwärtigen und befriedeten Körper-Geist.

Ich bin Thay im Jahre 1995 begegnet. Damals war ich Herausgeber einer Reihe von spirituellen Texten und wollte unbedingt sein wundervolles Buch *Wie Siddhartha zum Buddha wurde* über das Leben des Buddha veröffentlichen. In den folgenden Jahren bin ich ihm mehrere Male begegnet, habe mehrere seiner Bücher veröffentlicht, wurde zu seinem Schüler und nahm an Wochenretreats des Ordens Intersein in Plum Village teil. Ich lauschte seinen Lehren, fasziniert von seiner Fähigkeit, die Gesamtheit des Buddhismus in zwei Stunden intensiver und großzügiger Lehre zu umreißen, ganz gleich um welches Thema es dabei gehen mochte. Es war eine Übermittlung von Herz zu Herz oder von Geist zu Geist.

Bei Thay ist die Strenge niemals trocken. Sie ist immer durchdrungen von großer Menschlichkeit, von einer Zartheit und einem tiefen Verständnis für die Wesen und die jeweilige Situation. In ihm verbinden sich Subtilität, Bestimmtheit und Mut. Sein ganzes Leben lang hat er in seinen politischen und humanitären Ansichten die gegnerischen Parteien berücksichtigt, als würde er über ihre Zwistigkeiten hinaussehen, als würde er die Möglichkeit erkennen, die Extreme zum Wohle der Menschen zu vereinen, und wolle nicht den Triumph einer bestimmten Politik bestätigen. Mit diesem Ansatz brachte er manchmal beide Seiten gegen sich auf. Mit unglaublicher Zähigkeit hielt er trotz aller Schwierigkeiten an dieser Position fest, und es gelang ihm, in seinem Kielwasser Hunderttausende von Aktivisten aller Lager mit sich zu reißen.

Das Buch von Céline Chadelat und Bernard Baudouin zeichnet sich durch eine sehr gut recherchierte Darstellung der historischen Umstände aus, die Vietnam in Flammen haben aufgehen lassen. Auch die späteren Konflikte, die Thich Nhat Hanh zum Einschreiten bewogen haben, werden sehr differenziert beschrieben. Denn ohne diesen Hintergrund ist es in der Tat unmöglich zu verstehen, wie sich das humanitäre Ideal des jungen Mönchs entwickelt hat. Es wird begreifbar, wie Thays Persönlichkeit im Umfeld des imperialistischen Chaos und der überzogenen Ambitionen verschiedener französischer, japanischer und amerikanischer Interventionen geprägt wurde, wie ein von nur wenigen unerschrockenen Kameraden umgebener Mann sich gegen deren entfesselte und blutrünstige Systeme erheben konnte. Vietnam ist das in der Geschichte am heftigsten bombardierte Land. Wie kann man auf den schrecklichen Folgeschäden wieder Neues aufbauen, wie sich von Hass und Unwissenheit befreien? Darin besteht der Kampf von Thay und seinen Gefährten, darin besteht auch der Kampf seiner Freunde wie etwa Martin Luther King jr. Es ist daher nicht verwunderlich, dass Thay 1967 von King für den Friedensnobelpreis nominiert wurde (der in diesem Jahr jedoch nicht vergeben wurde). Umso verwunderlicher ist es, dass der Preis 1973 an Henry Kissinger ging, der zwischen Weihnachten und Neujahr 1972 zusammen mit Nixon beschlossen hatte, Tonnen von Bomben auf Hanoi und Haiphong abzuwerfen, um die Friedensverhandlungen vorzubereiten. Bilanz: 1.600 getötete Zivilisten.

Céline Chadelat und Bernard Baudouin ist es gelungen, geschickt die intime Beschreibung der Person Thays mit der Darstellung seines sozialen und politischen Aktivismus zu verbinden, indem sie flüssig von einem zum anderen wechseln. Das Ergebnis ist ein Buch über Thich Nhat Hanh, das für lange Zeit maßgeblich sein wird.

Daniel Odier
Ming Qing Sifu

# Prolog

Am Tag dieses Schuljahresbeginns im September ist der Morgen köstlich frisch und sonnendurchflutet. Munter steige ich aus dem Bus, der mich zum Senat im Odéon-Viertel gebracht hat. Es herrscht diese Stille des frühen Morgens, wenn Paris noch nicht ganz erwacht ist. Ich bin auf dem Weg zu einer außergewöhnlichen Pressekonferenz eines vietnamesischen Weisen, dessen Präsenz und spirituelle Qualitäten mir gepriesen wurden: Thich Nhat Hanh. Diese Pressekonferenz ist das Vorspiel zu einem Wochenende der Meditation und einer Gehmeditation in Achtsamkeit, die in dem Viertel La Défense unter Leitung des Weisen organisiert wird.

Außerdem sind zu dieser Konferenz ein Ökonom, ein Psychiater und ein Ökologe eingeladen, die allesamt bekannte Experten auf ihrem Gebiet sind, sowie eine Senatorin. In ihrer Mitte zeichnet sich blendend, aufrecht und bewegungslos die Silhouette des Zen-Meisters ab. Ihm scheint es zu genügen, er selbst zu sein, aufmerksam den Saal, die Wände, die Decke zu betrachten, die ihn für einige Stunden aufnehmen. Seine braune Robe und sein von Sanftheit durchdrungenes Gesicht geben ihm den Anschein, als würde er einem anderen Raum-Zeit-Kontinuum angehören.

Der Tonfall seiner Worte ist wie ein Murmeln und lässt eine in mir selbst vergrabene Verletzlichkeit zutage treten. So lausche ich schließlich, etwas schutzlos und gar nicht mehr kritisch, den wenigen von diesem buddhistischen Meister gesprochenen Worten. Ich bin einigermaßen erfahren, denn es ist nicht das erste Mal, dass ich mich in Gegenwart eines Weisen solchen Formats befinde. Jedes Mal vollzieht sich die gleiche Alchemie; hier verbreitet sich ein Duft von Sanftmut und Intelligenz, von Kohärenz. Als er vorschlägt, die Abgeordneten sollten vor jeder Parlamentssitzung eine Minute meditieren, begreife ich, dass Thich Nhat Hanh kein Mann ist, der dem Zeitgeist der Gesellschaft unterworfen ist. Er scheint im Fließen seiner eigenen Atemzüge zu schweben.

Im Schneidersitz auf einem Stuhl sitzend, ein Diktiergerät zu meiner Linken, sehe ich aus wie eine Journalistin, bin aber nicht wirklich mehr eine solche. Ich höre zu, ich schweige. Denn hier ist jemand, der uns die Gelegenheit gibt, einfach nur zu sein. Seine Präsenz löscht alles Überflüssige aus, als hätte das Feuer der Liebe alles verbrannt. Die Pressemappe unterrichtet mich, dass das Mitgefühl des Zen-Meisters alles unterschiedslos umfängt: die Menschen und ihre Gewalttaten, ihre Verletzungen, die sie in Theorien, in Konzepten, in politischen Parteien anrichten. So viele Leben unablässigen Kampfes, die den Kreislauf des Leidens immer weiter fortsetzen, aus Mangel an jenem Wissen, zu dem der vor uns sitzende Meister einer der Wege zu sein scheint. Er sagt, dass die blauen Flecken des Lebens entweder in Stein gemeißelt oder in Nektar transformiert werden können. Die Menschen suchten so verzweifelt nach Liebe, sie verwechselten Geld und Erfolg mit dem Glück, sie verlören sich in hypnotischen Spiegelungen und Illusionen. Diesen Schmerz der Menschheit, ich spüre ihn seit meiner Jugendzeit. Der Meister verkörpert die Praxis des Zen, losgelöst und liebevoll, wie eine lodernde Flamme, die die innere Intelligenz erweckt. Gelassen trinkt er auf diesem Podium in einem der Säle des Senats mit behutsam zusammengelegten Händen ein wenig Wasser. Ich könnte mich damit begnügen, zum Thema der Pressekonferenz die Fakten zu berichten, aber ich entscheide mich, seinen Worten eine Chance zu geben.

Wenn er sagt, dass die Rechte und die Linke nicht ohne einander existieren können, gibt er der Realität wieder einen Sinn und eine Tiefe. Thich Nhat Hanh drängt uns aus unserer Komfortzone hinaus. Seine Lehre von der Nicht-Dualität lädt dazu ein, über die bloßen Erscheinungen hinauszublicken. Ohne Waffen und ohne Gewalt reißt er Paradigmen des Denkens, geistige Hirngespinste und erstarrte Vorstellungen ein. Seine Aktion gegen den Vietnamkrieg zeigt, dass er zu jenen höchst seltenen Geistesgrößen gehört, die die Kraft finden, allen Widrigkeiten zum Trotz eine andere Stimme hören zu lassen.

Seine Worte und seine Taten passen sich kaum dem abgehackten Rhythmus der Medien an: kein Lärm, kein Skandal, lediglich Stille, Friede und eine heitere Gelassenheit …

Diese Pressekonferenz wird so gut wie kein Medienecho finden. Das macht nichts, denn die Sanftmut besitzt ihre eigene Kraft, und ein anderer Weg zeichnet sich ab. Achtsamkeit, in den USA bereits weit erprobt, ist ein innovatives Werkzeug im Dienste von Gesellschaften, denen die Luft ausgeht, ein Werkzeug mit ungeahnten Eigenschaften, dessen Thich Nhat Hanh sich seit Jahrzehnten bedient. Als ich mittags den Senat verlasse, fühle ich mich ruhig und berührt.

Am Sonntag beschließe ich, nach La Défense zu fahren und an dem Achtsamkeitsgang teilzunehmen, die Lehren des Meisters zu hören und zu spüren. Unmöglich, nicht dort zu sein.

Es wird ein milder leuchtender Sonntag. Dreitausend Personen gehen in Frieden zwischen den Hochhäusern von La Défense. Im Saal der Grande Arche stimmt eine Nonne einen Gesang mit einfachen Worten an: »Ich brauche nirgendwohin zu gehen, habe nichts zu tun, ich habe alle Zeit der Welt ...« Das Publikum stimmt mit ein. Singe ich oder singe ich nicht? Das ist hier die Frage. Wenn ich singe, werde ich mich dann nicht verlieren, einen Teil von mir verlieren? Wenn ich etwas ehrlich zu mir bin, muss ich zugeben, dass dieser Gesang mich mit jenem Anteil in mir konfrontiert, der die Sanftmut nicht so ohne Weiteres auf eine so elementare Weise auszudrücken weiß. Und dann gibt es noch jenen Teil in uns, der an der Vorstellung festhält, dass »diese Leute, die da gerade singen, merkwürdig sind« und dass »man das Ganze nicht wirklich ernst nehmen kann«. Was die Sache noch mehr verkompliziert, ist mein Herz, das mir sagt, ich müsse singen, es habe große Lust dazu. Also murmele ich einige Worte. Ich lasse die Kontrolle los und fühle mich schon bald bestärkt.

Einige Jahre später, als mir ein Verleger anbietet, an einer Biografie von Thich Nhat Hanh mitzuwirken, sage ich mit Freuden zu. Während der ganzen Zeit des Schreibens an dem Buch im Kontakt mit dem Zen-Meister zu sein ist ein Geschenk, das ich einfach nicht abzulehnen vermag.

Céline Chadelat

## Erster Teil

# Die Realität des Leidens im Buddhismus

# Die Rückkehr des
## erleuchteten Mönchs

Das Jahr 2005 sollte das neununddreißigste und letzte Jahr des Zen-Mönchs Thich Nhat Hanh im Exil außerhalb der Grenzen Vietnams gewesen sein. Nach mehrfachen vergeblichen Versuchen wird ihm aus Hanoi endlich die Erlaubnis erteilt, den Boden seiner Vorfahren zwischen dem 12. Januar und 11. April 2005 für einen Zeitraum von drei Monaten zu betreten.

Auch wenn mit der Exilierung beabsichtigt war, den in die USA emigrierten Mönch und seine Friedensbotschaft in seiner Heimat in Vergessenheit geraten zu lassen, haben ihn diese Jahre umso kraftvoller gemacht. Er kehrt als erleuchteter Meister zurück, umgeben von einer Aura der Dankbarkeit.

Während all der Jahre der Trennung von seinem Heimatland hat Thich Nhat Hanh vermittels der Achtsamkeitspraxis unermüdlich Samen des Friedens in Herz und Geist der Menschen gesät. Obwohl Gewalt häufig mit großer Selbstverständlichkeit angewendet wird, haben sich von Paris bis New York Tausende von Menschen um ihn gedrängt, um seine Lehren über den Frieden zu hören. Was seine Berühmtheit als spiritueller Meister angeht, kann man ihn heute wohl gleich hinter dem Dalai

Lama ansiedeln. Sein aufrichtiges Engagement im Dienste der Schwächsten, sein ungewöhnlicher Mut sowie seine Entschlossenheit, Liebe und Respekt für alle Lebensformen zum Blühen zu bringen, haben ihm außerordentliche Anerkennung eingebracht. Der Präsident der Weltbank Jim Yong Kim sagte über seine Lehre, sie führe »zu einem tiefen Mitgefühl mit allen Leidenden«[1].

Das Wirken von Thich Nhat Hanh als Mönch, Meditierender, Verteidiger des Friedens, Dichter, Schriftsteller und Künstler umfasst alle Aspekte des Lebens. Wie seine tiefe Verbundenheit mit der von ihm verehrten Erde bezeugt, macht er keinen Unterschied zwischen der Liebe für den Menschen, der Liebe für die Natur und der Liebe für das Leben.

Thich Nhat Hanh verbindet die neununddreißig Jahre des Exils vor dem Hintergrund des Kalten Krieges mit der Weisheit des »tiefen Schauens«, das ihm offenbarte, dass Frieden nicht in spektakulären Erklärungen zu finden ist, sondern sich tief im Herzen der Menschen verbirgt und es an ihnen ist, ihn ans Licht zu holen. Dass der Wandel nicht von außen auferlegt werden kann, sondern in einem selbst beginnt. Dass inmitten der großen Konflikte Kräfte am Werk sind, die sehr oft über den Menschen hinausgehen. Doch dass es letzten Endes an ihm ist, in seinem tiefsten Innersten zu entscheiden, auf welche Weise er am Spiel des Lebens teilhaben und es in Aktion umsetzen will. Dem Weisen obliegt es, in Demut die Richtungen zu weisen.

Weit über die Grenzen seines Heimatlandes hinausreichend, widmete sich das Leben von Thich Nhat Hanh der Aufgabe, eine Welt, die mit den Qualen im Ozean des *Samsara*[2] und seinen Wogen von Wut, Hass und Leiden ringt, mithilfe der Kraft von Achtsamkeit zu befrieden. Er lehrte die Achtsamkeit so, wie diese ihn gelehrt hat. Was ist Achtsamkeit? »Sie ist die

Energie, sich dessen bewusst zu sein, was im gegenwärtigen Augenblick geschieht. Wenn Sie vollkommen präsent sind, sind Sie vollkommen lebendig. Dies ist eine Weise, jeden Augenblick Ihres alltäglichen Lebens zutiefst zu leben. Diese Energie schützt Sie und erhellt all Ihre Aktivitäten. Achtsamkeit ist das Vermögen, die Dinge als das anzuerkennen, was sie sind.«[3]

## Die Stigmen

Die Jahrzehnte des Exils haben die Erinnerung an Vietnam nicht aus dem Gedächtnis des charismatischen Mönchs mit den harmonischen Zügen, sanftmütigen Gesten und beruhigenden Worten gelöscht. Die buddhistische Gemeinschaft erwartet die Ankunft von Thay mit verhaltener Begeisterung. »Thay« ist ein Diminutiv, der Zuneigung und Respekt zum Ausdruck bringt und auf Vietnamesisch »Meister« bedeutet. Im Allgemeinen werden all jene damit angesprochen, die das Mönchsgewand tragen und die man *Bhikshus*[4] nennt. Die Gemeinschaft, der viele junge Menschen angehören, erhofft sich viel vom Besuch des Zen-Mönchs. Die Religionsfreiheit ist im Land in der Tat äußerst eingeschränkt.

Im Jahre 2005, dreißig Jahre nach Beendigung des Konflikts, in dem es sich den Vereinigten Staaten widersetzte, leidet Vietnam noch immer unter den Nachwirkungen seiner Teilungen. Die von Thay mitbegründete Vereinigte Buddhistische Kirche von Vietnam wird nicht mehr geduldet. Einige ihrer Führer sind seit mehr als zwanzig Jahren im Gefängnis. Offiziell untersagt die kommunistische Partei Vietnams das Praktizieren des Buddhismus außerhalb eines streng reglementierten Rahmens. Das Volk darf die Tempel nicht besuchen, keine Rituale vollziehen oder Räucherwerk opfern.

Die Machthaber sind sich dessen bewusst, dass sie ihr Ansehen in der Welt mit der Besuchserlaubnis für den so populären Mönch vergrößern können. Die Thay zugestandene Erlaubnis, nach einem derart langen Exil in sein Land zurückzukehren, wird von der vietnamesischen Regierung als eine Politik der Öffnung präsentiert. Die Regierung hat es bitter nötig, die Wirtschaft des Landes zu stabilisieren, doch die Klassifizierung Vietnams als eines der Länder, »die die Religionsfreiheit verletzen«, verwehrt es ihm, in die Welthandelsorganisation (WTO) aufgenommen zu werden.[5]

# Der Tempel von Hue

Thich Nhat Hanh nutzt die von der Regierung bewilligte Aufenthaltsdauer voll aus und unternimmt begleitet von Hunderten von Mönchen und Nonnen sowie neunzig Laien des Ordens Intersein eine Rundreise. Im Rahmen seiner Vorträge und Klausuren begegnet er Zehntausenden von Vietnamesen, die gekommen sind, ihm ihre Ehrerbietung zu erweisen. Zahlreiche junge Menschen fühlen sich von dem einfachen und heiteren Leben der Mönche und Nonnen der Gemeinschaft dermaßen angezogen, dass viele Teilnahme-Ersuche aus Mangel an Platz nicht positiv beschieden werden können. Mehrere Hunderte von jungen Menschen geben dem Wunsch Ausdruck, seine mönchischen Unterweisungen im traditionellen Plum Village zu empfangen.

Als Höhepunkt seiner Reise begibt sich Thich Nhat Hanh zum Tempel Tu Hieu der Kaiserstadt Hue. 1942 bestätigte er im Alter von 16 Jahren in diesem Tempel seine spirituelle Berufung, indem er den wunderbaren Weg der *Bodhisattvas* einschlug. Unsere Welt bedarf dringend der Bodhisattvas, dieser

Wesen, in deren Worten Liebe, Mitgefühl und tiefes Engagement für alle zum Ausdruck kommen. Der buddhistischen Tradition zufolge sind die Bodhisattvas Wesen, die ihr Karma geläutert und Erleuchtung erlangt haben, die sich aber aufgrund ihres Gelübdes, den anderen Wesen zu helfen, weiter im Samsara manifestieren.

Dank ihrer Energie der Liebe und des tiefen Friedens halten diese Wesen die subtilen Kräfte des Planeten im Gleichgewicht und übertragen die Samen von Liebe, Frieden und Mitgefühl an jene, die ihrer bedürfen. Dem Zen-Meister zufolge sind all jene, die dem Weg der Einsicht und des Mitgefühls folgen, Bodhisattvas. »Die Bodhisattvas werden des Leidens, das sie umgibt, niemals überdrüssig, und sie geben niemals auf. Sie schenken uns den Mut zu leben«[6], erläutert Thich Nhat Hanh. Dieser Ansatz zeigt, dass der Zen-Mönch keinerlei Bedenken hat, die buddhistischen Texte zu aktualisieren, indem er sie für alle verständlich macht. Darin liegt die Kraft seiner Botschaft: Selbst der schlimmste Mensch hat einen Wert, er ist ein potenzieller Bodhisattva. Thich Nhat Hanh hat sich niemals gescheut, diese Wahrheit ungeachtet aller Konsequenzen zu bekräftigen.

Und seit jenem Tag im Jahre 1942 hat das Engagement von Thay Tausende Menschen inspiriert und Tausende Bodhisattvas haben sich offenbart!

Von seinem politischen und sozialen Standpunkt her verkündet Thay seine Bereitschaft, jedem zuzuhören und die Realität des Landes zu verstehen, das sich aufs Neue seinen Augen darbietet. Das kolonialistische Erbe Frankreichs und der Indochinakrieg, gefolgt von der ideologischen Instrumentalisierung des Landes durch die Großmächte Russland und die USA haben das Land in einen Schraubstock gepresst, dadurch die innere Teilung verstärkt und schließlich ein ausgeblutetes, starres Vietnam hinterlassen, dessen Machthaber keine anderen Mittel zu kennen scheinen als brutale Repression. Er begreift, wie schwer die Unzufriedenheit der Buddhisten und die Vorstellungen der Regierung miteinander zu versöhnen sind. Doch sein Glaube an das Zuhören und den Austausch bleibt unerschütterlich. Dieses Vermögen, tief zuzuhören, ohne alle Schleier von Urteil und Projektion, ist gewiss einer der Keime der Demut, die so charakteristisch für ihn ist.

Es war der buddhistische Glaube des jungen Mönchs, der ihn unablässig und ohne Umschweife mit den Schwierigkeiten konfrontiert hat, die für die Geschichte Vietnams kennzeichnend sind. Er machte die schreckliche Zerreißprobe seines Landes zu seiner eigenen. Er hat seinen Mitmenschen das Juwel der buddhistischen Weisheit und des universellen Mitgefühls dargebracht. Anstelle des schrecklichen Widerhalls von Maschinengewehrfeuer wählte Thich Nhat Hanh die viel zu sehr vernachlässigte Partitur des Friedens. Wenn es in diesem Drama, das sich an den Grenzen zum Fernen Osten abgespielt hat, einen Gewinner geben muss, dann ist der Zen-Mönch der Siegreiche. Denn der Frieden gewinnt in jedem Augenblick. Im Jahre 2003, in einer Rede vor dem amerikanischen Kongress, erklärte er: »Es gibt keinen Weg zum Frieden. Der Frieden ist der Weg.«

# Der Spross eines Landes
## auf der Suche nach sich selbst

»Ich gehöre dem Geschlecht der Drachen an, du stammst aus dem Geschlecht der Unsterblichen. Wasser und Feuer sind unvereinbar: es fällt uns schwer, in Einklang miteinander zu leben. Wir müssen uns nun trennen.« Mit diesen Worten verabschiedete der legendäre König Lac Long Quan, Beschützer und Volksheld Vietnams, seine Ehefrau, die schöne Unsterbliche Au Co. Die Ursprünge des Landes verbergen sich in dieser uralten Mär, die das Innerste der Erde mit den tiefsten Tiefen des Wassers vermischt. Die Vietnamesen glauben, sie seien aus der Vereinigung von Erde und Wasser geboren, dank dieses dem Wasser entstiegenen Mannes mit ungewöhnlichen Kräften aus dem Geschlecht der Drachen und der schönen Bergfee Au Co.

Der Legende zufolge entstanden die Landschaften Vietnams, wie zum Beispiel die Halong-Bucht, durch die Schlachten schrecklicher Ungeheuer gegen Wesen, die halb Gott, halb Mensch waren. In einem dieser Kämpfe rettete der König die schöne Bergfee. Sie hatten zusammen einhundert Kinder. Die Vietnamesen sollen die Nachfahren dieser gemeinsamen Eltern sein. In ihren Adern fließt ein wenig Blut des Drachen und der

27

schönen Fee. Die eine Hälfte der Kinder sei unter dem Schutz ihrer Mutter in die Berge gegangen, während die andere Hälfte mit dem Vater in die Ebenen Richtung Meer zog, um die Dynastie der Hung zu begründen. Die Geschichte offenbart, dass die Bevölkerung, die sich zuerst im Bergvorland niederließ, das Delta des Roten Flusses erst später erobert hat, nämlich als sie groß genug geworden war, um die Deiche entlang der Flüsse und der Küste zu errichten.

# Unter dem Zeichen des Feuer-Tigers

11. Oktober 1926. Es ist ein Jahr unter dem Einfluss des Feuer-Tigers. Im Herzen Vietnams in einem Dorf namens Qu'ng Ngai in der Provinz Thua Thien-Hue erblickt ein Kind das Licht der Welt in einer Familie einfacher Dörfler. Sie entstammt der Hauptethnie der Viet, deren Wesen als feinsinnig, geschickt und ausdauernd gilt. Es wird auf den Namen Nguyen Xuan Bao getauft. In dieser trockenen Jahreszeit am Anfang des tropischen Winters herrscht zunehmender Mond. Dies ist ein Glück verheißendes Vorzeichen, das auf ein wohlwollendes und optimistisches Temperament schließen lässt.

Bevor er geboren wurde, hatte seine Mutter eine Fehlgeburt gehabt. Als erster Hinweis auf die künftige Weisheit des Jungen löste dieses Ereignis tiefgründige Fragen bei ihm aus.

> »Als ich jung war, fragte ich mich oft: War das mein Bruder, oder war ich es? Wer hat zu jener Zeit versucht, sich zu manifestieren? Dass das Kind verloren wurde, bedeutet, dass die Bedingungen für seine Manifestation nicht gegeben waren, und so hat das Kind sich zurückgezogen, um auf bessere Voraussetzungen zu warten. [...] War dies

mein Bruder, den meine Mutter bei ihrer ersten Schwangerschaft verloren hatte? Oder war es vielleicht ich, der sich anschickte zu kommen, aber stattdessen sagte ›Der Augenblick ist noch nicht gekommen‹ und sich wieder zurückzog?«[7]

Die Weisheit, die Thich Nhat Hanh Jahre später lehrte und der zufolge jedes Ereignis sich zu seiner ihm eigenen Zeit nur dann manifestiert, wenn alle Voraussetzungen dafür gegeben sind, ist das Gesetz der Natur selbst.

Das Gesicht des Kindes wird als ernst und gelassen beschrieben. Es wächst im Schutz einer intakten und üppigen Natur auf. Im kollektiven Bewusstsein der Bewohner besitzen die Natur, die Bäume, die Vegetation und die Elemente eine eigene Sensibilität. Das Feuer, das reinigt, das Wasser, das beruhigt und die Erde und die Reisfelder überschwemmt. Der Wind, der die starken und frischen Gerüche der Erde verbreitet.

Dem Wasser kommt in der Geschichte Vietnams eine besondere Rolle zu. Es hat tausend Gesichter und ebenso viele Farben wie Gerüche. Turbulent und unvorhersehbar im Roten Fluss mit seinen alluvialen Ablagerungen in tiefem Rotbraun, Dunkelblau und Türkis entlang der Ufer. Seine zerstörerische Macht, wenn der Fluss über die Ufer tritt und das Land überschwemmt, wie auch seine wohltuende und nährende Kraft haben die Identität der Bewohner des Landes geprägt. Das vietnamesische Volk hat versucht, das Wasser durch die Kanalisierung in Dämmen und Reisfeldern zu zähmen. Vielleicht wird Vietnam deshalb manchmal »das Land aus Wasser und Legenden« genannt.

Die Beziehungen der Menschen verweben sich mit einer unsichtbaren Welt, in der bestimmten Tieren übernatürliche Kräfte zugesprochen werden. Die Beiträge von Konfuzianismus, Daoismus und besonders dem aus China eingeführten

Buddhismus, und nicht zu vergessen der Einfluss der katholischen Missionare, sind hier ebenfalls auf eine Weise spürbar, die eher einem spirituellen Synkretismus als einer spezifischen Religion entsprechen.

Zu jener Zeit verschreibt sich das Dorf einer lokalen Kultur, und in dem viele Jahrtausende alten Ahnenkult mischen sich die Einflüsse der buddhistischen, konfuzianistischen und daoistischen Philosophie. Die Ahnenverehrung ist ein Erbe der Epoche der Hung-Könige[8], die jedem Haus seinen Altar beschert hat, vor dem der Toten von vier vorangegangenen Generationen gedacht wird. Zur Zeit des kleinen Jungen sind die vietnamesischen Bauern keine feinsinnigen Theologen, doch auch wenn sie nicht fähig sind, ihren Glauben in Worte zu fassen, gibt es nichts, was in ihrem Geist klarer präsent wäre. Das Dorfleben ist vom Rhythmus der religiösen Feste bei Mondschein bestimmt.

Während also in der Ferne die Glocken des Dorftempels erklingen, der Hahn kräht und das langatmige Brüllen der Kühe zu hören ist, begleitet der kleine Nguyen Xuan Bao still seinen Vater zum Familienaltar und rezitiert gemeinsam mit ihm einige Gebete für den Frieden, die für einen Moment im Haus widerhallen. Sein ganzes Leben lang wird er niemals aufhören, diese Ehrerbietung und diesen tiefen Respekt gegenüber den Ahnen zu praktizieren. So wächst er in einer liebevollen und bescheidenen Familie auf. Seine Mutter trägt die schwere Last, für das Haus und die Hausarbeiten zu sorgen. Sein Vater verdient das Geld, mit dem er für den Lebensunterhalt der Familie aufkommen kann. Thay weiß später zu berichten, dass seine Mutter nicht die Mittel besaß, ihm jeden Tag ein Glas Milch zukommen zu lassen, was sicherlich zu seiner kleinen Statur beigetragen hat. Sie hatten etwas zu essen und konnten sich kleiden, aber kaum mehr. Dennoch war ihre schlichte Existenz bedroht.

»Früher wollten meine Freunde und ich Helden werden, die fähig wären, das Leiden zu beseitigen und Unheil abzuwenden. Wir kannten damals jedoch noch nicht den Preis, den ein Held zu zahlen hat, und sicherlich wollten wir aus diesem Grunde die Ritter in alter Zeit imitieren.«[9]

Im Alter von sieben Jahren begegnet der Junge dem Buddha durch ein Bildnis, auf dem Siddhartha Gautama im Gras sitzend in Meditation versunken ist, das Gesicht von der ihn kennzeichnenden heiteren Ruhe erfüllt. Er empfindet sofort große Bewunderung für ihn. Von diesem Augenblick an hat er so etwas wie eine Vorahnung seiner Zukunft. Tag für Tag wird er seine Gedanken durch den tiefen Wunsch nähren, es möge auch ihm bald gelingen, in Frieden zu verweilen – während sich die Gesichter der Erwachsenen um ihn herum immer mehr verschließen.

Die bewegte Geschichte Indochinas wird den jungen Nguyen Xuan Bao auf geradem Weg zur Erfüllung seines *Dharma* als Mann des Friedens führen. Aus diesem Grunde müssen wir uns nun der Vergangenheit Vietnams widmen, insbesondere der Kolonisation, um die Wurzeln zu verstehen, aus denen das Engagement des jungen Mannes erwuchs.

## Die Samen der Gifte

Der »schönste Edelstein des Reiches«, so nannten die Schulbücher und anderen Schriften, die der Verherrlichung des Kolonialepos' Frankreichs gewidmet waren, Indochina. Wenngleich die französische Kolonisation im Vergleich zu der tausendjährigen Geschichte, während der das Land die chinesische Besatzung über sich ergehen lassen musste, nur ein Randphänomen darstellt, ist es doch wesentlich, die Kolonisation zu verstehen, um das Räderwerk des Konflikts zu begreifen, der den Norden und den Süden einige Jahrzehnte später vor dem Hintergrund des Kalten Krieges miteinander konfrontieren sollte.

Die Völker Indochinas kamen zum ersten Mal durch portugiesische, spanische, italienische und französische katholische Missionare, die im 16. Jahrhundert auf der Halbinsel Indochinas eintrafen, mit den Abendländern in Kontakt. Damals ging es nicht um Kolonisation, sondern um Christianisierung. Die vietnamesische Schrift wurde von den Jesuiten latinisiert und sollte die dem Chinesischen nachempfundene Schrift ersetzen. Um die Frohe Botschaft zu verkünden, wurden die katholischen Missionare in die Provinzen entsandt, wo Frankreich zudem noch die Gelegenheit erhielt, einen Zugang zum benachbarten China zu finden.

Die Kolonisation Indochinas begann ab 1858 unter Napoleon III. Als Grund hierfür wurde die Verteidigung verfolgter Christen geltend gemacht. Während der Jahrzehnte der Kolonisation sollten die Reichtümer des Landes von den Kolonisatoren unter dem Vorwand eines »Rechts auf Handel« mit großer Akribie nach Frankreich umgeleitet werden.

Bei der Geburt des Kindes im Jahre 1926 befindet sich Vietnam unter dem Joch des Kolonialreichs Frankreich, dem es 1883 offiziell angegliedert wurde. Die Lebensbedingungen sind sehr schwierig. Unerbittlich zieht der Krake des von dem Kolonialreich etablierten wirtschaftlichen Ausbeutungssystems Tausende von Leben ins Elend, worunter zuerst und vor allem die Schwächsten zu leiden haben. Hat das traditionell friedliche Volk Vietnams als Reaktion auf die vom Kolonialstaat gemachten Versprechen anfangs weitgehend einer Kollaboration zugestimmt, so konnte bald niemand mehr übersehen, was hier gespielt wurde.

Allein die Spekulation auf Kautschuk führt Anfang der 1920er-Jahre zur Rodung großer Waldgebiete und ist mitverantwortlich für die Deportation Tausender von Menschen, um die Nachfrage nach Arbeitskräften durch jene bedienen zu lassen, die man »Jauniers« nennt, da die hier angewandten gewalttätigen Methoden jenen der Sklavenhändler mit den »Schwarzen« gleichen. Diese Wirtschaft bereichert auf direktem Wege Fives-Lille[10], die Baugesellschaft der Batignolles, die Banken Comptoir national d'escompte, Société Générale, Crédit Lyonnais, Banque de Paris et de Pays-Bas oder auch das Unternehmen Michelin.

Die traditionelle dörfliche Wirtschaft Vietnams basiert seit jeher auf dem Anbau von Nahrungsmitteln für den Eigenbedarf. Aber schon bald muss sie der Geldwirtschaft weichen. In einem Zeitraum von wenigen Jahrzehnten wird diese große Umwälzungen in der vietnamesischen Gesellschaft hervorrufen. Die Großgrundbesitzer haben die Ländereien aufgekauft, von denen die Bauern nicht mehr leben können, und so sind diese gezwungen, ihre Arbeitskraft an den Dienstherrn zu verkaufen, meistens zu erbärmlichen Konditionen. Das koloniale Joch hat außerdem allmählich die schwankende Identität Vietnams überdeckt.

# Nationalismus als Reaktion auf den Kolonialismus

Als es 1929 zum Börsenkrach kommt, stürzt die Weltwirtschaft in ein nie zuvor da gewesenes Chaos. Der Kolonialstaat verstärkt seinen Druck auf die vietnamesische Bevölkerung, die durch die Jahrzehnte der Ausbeutung bereits heftig gebeutelt ist, noch mehr.[11] Viele Familien können nicht mehr für ihre

Kinder sorgen und vertrauen sie anderen an. Was die Arbeiter in den Plantagen und Minen angeht, die Kulis, die der französische Staat praktisch als Sklaven einspannt (rund 40.000 pro Jahr allein in Cochinchina, dem Süden Vietnams) oder die er auch in die Kolonien im Pazifik »exportiert« (jeweils 800 Köpfe pro Schiff)[12], so leben diese häufig in miserablen Verhältnissen, bis zur Erschöpfung ausgelaugt und weit von ihren Angehörigen und den Altären ihrer Ahnen entfernt, ohne Hoffnung auf eine Rückkehr zu ihrer Familie.

Als Reaktion auf die Exzesse einer imperialistischen Macht bildet das vietnamesische Volk allmählich ein Gefühl der Zugehörigkeit zu einer gemeinsamen Identität heraus. Die französische Absicht, die lokale Kultur zugunsten kolonialistischer Vorstellungen zu leugnen, die Erniedrigung und die Ausbeutung der Arbeiter sowie das von der Polizei eingesetzte Arsenal an Strafmaßnahmen, die von Rassismus genährt werden, lässt seinen Groll zunehmend anwachsen. Das Kolonialregime verzichtet nicht darauf, die Guillotine und Folter einzusetzen, um seine Ordnung durchzusetzen. Doch so gut wie keinem der Kolonisten scheint bewusst zu sein, dass sie sich in einem Land von großer Kultiviertheit befinden, in dem die Poesie hohes Ansehen genießt. Und so beschreibt der damalige ehrenwerte Korrespondent des *Figaro*, Paul Bonnetain, die Vietnamesen zur Zeit der Tonkin-Kampagne in den 1880er-Jahren folgendermaßen: »Oberflächlich, voller negativer Tugenden und vulgärer Laster, besitzt der Annamit[13] kaum mehr politisches als moralisches Gewissen. Die Abstumpfung durch seine traditionelle Versklavung und die Gesetze sozialer Erbanlagen beherrschen das Gedächtnis dieses Paria Asiens vollkommen. Aufgrund der Vorherrschaft seiner materiellen Instinkte und der Ressourcen seines asiatischen Bodens ausdauernd und fruchtbar, ersetzt dieser Fischfresser die Blutkörperchen und Nerven, die ihm fehlen, durch Phosphor und ist auf fatale Weise von der Domestizierung geprägt.«[14]

Mit der Gründung der Viet Minh, der Liga für die Unabhängigkeit Vietnams, unter der Leitung von Nguyen Ai Quoc, organisiert sich im Stillen ein geheimer Widerstand. Nguyen Ai Quoc hat in Frankreich gelebt und wurde dort 1921 Mitglied der Kommunistischen Partei; unter dem Namen Ho Chi Minh[15] soll er bald zu internationaler Berühmtheit gelangen.

Die mit den kolonialen Verhältnissen verbundenen ökonomischen Verzerrungen und die historische Krise des Nationalismus haben die soziale Basis für den Kommunismus geschaffen und seine Verbreitung im Laufe dieses Jahrzehnts, das durch eine ungleiche Entwicklung der Wirtschaft Indochinas charakterisiert war, erleichtert. Es entsteht ein ziemlich kleines Proletariat (1931 zählt man 221.000 Arbeiter in den einzigen großen Privatunternehmen, die Franzosen gehören), und es kommt zur Zunahme ländlicher und städtischer Unterbeschäftigung, die die außerordentliche Mobilität der vietnamesischen Arbeiter und ihre dauerhafte Bindung an die ländlichen Gebiete deutlich macht. Unter den Auswirkungen des Latifundismus[16] im Mekong-Delta und der Erhöhung der Bodenrente durch Steuerabgaben schreitet die Verarmung der Bauern massiv voran.

Zwischen den Jahren 1930 und 1940 schlägt die Stunde der Entscheidung. Einige Vietnamesen wählen den Weg des radikalen Nationalismus, eine Wahl, die sogar die aufgeklärtesten Geister überzeugt.

Nguyen ist ein Jugendlicher, der bald 16 Jahre alt sein wird. Die aufrichtige Absicht, allen leidenden Wesen Hilfe zukommen zu lassen, beseelt ihn noch immer mit Leidenschaft. Trotz der Vorbehalte seiner Eltern, die sich wegen der schwierigen Lebensbedingungen der Mönche Sorgen machen, begibt er sich zum Kloster Tu Hieu in Hue, das der buddhistischen Schule des Linji-Chan (Rinzai-Zen) angegliedert ist. Diese spezielle Linie gehört zu der Lieu-Quan-Zen-Schule, die sich vor allem in der Mitte und im Süden Vietnams entwickelt hat.[17] Im Schoße dieser Übertragungslinie empfängt der junge Mönch den Mönchsnamen Thich Nhat Hanh und wird seither von seinen Freunden Thay[18] genannt. Im Jahre 1941 wird die Welt in den Zweiten Weltkrieg hineingezogen.

# Zur eigenen Antwort
## auf das Leiden finden

»Das tägliche Leben ist eine unerschöpfliche Quelle des Erwachens.« In der geschützten Anlage des Klosters empfängt der junge Novize die Weisheitslehren von seinem Meister.

Auch wenn er sich seinen Studien mit großem Eifer widmet, kann der junge Mann den Blick doch nicht vom Schicksal seiner Mitmenschen abwenden. In jenem Jahr ist das Leiden in allen Dörfern, Städten und Gebieten Vietnams erdrückend und allgegenwärtig. Einige seiner Freunde verschwinden ganz plötzlich, von Soldaten entführt und umgebracht. Vielleicht ist der Blick des Jugendlichen auf die dramatischen Verhältnisse in seinem Land geschärfter als der seiner Meister.

Während ihm die Realität ins Gesicht springt, ist es die friedliche Umgebung des Klosters, wo die Zeit eher im Rhythmus der Mantras abläuft als in dem politischer Informationen, die den Mönch dazu bringt, den notwendigen Abstand zu der Tragödie zu finden. Das Kloster hilft ihm, zu sich selbst zu finden und die Ereignisse losgelöst vom Einfluss negativer Gefühle einzuschätzen.

Eine der ersten Lektionen im Kloster ist die Praxis der *Gathas*[19]: Die kleinste Aktivität im Alltag ist eine Gelegenheit zur Achtsamkeit. Keine Aktivität ist wichtiger als eine andere. Die Aufmerksamkeit und der Atem sind auf die Bewegung gesammelt, wenn man den Boden fegen, kochen oder sogar einfach nur den rechten Fuß zum Aufstehen heben oder den Daumen zur Meditation auf den Zeigefinger legen muss.

Eines Tages, als er den Raum seines Lehrers verlässt und achtlos die Tür hinter sich zufallen lässt, ruft ihn sein Meister zurück und sagt: »Novize, du wirst dies wiederholen; du gehst noch einmal hinaus und du wirst die Tür mit voller Achtsamkeit schließen.«[20] Thay wird später sagen, dass er seither sein Leben lang verstanden hat, eine Tür zu schließen. Die Liebe seines Lehrers zu ihm wurde nie direkt in Worten zum Ausdruck gebracht.

Diese fortwährende Rückkehr zur Gegenwart verringert die Wirkung äußerer Ereignisse auf die Psyche. Auf diese Weise haben negative Reaktionen wie Zorn oder Angst weniger Einfluss auf den jungen Mönch. Es bleibt ihm überlassen, in seinem Innern seine eigene Antwort auf das Leiden zu finden.

# Erfahrungen sammeln

Die Konfrontation mit dem Leiden fördert das Nachdenken über einen selbst. Aus diesem Grunde ist »Leiden« ein Schlüsselbegriff im Buddhismus. Die Konfrontation mit ihm und seinen wesentlichen Merkmalen Alter, Krankheit und Tod ist so etwas wie eine notwendige Initiation für denjenigen, der die Wahrheit des Lebens erkennen will. Ohne sie lebt der spirituell Suchende an der Oberfläche der Dinge und Wesen und darf sich keine Hoffnung auf eine förderliche spirituelle Entwicklung machen. Thays Lehren sind da unmissverständlich:

»Ich möchte weder meine Freunde noch meine Kinder an einen vom Leiden abgeschirmten Ort bringen, denn an einem solchen Ort wäre es ihnen nicht möglich, Verständnis und Mitgefühl zu kultivieren. Der Buddha hat uns im Übrigen gelehrt, dass wir ohne Leiden niemals die Gelegenheit hätten zu lernen. Auch er hat viel gelitten; und genau aufgrund dieses Leidens konnte er Erleuchtung erlangen.«[21]

Vor 2500 Jahren war die Begegnung mit dem Leiden der Ausgangspunkt für den inneren Weg des jungen Siddhartha, des zukünftigen Buddha. Dem jungen Mann gelingt es, das Leiden in eine wunderbare spirituelle Erfahrung umzuwandeln, die zahllose Menschen inspirieren wird.

Im Alter von 16 Jahren ist er, Mircea Eliade zufolge, Ehemann zweier Prinzessinnen und führt ein sorgloses Leben im väterlichen Palast – bis er dreimal den Palast verlässt. Drei Male, während derer er mit den drei unvermeidlichen Übeln, die die Menschheit bedrücken, konfrontiert wird: Alter, Krankheit und Tod. Als er den Palast ein viertes Mal verlässt, fasst er ein Heilmittel gegen dieses Leiden ins Auge, als er einem bettelnden Asketen begegnet und dessen Frieden und Gelassenheit kontempliert. In Begleitung von fünf Schülern unterwirft er sich daher einer konsequenten Askese und sehr strengem Fasten. Doch als er erkennt, dass diese Form von Askese ihn nicht zu seinem Ziel führt, nimmt er die Gabe von Reis und einer Schale Milch an. Indigniert verlassen ihn seine Schüler. Er setzt sich im wohltuenden Schatten eines Banyan-Baumes nieder und gelobt, sich nicht von diesem Platz zu erheben, bevor er nicht Erleuchtung erlangt habe. Nach einer Nacht, in der Mara[22] auf abgefeimte Weise versucht, seinen inneren Frieden zu erschüttern und seine Erleuchtung zu verhindern, geht er als Sieger aus dessen Angriffen hervor und ist bei Sonnenaufgang zu den Vier Edlen Wahrheiten erwacht.

Die erste Wahrheit, *sarvam duhkham*, besagt, dass alles Leiden ist: »Geburt ist Leiden, Alter ist Leiden, Krankheit ist Leiden«, alles Vergängliche ist Leiden, *Duhkha*. Aber das Leiden ist nicht in einem negativen oder pessimistischen Sinne zu verstehen, im Gegenteil. Thich Nhat Hanh schreibt, dass »wir dazu neigen, vor unserem Leiden zu flüchten, es zu vermeiden und der Suche nach dem Behagen den Vorzug geben. Doch es ist wesentlich, unserer Psyche begreiflich zu machen, dass Leiden manchmal förderlich sein kann. Wir können gar vom Nutzen des Leidens sprechen, denn es zeigt uns auf, wie wir unser Verständnis vertiefen können; ja es macht es sogar möglich, dass sich Akzeptanz und Liebe ganz natürlich in uns entfalten.«[23]

Das Leiden ist für uns eine Gelegenheit, authentischer und menschlicher zu werden. Das Leiden des anderen betrifft auch uns. Es ist die Gelegenheit, das Leben in seiner Ganzheit zu umfassen, um lebendiger und letztlich glücklicher zu werden. Denn das Ziel des Buddhismus ist wohlgemerkt, tiefes und anhaltendes Glück zu erlangen.

Auf einer universelleren Ebene zu versuchen, die Wurzeln des Leidens in der Welt zu verstehen, läuft darauf hinaus, dem Frieden in der Welt eine Möglichkeit zu geben, sich zu offenbaren. Wenn es uns gelingt, die ursprünglichen Wurzeln eines schmerzlichen Ereignisses zu erkennen, gewinnen wir daraus eine verfeinerte und kritische Sicht der Dinge und sind in der Lage, eine angemessene und gerechte Antwort darauf vorzubereiten, die ein dauerhaftes Resultat zu zeitigen vermag. In der Achtsamkeit auf seine Emotionen verschließt der junge Mönch seine Augen ebenso wenig, wie er sie abwendet. Er lässt sie sich mit Tränen füllen, während gleichzeitig seine Menschlichkeit aufwallt. In jedem Fall weiß er, dass Vermeidungsstrategien früher oder später unausweichlich zu einem Leben in Angst und Unwissenheit führen würden.

## Die Trauer transformieren

Die Jugendjahre Thays sind von schmerzlichen Erfahrungen durchzogen. Der Tod beraubt ihn seiner Mutter noch in seiner Jugend. In seinem Buch *Kein Werden, kein Vergehen* teilt er uns mit, was angesichts dieses herzzerreißenden Verlustes in ihm vorging:

> »An dem Tag, an dem meine Mutter starb, schrieb ich in mein Tagebuch: ›Ein schwerer Schicksalsschlag hat mich getroffen.‹ Mehr als ein Jahr litt ich unter dieser Erfahrung. [...] Eines Nachts jedoch [...] träumte ich von meiner Mutter. Gemeinsam mit ihr sah ich mich dasitzen, und wir führten ein wundervolles Gespräch. [...] In aller Deutlichkeit hatte ich den Eindruck, meine Mutter sei nach wie vor bei mir. Damals begriff ich, dass die Vorstellung, meine Mutter verloren zu haben, lediglich eine Vorstellung war. In jenem Moment war für mich offenkundig, dass meine Mutter stets in mir lebendig ist. Ich öffnete die Tür meiner Hütte und ging nach draußen. [...] Jedes Mal, wenn meine Füße die Erde berührten, wusste ich, dass meine Mutter dort bei mir war. [...] Von jenem Moment an hatte die Vorstellung, meine Mutter verloren zu haben, aufgehört zu existieren.«[24]

Mit dem Ende der Trauer öffnet sich ein neuer und prächtiger Tag. Als der junge Mann die Vorstellung vom Tod seiner geliebten Mutter transzendiert hat, sind die Teefelder noch vom frischen Morgentau benetzt. Er ist nicht mehr allein. Sein Bewusstsein hat sich erweitert. Seine Mutter ist immer noch lebendig, weil er ihre Gegenwart in sich spürt. Jedes Wesen ist die Fortsetzung des Lebens seiner Vorfahren. Er macht aus dieser schmerzlichen Erfahrung eine Gelegenheit zur Achtsamkeit.

# DER REBELLISCHE MÖNCH

Dunkle Wolken ballen sich im stillen Himmel über dem Pazifik zusammen.

Tausende Kilometer entfernt marschiert im September 1939 Deutschland in Polen ein. Obwohl es sich keinen Krieg wünscht, ist Frankreich aufgerufen zu intervenieren und tritt in den Konflikt mit Deutschland ein, was in einem Debakel der französischen Armee endet. Mit der Unterzeichnung des Waffenstillstands im Juni 1940 wird die Niederlage Frankreichs besiegelt.

Die japanischen Invasoren, Alliierte der Nazis, nutzen die Situation und ziehen an der Grenze Vietnams Truppen zusammen. Mit der Unterstützung einiger anti-kolonialistischer Bewegungen besetzen sie Indochina auf brutale Weise. Köpfe rollen, seien es nun die von französischen Administratoren oder vietnamesischen Kollaborateuren. In den darauffolgenden Jahren wird der Zugriff der japanischen Besatzung auf den Osten der Halbinsel immer drückender.

Während Nguyen Xuan Bao noch am Anfang seines Lebens steht, sind die Ereignisse jener Epoche für die Entwicklung seines Bewusstseins von großer Bedeutung. Auch wenn man den aufeinanderfolgenden Autoritäten allem Anschein nach die

Verantwortung für das Unglück seines Volkes zur Last legen kann, gelangt der junge buddhistische Aspirant seinerseits jedoch zu einer spirituellen Interpretation der Ereignisse. Das Leiden, das um ihn herum herrscht, bildet das Material zur Schulung und Ausreifung seines Bewusstseins. Das von den Vietnamesen erlittene Schicksal trifft ihn direkt ins Herz. Jedes Ereignis, jede Aktion ist eine Gelegenheit zu einer klaren und tiefen Einsicht.

# Das Aufkommen des Kommunismus

Zur gleichen Zeit, ab September 1941, haben sich andere nationalistische Bewegungen und Widerstandsbewegungen umgruppiert, um unter der Leitung von Ho Chi Minh und der Kommunistischen Partei die Viet Minh, die Liga für die Unabhängigkeit Vietnams, zu bilden.

Als Reaktion auf den französischen Kolonialismus ist dem Kommunismus damals großer Erfolg beschieden. Es waren nicht etwa die Weißen, die den Marxismus bekannt gemacht haben, sondern die Vietnamesen auf der Suche nach einem tiefen Sinn, auf dem eine politische Führung basieren sollte.[25]

Von 1945 an entwickelt sich die Revolution um verschiedene äußere Pole, die in engem Kontakt mit Kräften im Inneren des Landes stehen: China, Moskau und die sowjetische KP, Paris und die PCF (Französische Kommunistische Partei). Aber ihre Ausweitung wird mit voller Wucht auf die Bestrebungen der Amerikaner prallen.

Angesichts dieser Zerstörungskraft, die unabwendbar zu sein scheint und die die Konfrontation seiner Landsleute unter dem Deckmantel von Ideologie und Freiheit vorbereitet, weigert sich der junge Mann, sich zu deren Spielball machen zu lassen. Er beobachtet und meditiert. Das Diamant-Sutra, auf dem auch die Praxis des »zerschneidenden Diamanten« beruht, ruft zur Übung des Unterscheidungsvermögens auf, um Unwissenheit und falsche Interpretationen des Dharma abschneiden zu können, damit der von Buddha gelehrte Mittlere Weg sich durchsetzen möge.

## Die Hungersnot

In den folgenden Jahren wird das Land Indochinas in eine Kriegswirtschaft getrieben, deren hauptsächliches Opfer wieder einmal die Bevölkerung ist.

Nach den vom französischen Generalgouverneur Jean Decoux erhobenen Zahlen rafft eine Hungersnot im Norden Vietnams zwischen Oktober 1944 und Mai 1945 rund eine Million Menschen dahin. Für diese Situation gibt es mehrere geopolitische Gründe. Die Region Tonkin im äußersten Norden Vietnams ist von den Japanern besetzt; ihre Gegner, insbesondere die Vereinigten Staaten, bombardieren die Straßen, greifen Züge, Brücken und sogar Ochsenkarren an und machen dadurch den Transport von Reis aus dem Süden in den Norden äußerst schwierig. Frankreich und Japan beschlagnahmen die Nahrungsmittel der Bauern, um ihre Truppen zu versorgen, während die vollkommen desorganisierte französische Administration unfähig ist, die Nahrung zu liefern und zu verteilen. Ab Anfang 1944 führt die chaotische Lebensmittelversorgung zur Hungersnot.

Im Januar und Februar 1945 verliert ein Teil der Küstenbevölkerung den Kopf und versucht unter katastrophalen Bedingungen in die Provinzen umzusiedeln, die bessere Ernten eingefahren haben sollen: Ungefähr 50.000 Menschen kommen bei diesem Exodus ums Leben. Migrationslager nehmen die unvorsichtigen Reisenden auf, und die Katastrophenopfer werden in Flüchtlingslagern versammelt.

Im März 1945 übernimmt Japan im Gewaltstreich gegen Frankreich die Macht; auf Verlangen der Japaner wird unter der Ägide des Kaisers Bao Dai eine Scheinunabhängigkeit proklamiert. Während diese Regierung versucht, die Nöte der Bevölkerung zu lindern, setzt Japan seine Politik der Beschlagnahmung von Lebensmitteln fort. Ab dem 10. März, dem Folgetag ihrer Machtübernahme, konfiszieren die Japaner alle Dschunken und Konvois mit Reis und bemächtigen sich der Reisvorräte Hanois und mehrerer anderer großer Städte. Aus Mangel an tatsächlichen Mitteln, die der vietnamesischen Regierung bewilligt wurden, weitet sich die Hungersnot aus und sucht den Norden des Landes heim. Aufgrund der Bombardements der Amerikaner sind die Verbindungen zwischen Tonkin und Cochinchina fast völlig unterbrochen. In Hanoi sterben Menschen vor Hunger auf den Bürgersteigen. In der Stadt entstehen Typhus- und Cholera-Epidemien. Durch den Krieg und die Lähmung der Regierung schnellen die Preise für essenzielle Waren, insbesondere Lebensmittel, in die Höhe.

Doch die japanische Besatzung wird nur von kurzer Dauer sein: Fünf Monate später kommt es zu einem Umschwung in der Geschichte Vietnams.

# Der Indochinakrieg

Am 6. August 1945 versetzt die von den Amerikanern über Hiroshima abgeworfene Atombombe Japan einen verhängnisvollen Schlag. Am nächsten Tag stellt Ho Chi Minh ein Komitee zur Befreiung des vietnamesischen Volkes zusammen, das die Entscheidung für einen General-Volksaufstand am

16. August gutheißt. Die Viet Minh bemächtigt sich am 19. August Hanois, und schon bald befindet sich das ganze Land unter ihrer Herrschaft.

Der Kaiser Bao Dai ist gezwungen, in Hue abzudanken. Am 29. August bildet sich eine provisorische Regierung der nationalen Befreiung, bevor am 2. September die Republik und deren Unabhängigkeit proklamiert werden.

Ohne zu wissen, was auf dem internationalen politischen Schachbrett gespielt wird, sieht das vietnamesische Volk am Ende des Zweiten Weltkriegs mit großer Erleichterung, wie sich das Gespenst des Kolonialismus entfernt, und glaubt, nach nunmehr achtzig Jahren der Unterwerfung unter den französischen Kolonialstaat endlich seine Unabhängigkeit wiedergefunden zu haben. Es ist weit davon entfernt zu ahnen, dass das Schlimmste noch kommen wird. Vietnam ist direktes Opfer der Folgen des Abkommens von Jalta[26], das die Herrschaft Frankreichs auf dem Gebiet legitimiert.

Das folgende Jahrzehnt wird den Osten der Halbinsel Indochinas erneut in die Schrecken eines Krieges stürzen, in dem die Viet Minh gegen die Franzosen kämpfen, bis zum Anfang dessen, was ab 1954 gemeinhin der »Indochinakrieg« genannt werden wird.

Diese Jahre sind für Thich Nhat Hanh besonders prägend. Beim Anblick der ausgemergelten Gesichter der Alten, die ihre Toten beweinen, und der Bauern, die fassungslos vor ihren entlaubten Feldern stehen, ist Thay voller Mitgefühl. Er hört den stummen Schrei eines Volkes, das seit Jahrhunderten auf der Suche nach seinem Heilsweg ist. In Nächten der Meditation unter dem Sternenhimmel kontempliert sein inneres Auge das unermessliche vom Buddha übermittelte Wissen. Er erahnt darin die Geheimnisse, die zu wahrem Glück führen, begreift, dass sie sich nur einem aufrichtigen und unvoreingenommenen Geist offenbaren.

Im Alter von zwanzig Jahren ist der junge Mann zwischen der brutalen Realität Vietnams und der Schönheit, die er in der Lehre Buddhas erkennt, hin und her gerissen. Er begreift, dass man den Frieden wirklich mit seinem ganzen Wesen leben muss, um sich nicht von den mächtigen Sirenen der Zerstörung und dem Räderwerk von Gewalt, welches Europa verwüstet, vereinnahmen zu lassen.

Im Alltag ist er mit der brutalen Realität des Krieges konfrontiert. Wie an jenem Tag, als er einen französischen Soldaten am Tempel aus einem Lastwagen aussteigen sieht, der ihm mit vorgehaltenem Gewehr befiehlt, sämtliche Reisvorräte des Tempels herbeizuschaffen. Der Soldat ist jung, abgemagert und bleich. Thay ist gezwungen zu gehorchen; er senkt den Kopf und schleppt die schweren Reissäcke zum Wagen. Wut steigt in ihm auf. Durch seine buddhistische Praxis hat er gelernt, sie zu erkennen:

> »Viele Male habe ich im Lauf der folgenden Jahre über diesen Soldaten meditiert. Ich habe mich auf die Tatsache konzentriert, dass er seine Familie und Freunde verlassen musste, um quer durch die Welt nach Vietnam zu reisen, wo er sich in der schrecklichen Situation befand, entweder meine Landsleute umzubringen oder selbst umgebracht zu werden. Mir ist klar geworden, dass die Vietnamesen nicht die einzigen Opfer waren – die französischen Soldaten waren ebenfalls Opfer.«[27]

## An das Glück glauben

Während dieser Abende der inneren Sammlung bricht der Schrei eines zutiefst erschütterten jungen Mannes hervor. Ein Schrei, der von der Weisheit und der Meditation geprägt und erhöht wurde, den Fermenten einer Askese, aus der eine kraftvolle Schwingung ausstrahlt. Sie ist wie ein Festungswall gegenüber der anderen Macht, jener der Waffen, deren unbesiegbares Äußeres die Menschen verführt, ihren wilden Trieb weckt, sie in einem zornigen Aufwallen mitreißt und ihnen für kurze Zeit das Gefühl gibt, zu existieren. In dieser Kontraktion der Zeit, in der sich der Krieg abspielt, erhält die kleinste Geste eine unglaubliche und faszinierende Intensität, mit der der Mensch sich selbst empfindet.

In diesem Kampf zwischen Leben und Tod erwacht das dumpfe Gefühl, das sich ins tiefe Unbewusste der Welt und des Menschen verkrochen hat: die Angst. Indem er die Bestie im Menschen erweckt, erinnert der Krieg ihn an seine Beschaffenheit. Er selbst sieht das Tier nur in dem anderen, und er redet sich ein, dass er diese Bestie besiegen muss, um die Werte zu bewahren, die er durch den Gegner bedroht sieht. Er glaubt, dass ihn dieser Kampf adeln werde, und so gerät er in die Falle der Gewalt. Eines Tages steht der Soldat morgens auf und weiß nicht mehr, wofür er sich schlägt. Die Kriege enden in einem Blutbad, und immer auf Kosten der Zivilopfer und der Unschuldigen.

Die buddhistische Weisheit lehrt, dass die Manifestationen äußerer Gewalt eine innere Angelegenheit sind. Geadelt wird man nur durch die Meisterschaft über sich selbst und seine Triebe. Man kann die Bestie nicht in den anderen, sondern nur in einem selbst bekämpfen – und das ist eine innere Arbeit, die nicht durch Gewalt geleistet wird, sondern mittels täglicher

Askese und Ausdauer. Der junge Mann lernt, sich aus dem Herrschaftsbereich dieses wilden Instinkts zu befreien, ihn durch Sammlung des Geistes zu meistern, beim Schein einer Kerzenflamme und im Rhythmus von Einatmen und Ausatmen. Durch diese Transformation schmiedet er in seinem tiefsten Inneren eine enorme Seelenkraft.

Sein moralisches Gewissen schreibt ihm vor, alle Lebensformen zu verehren; es lässt ihn nicht in Frieden, solange er nicht das Leid aller, die ihn umgeben, auf konkrete Weise lindern kann. Wie lässt sich die Weisheit anwenden, damit die Menschen glücklich leben können?

Er scheut sich nicht, die Relevanz der spirituellen Lehren hervorzuheben. Er sieht, wie Vietnam in der Zwickmühle, in der es feststeckt, immer mehr von Ideologien beherrscht wird, die ihm fremd sind. Sein Herz krampft sich zusammen, als er hört, wie eine junge Frau ihrem Baby eine kommunistische Hymne vorsingt. Sein Gewissen gebietet ihm, seine Verantwortung voll zu übernehmen. Er macht keinen Unterschied zwischen seinem eigenen Leben und dem seiner Mitschüler; er weiß, dass alle Existenzen miteinander verbunden sind und dass der Glaube, von den anderen getrennt zu sein, eine Illusion ist. Dieses Verständnis hilft ihm, leicht auf andere zuzugehen.

## Ein freies Herz

Der junge Mönch und einige seiner Freunde durchstreifen die Armenviertel der alten Königsstadt Hue im Norden des Landes. Mit Rezitationen und Gedichten beschwören sie einen Widerstand herauf, der sich auf Gewaltlosigkeit gründet. Thays Feder ist bereits flink und virtuos. Aus dieser Zeit stammen einige Essays, die Anfänge dessen, was seine ersten Bücher und auch seine ersten Gedichte werden.

Losgelöst von jeglicher Theorie und Tradition, die sich nicht in Praxis umsetzen lässt, und dem sozialen Status gegenüber gleichgültig, ist Thay ein freier Mensch. In seinem Herzen fühlt er sich immer mehr eins mit dem Leiden der anderen, weitaus mehr, als er sich durch den Gehorsam gegenüber seinem Kloster gebunden fühlt.

1950 wird er vierundzwanzig Jahre alt. Von seinen Freunden unterstützt, beschließt er, das An-Quang-Institut für höhere Studien des Buddhismus zu gründen. Sehr schnell wird er bei dessen Schülern, jungen Mönchen ebenso wie Laien, beliebt, die seinen Kursen mit Wissbegier folgen. Thay zeigt echtes Interesse an den Überlegungen seiner Schüler. Seine Präsenz wird als mitreißend beschrieben, seine Kurse verströmen einen besonderen Duft, der seine Schüler dazu bringt, auf ganz natürliche Weise eine Atmosphäre der Brüderlichkeit zu entwickeln.

Im Jahre 1954 publiziert Thay *Engagierter Buddhismus*, und in einem Essay mit dem Titel *Die Grundvorstellungen der buddhistischen Jugend für Soziale Dienste* entwirft er die Grundlagen für ein weitreichendes Projekt, das die Lebensbedingungen in einem Vietnam verbessern soll, das mit den Ungerechtigkeiten des Kolonialreiches und später mit den Kriegszeiten zu kämpfen hat. In einem weiteren beachteten Essay mit dem Titel *Aktualisierter Buddhismus* präzisiert er das innovative Konzept der Ausweitung buddhistischer Werte auf die Gesamtheit der Bereiche alltäglichen Lebens noch weiter.

Seinen schriftlich niedergelegten Vorstellungen zufolge kann, oder *muss*, ein Buddhist sich im politischen, wirtschaftlichen und zivilen Leben dafür engagieren, ein gerechtes und faires Gesellschaftsideal zu verwirklichen, auch auf die Gefahr hin, sich gegen etablierte Strukturen zu stellen. Die politische, ökonomische und soziale Situation seines Landes bedarf solcher Bemühungen dringend. Sein Ziel besteht also darin, dem Krieg ein Ende zu setzen, die Menschenrechte zu fördern und den Opfern von Naturkatastrophen oder humanitären Katastrophen auf der Grundlage von Brüderlichkeit, Kooperation und Liebe zu helfen.

Angesichts des Leidens, das um ihn herum in Vietnam herrscht, dessen Volk hauptsächlich aus armen Bauern besteht, ist die Umsetzung der Lehren Buddhas in die Praxis zur Verbesserung des Lebens jedes Einzelnen für ihn von solcher Bedeutung, dass ihn die reservierte Haltung der buddhistischen Hierarchie zutiefst betrübt.

Seit einigen Jahren findet der von Gandhi in Indien verkündete Weg der Gewaltlosigkeit in der ganzen Welt ein starkes Echo. In Vietnam ist Thay sehr empfänglich für diese Nachrichten. Der Sieg des indischen Volkes über seine Kolonialherren durch pazifistische Mittel öffnet neue Horizonte für einen jungen Buddhisten, der bereit ist, sein Leben zu opfern, um nicht auf Gewalt zurückgreifen zu müssen. Er beginnt zu hoffen, dass Vietnam eine solche spirituelle Erneuerung, eine Wiederaneignung seiner Identität auf der Grundlage seiner edelsten Werte erleben wird.

Er wagt es, die buddhistischen Sutras unter einem neuen Blickwinkel zu betrachten, und so wecken seine Einsichten und Entscheidungen auch Eifersucht und werden den jungen Mönch seinem Kloster entfremden. Anstatt die Unterdrückung zu akzeptieren, erneuert er lieber die in den heiligen Schriften enthaltenen Wahrheiten.

# Der Duft von Palmblättern

Thay versucht, sich mehr Argumente anzueignen, mit denen er sich auf seinem eigenen Gebiet der entfremdenden Ideologie der Kolonialkultur entgegenstellen kann. Er möchte seine Studien der großen chinesischen Meister mit Prinzipien der modernen Philosophie ergänzen. Seinen innovativen Vorstellungen zufolge soll die jahrhundertealte Tradition mit europäischen Ideen verknüpft werden, wozu die Lehre von Philosophie, Wissenschaften und Sprachen beitragen soll. Schon bald brüskieren diese Vorstellungen die konservative Hierarchie seines Klosters, und er wird von dieser als Agitator angesehen, des »Verrates« am Andenken seiner Gemeinschaft bezichtigt und beschuldigt, die Saat der Abspaltung auszustreuen und die Tradition infrage zu stellen.

Thay führt ein Tagebuch, dem er seine seelische Verfassung anvertraut.

> »Wir litten gleichzeitig unter der politischen Situation in unserem Land und dem Zustand, in dem der Buddhismus sich befand. Wir haben versucht, zu den Wurzeln des Buddhismus zurückzukehren, um den Bedürfnissen der Menschen Rechnung zu tragen, aber uns war kein Erfolg beschieden.«[28]

Dem Mitgefühl eine konkrete und gleichzeitig erneuerte Dimension zu geben bedeutet ihm mehr als alles andere. Doch der erste Schritt dazu ist, das Wagnis einzugehen, die tiefe Weisheit des Buddhismus aus dem abgekapselten Bereich der Klöster herauszulösen. Schließlich, mit genau dreißig Jahren, verlässt Thay schweren Herzens den Tempel – das Unbekannte als einzige Perspektive.

Er ist von einigen Freunden, die seine Auffassung von der Not des Landes teilen, umgeben. In seinem Tagebuch hält er seine inneren Qualen fest:

> »Wir fühlten uns verloren. Unsere Gelegenheit, den Buddhismus in unserem Sinn richtungweisend zu beeinflussen, schien dahin zu sein. Die hierarchischen Strukturen waren einfach zu konservativ! Wie konnten wir junge Leute noch unsere Träume verwirklichen – ohne Rang, ohne Basis und sogar ohne eigenes Zentrum?«[29]

Ihm stehen kaum Mittel zur Verfügung, doch er ist sich dessen bewusst, wie zwingend notwendig es ist, zu handeln. Und so nimmt die neue Ausrichtung, die er seinem Mönchsleben gegeben hat, langsam Form an. Im Herbst 1956 bittet er eine Ältere, eine Nonne namens Dieu, um Rat, und vertraut ihr an, dass er eine Einsiedelei benötige, wo er und seine Freunde leben können. Sie bietet ihm ihre Behausung im Pflaumenbaumwald an, wo sie lebt; sie würde dafür nach Hue ziehen. Da er es nicht zur Umsiedlung dieser alten und geliebten Schwester kommen lassen will, entscheiden er und seine Gefährten sich für den Dai-Lao-Wald im Ort Bsu Danlu. Dort taufen sie die neben dem Wald und dem Kloster liegende Brücke als Hommage an Schwester Dieu »Brücke der Pflaumenbäume«.

Nicht weit von Saigon entfernt, liegt der Ort zurückgezogen auf einem Berggipfel. Im August 1957 zahlen sie zwei alten Bergbewohnern 140 Dollar, zu jener Zeit eine stattliche Summe, für eine Parzelle von dreißig Hektar. Thay unterschreibt die offiziellen Papiere mit »Nhat Hanh«. Einige Jahre später werden die Kommunisten ihm dies anlasten.

Dies ist der Anfang einer Erfahrung von spiritueller Erneuerung sowie des Lebens in einer Gemeinschaft. Sie preisen diese wiedergewonnene Freiheit und genießen die Praxis eines ihren Bestrebungen näher liegenden Buddhismus. »Die vielen Rückschläge hatten unsere Zuversicht stark erschüttert. Wir spürten, dass wir einen Ort brauchten, an dem wir unsere Wunden heilen, Kräfte sammeln und neue Initiativen vorbereiten konnten.«[30] Die kleine Gruppe nannte den Ort Phuong Boi, was »Duftende Palmblätter« bedeutet.[31]

Sie nutzen ihre Zeit für Bauarbeiten, Landwirtschaft und handwerkliche Arbeiten, begleitet von Momenten der Meditation und von Zeremonien, wie etwa der kurzen Dankeszeremonien um den dem Buddha geweihten Altar herum. Es ist ein einfaches, um nicht zu sagen raues Leben, aber jeder verfügt nach eigenem Empfinden über seine Zeit und kann sich zu Augenblicken der Kontemplation in einer Gegenwart zurückziehen, die ihnen als Ewigkeit erscheint.

Der Zen-Mönch geht sogar so weit, seine braune Mönchsrobe gegen Kleidungsstücke einzutauschen, die besser für die rustikalen Bedingungen seines neuen Lebens geeignet sind. Er nimmt sich auch nicht die Zeit, sich den Kopf zu rasieren, weil es so viele andere interessante Dinge zu tun gibt. »In Phuong Boi gab es keine Kleiderordnung. Wir trugen die Hüte und Schuhe, die wir mochten, und alle möglichen Arten von Gürteln. Wenn ich manchmal in den Spiegel schaute, wurde mir bewusst, dass ich wie ein Landstreicher aussah«[32], vertraut er seinem Tagebuch mit einer Spur von Sarkasmus an.

Zurückgezogen von der betäubenden Kakofonie der Gesellschaft, erlebt Thay tiefe Erfahrungen der Einheit mit der Natur. Die Vollmondnächte und der ihn umgebende Wald vertrauen ihm ihre Geheimnisse an, der Regen übermittelt ihm seine Lebenskraft.

»Erst gestern kniete ich am Fenster, um der Sinfonie von
Regen, Erdboden, Wald und Wind zu lauschen. Das
Fenster stand offen, und ich habe es nicht geschlossen. Ja,
ich kniete nur da, mit gesenktem Kopf, von Ehrfurcht
ergriffen, und ließ den Regen meinen Kopf, den Hals und
meine Robe durchnässen. Ich fühlte mich so wohl, so
vollkommen.«[33]

Wenn die Natur ihm die Energie ihrer ungezügelten Wahrheit
anbietet, empfängt der junge Zen-Mönch sie mit seinem ganzen Sein. Diese begünstigte Beziehung zum Kosmos erhält
Thay sein ganzes Leben lang aufrecht, als eine Verbindung, die
immer wieder seine Reflexionen und Entscheidungen inspiriert.

»Heute reagiere ich wieder auf den Ruf des Kosmos,
wenn auch auf eine andere Weise. […] Stellen Sie sich
ein Wesen vor, dessen Mutter seit zehn Jahren tot ist, und
das plötzlich ihre Stimme vernimmt, die es ruft. Das ist
es, was ich spüre, wenn ich den Ruf von Himmel und
Erde höre.«[34]

# Der siebzehnte Breitengrad

1954 wird der Indochinakrieg mit der Niederlage Frankreichs
bei Dien Bien Phu und dem Genfer Abkommen beendet. Zu
diesem Zeitpunkt denken die Vietnamesen noch, sie hätten das
Recht auf Selbstbestimmung errungen. Aber sie haben lediglich
eine Schlacht gewonnen. Das Land ist zweigeteilt. Fünf Jahre
lang versucht sich eine kurzlebige Waffenruhe zwischen den
durch den siebzehnten Breitengrad getrennten Mächten von

Nord und Süd durchzusetzen. Dieser Breitengrad ist eine provisorische Demarkationslinie zwischen der nördlichen und südlichen Zone, ähnlich wie in Korea.

Der Nordosten ist unter Kontrolle der Viet Minh und der vietnamesischen Volksarmee unter der Führung des berühmten Präsidenten Ho Chi Minh. Im Süden, wohin das Französische Expeditionskorps im Fernen Osten sich zurückgezogen hat, kommt eine nationalistische Regierung an die Macht.

Zwei Jahre später soll eigentlich ein Referendum in ganz Vietnam stattfinden, in dem das Volk über seine Zukunft entscheiden kann. Doch der amerikanische Präsident Dwight D. Eisenhower weist dieses Ansinnen zurück, weil er fürchtet, der charismatische Führer von Nordvietnam, Ho Chi Minh, könne achtzig Prozent der Stimmen gewinnen und Vietnam unter seiner Regierung wiedervereinigen.

Und es sind bereits andere Mächte am Werke. Vietnam steht die Konfrontation von zwei Großmächten mit gegensätzlichen Ideologien auf seinem Gebiet bevor. Beide gründen ihre Legitimation auf die politischen Gruppen und Parteien vor Ort.

Sowohl gegenüber anderen Völkern als auch dem eigenen setzen sich schließlich die Kommunisten nicht nur als Anstifter eines Befreiungskriegs im Süden und als Anführer des Widerstands gegen die imperialistische Aggression im Norden durch. Sie verwirklichen zudem ihre Absicht, den Sozialismus im Lande zu etablieren, und stehen heute an der Spitze eines wiedervereinten Staates, der Sozialistischen Republik Vietnam.

# SICH WANDELN,
## UM DIE WELT ZU VERÄNDERN

Thay und seine Freunde setzen ihr Experiment des Lebens in einer Gemeinschaft fort und bleiben mit dem Ausland in Verbindung, wo gemeinschaftliche und sozialistische Lebensentwürfe entwickelt werden.

In der Periode nach dem Zweiten Weltkrieg entstehen in Südostasien zahlreiche Initiativen, die von der buddhistischen Weisheit inspiriert sind. Zwischen 1956 und 1966 suchen Millionen von »Unberührbaren« in Indien Zuflucht im Buddhismus, da sie in ihm im Gegensatz zum Kastensystem der Hindus eine Tradition der Gleichheit und einen Weg zur Befreiung sehen. Auf Sri Lanka wenden Freiwillige der Selbsthilfeorganisation Sarvodaya Shramadana traditionelle buddhistische Prinzipien an, um die Armut der Landbevölkerung zu lindern.

In der Atmosphäre von Phuong Boi verbringt Thay viele Momente im Gespräch mit seinen Freunden Man, Hien, Huong, Tue und Hung über die Richtung, die er dem Engagierten Buddhismus geben will. Das kollektive Leiden hat ein universelles Verantwortungsgefühl unter ihnen entstehen lassen. Denn der Krieg wütet erneut in diesem Land. Wie kann man Liebe-Mitgefühl, die buddhistische Gehmeditation oder die Achtsamkeit anwenden, um den Herausforderungen der Welt zu begegnen? Ihnen ist klar, dass die Kriegstreiber immer Rechtfertigungen für ihr Handeln finden werden, daher streben sie danach, eine Kultur des Friedens zu schaffen, in der Gewalt keine Option ist.

>»Wenn du einen Menschen liebst, dann machst du dir Sorgen um ihn und möchtest, dass sie oder er in Sicherheit in deiner Nähe ist. [...] Wenn also der Buddha das grenzenlose Leiden der Lebewesen um ihn herum sieht, muss er zutiefst betroffen sein. Wie kann er sich unter diesen Bedingungen damit zufriedengeben, einfach nur dazusitzen und zu lächeln? [...] Ein Arzt, der den Zustand seines Patienten gut kennt, bleibt nicht sitzen und quält sich, wie es die Familie tut, indem sie tausend verschiedene Erklärungen findet und vor Angst vergeht. Er weiß, dass sein Patient gesund werden wird, und deshalb lächelt er, obwohl jener noch krank ist. Wie könnte ich nur die wahre Natur des großen Mitgefühls, *Mahakaruna*, ausdrücken?«[35]

Thay beschließt, die Meditation und die Lehren des Buddha Shakyamuni mitten in das Leben einzubringen. Zu dieser Zeit weiß er noch nicht, wie sehr der Engagierte Buddhismus einige Jahre später über die Grenzen Vietnams hinaus zu einer Inspirationsquelle der Kriegsgegner werden wird.

Die Beziehungen zwischen der politischen und der spirituellen Macht, die in Vietnam bereits seit mehreren Jahrhunderten bestehen, haben reiche Früchte getragen. Vom 6. bis zum 13. Jahrhundert hat es sich in bestimmten Situationen als äußerst hilfreich erwiesen, die politische und die spirituelle Macht zu vereinigen.[36] So haben beispielsweise die Chinesen im Jahr 1010 dank der Intervention eines buddhistischen Meisters namens Van Hanh bei der königlichen Familie Vietnams vom Versuch einer Invasion Abstand genommen. Dieser Meister war damals berühmt für seine gewaltfreien Aktionen. Ferner haben sich bestimmte buddhistische Mönche zwischen 1895 und 1898 sowie in den 1930er-Jahren der französischen Kolonialregierung widersetzt und wurden deshalb »kriegerische Mönche« genannt. Die Diskussion des Konzepts eines Engagierten Buddhismus – *nhap gian phat gia* – entsteht in diesem Zeitraum, und die Idee des Buddhismus als »Nationalreligion« setzt sich allmählich durch.

Thich Nhat Hanh weiß um den Einfluss der Schriften von Taixu[37] auf seine Entwicklung. Taixu war ein chinesischer buddhistischer Mönch, dessen Erfahrung auch Anarchismus und Sozialismus umfasste und dessen Schriften bereits früh in Vietnam verbreitet waren.[38] Zahlreiche Themen, die man heute für neu erachtet, wie die Globalisierung, die Grenzen der Technik oder die soziale Ungleichheit, bilden das Herzstück seiner Überlegungen.

Die Begegnung zwischen Buddhismus und Marxismus erscheint anfangs als etwas Selbstverständliches. Die sozialen Werte des Marxismus und des Sozialismus im weiteren Sinne gehen mit dem buddhistischen Altruismus Hand in Hand. Das Studium der Werke von Karl Marx und der Theoretiker sozialistischer und anarchistischer Bewegungen war für viele östliche Leser entscheidend: Das Projekt der kommunistischen Gesellschaft erinnerte sie an das von Buddha propagierte Gemeinschaftsmodell.[39]

In Vietnam stellt die Lehre des Buddha ein Ferment der Kultur dar. Für die Mönche und die Bevölkerung repräsentiert er zudem ein starkes Engagement. Doch die kommunistische Bewegung ist innerhalb von drei knappen Jahrzehnten dermaßen erfolgreich, dass sie zur dynamischsten politischen Kraft im

Lande wird. Was die Ausübung der Macht angeht, sieht sie den Buddhismus als potenziellen Konkurrenten. Während sie sich Anfang der 1960er-Jahre auf der ideellen Ebene noch ziemlich einig waren, wächst auf der politischen Ebene zunehmend die Animosität der kommunistischen Kräfte gegenüber den buddhistischen Mönchen.

Die buddhistischen Gemeinschaften, die es im Laufe der Jahre wagten, das politische System im Orient infrage zu stellen, waren selten. Denn engagiert er sich in der Welt, setzt sich der Mönch den Werten aus, die die Welt regieren und vor denen ihn die klösterliche Abgeschiedenheit schützen soll. Die Komplexität der heutigen Gesellschaften ist eine große Herausforderung. Sie zwingt viele Buddhisten dazu, sich über die Verkettung von Ursache und Wirkung ihrer Handlungen zu befragen.

Aufgrund der sozialen, wirtschaftlichen und politischen Situation in ihrem Land sehen sich zahlreiche vietnamesische Buddhisten dazu aufgerufen, existenzielle Fragen zu stellen. Aus der Sicht des Buddhismus sind sie dazu verpflichtet, sich sehr viel stärker der Tragweite all ihrer Handlungen bewusst zu werden, da diese Auswirkungen auf das gesamte Universum haben. Umso mehr, da es im Kontext eines Krieges unmöglich wird, Neutralität zu wahren, weil diese von der lokalen Macht als eine Form der Komplizenschaft mit dem Gegner verstanden werden kann. Der Krieg ruft die Buddhisten auf, sich für ein Lager zu entscheiden. Und das Lager des Friedens muss erst noch neu erfunden werden.

Die Begegnung zwischen einem Okzident, der die Freiheit durch materielle oder soziale Emanzipation im Außen sucht – wie im Fall des Kommunismus –, und einem Orient, für den die Freiheit nirgendwo anders zu finden ist als im Inneren des Menschen, erscheint vielversprechend.

Angesichts der extremen Spannungen, die das 20. Jahrhundert erschüttert haben, scheint keine dieser beiden Positionen zufriedenstellend zu sein. Die Absichten der Kommunisten mögen löblich sein, doch die Umsetzung ihrer Doktrinen wird im Kontakt mit dem Menschen durch dessen negative Tendenzen und die Gewaltbereitschaft, die ihm anscheinend innewohnen, ausgebremst. Sobald die Verfechter einer Ideologie das Problem der Gewalt dadurch regeln wollen, dass sie das Verhalten der von ihnen Regierten durch die Anwendung von noch größerer Gewalt bestimmen, ohne irgendeine Form von Opposition zuzulassen, gebären sie einen Totalitarismus. Der Kern des Buddhismus besteht darin, genau diese regressiven Tendenzen in positive Kräfte umzuwandeln.

In den 1950er-Jahren ahnt der junge Zen-Mönch nicht annähernd, dass er, indem er den Bewohnern Vietnams die buddhistische Weisheit zugänglicher macht, dabei ist, ihre Verbreitung in einem weitaus größeren Rahmen in Gang zu setzen. Da der vietnamesische Konflikt internationale Dimensionen annimmt, wird Thays Botschaft schon bald ein internationales Publikum erreichen.

# Bewusstsein in Aktion

Eine wesentliche Etappe von Thays Werdegang ist der Darlegung des Engagierten Buddhismus gewidmet. In den folgenden Jahren wird die Bewegung immer mehr an Bedeutung gewinnen, bis sie zwischen 1963 und 1975 zur Wiege des gewaltfreien Kampfes der Buddhisten gegen den Vietnamkrieg wird. Sich selbst zu verändern und die Welt zu verändern werden zu zwei Facetten einer einzigen Zielsetzung. Bewusstsein, Mitgefühl und Handeln verweben sich zu dem Schicksal von Thich Nhat

Hanh, der diese Transformation verkörpert, und bereiten so die Entfaltung einer neuen Weise, auf der Erde zu sein, vor.

Thay wird einer der ersten Bhikshus, die beginnen, außerhalb der religiösen Kurse an der Universität von Saigon Wissenschaften zu studieren. Er und seine Freunde möchten den Vietnamesen eine ökonomische und soziale Alternative unterbreiten.

Anfang der 1960er-Jahre unternimmt Thich Nhat Hanh eine Studienreise in mehrere Länder, insbesondere nach Indien und auf die Philippinen, um sich mit den Praktiken vertraut zu machen, die dort verwendet werden, um die kommunale Entwicklung zu fördern. In Indien trifft er auf das Erbe von Doktor Bhimrao Ramji Ambedkar[40]. Mit dessen Übertritt zum Buddhismus im Oktober 1956, dem sich Hunderttausende von Unberührbaren anschlossen, hatte dieser Sozialreformer eine Wiederbelebung des Buddhismus in Indien ausgelöst.

## Die Saat eines Bodhisattva

Eines Samstags im Mai 1961 bahnt sich in der erdrückenden Hitze Saigons eine junge Frau den Weg durch das unbeschreibliche Gewirr von Rikschas und Fahrrädern. Sie hat lange braune Haare und einen entschlossenen Gesichtsausdruck. Sie ist glücklich – vielleicht in dem Gefühl, ihre Arbeit getan zu haben. Sie teilt die ihr zur Verfügung stehende Zeit zwischen der Universität, wo sie Biologie studiert, und den Elendsvierteln Saigons auf. Seit ihrem 13. Lebensjahr setzt sie ihre jugendliche Energie ein, um den sozial Schwächsten zu helfen. Eine ihrer Lehrerinnen, die voller Bewunderung dafür ist, welche Energie dieses junge Mädchen zugunsten anderer aufbringt, sagt ihr, sie werde aufgrund dieser Tugenden bestimmt als

Prinzessin reinkarniert werden. Aber dem jungen Mädchen ist es egal, ob sie einmal eine Prinzessin wird; in ihren Augen zählt allein, den Schwächsten Erleichterung zu verschaffen und ihnen zu helfen.

An diesem Wochenende begibt sie sich, wie als Belohnung für ihre Bemühungen, in einen Vorort Saigons, um die Lehren Thays zu hören. Ihr Herz ist von der freudigen Erwartung erfüllt, im engsten Kreis in den Genuss der Gegenwart des Meisters zu kommen sowie ihr Wesen von seiner reichen Kenntnis des Dharma nähren zu lassen. Was Thay lehrt, hat sie überzeugt und es hat ihr eine neue Sicht der buddhistischen Praxis geschenkt. Seit sie dem Zen-Mönch vor zwei Jahren begegnet ist, pflegen sie eine regelmäßige Korrespondenz. Seine Ermutigungen geben ihr Kraft.

Zahlreiche andere Schüler haben sich von ihrem Beispiel und ihrem Handeln dazu inspirieren lassen, den Bewohnern der Elendsviertel Hilfe zu leisten. Sie kümmern sich um Kranke und geben Kurse für erwachsene Analphabeten. Die Kinder versorgen sie mit Kleidung und schenken ihnen eine Mahlzeit im Restaurant und einen Besuch im Zoo.

Als sie das erste Mal im Tempel Xa Loi in Saigon an einer der wöchentlichen buddhistischen Unterweisungen von Thay teilgenommen hatte, war sie von seiner Weisheit und Tiefe gefesselt. Er glaubt, dass der Buddhismus den sozialen Aktivitäten der jungen Frau eine neue Dimension geben kann. In seinen verschiedenen Schriften führt er aus, wie essenziell aufrichtiges Mitgefühl für die erfolgreiche Durchführung von Projekten ist, und er möchte mehrere Entwicklungsprogramme in Dörfern unterstützen, »um zu zeigen, dass Wandel von Liebe, Engagement und Verantwortungsgefühl getragen werden kann.«[41]

Zwischen Mai und September 1961 sind es dreizehn junge Schüler, die Thays Lehren empfangen. Dadurch werden sie wie dreizehn Brüder und Schwestern zusammengeschweißt, und sie sind mehr denn je entschlossen, ihre Auffassung des Buddhismus in die Tat umzusetzen. Bescheiden werden sie eine Schule errichten, sich gegenseitig unterstützen und eine *Sangha*[42] begründen, die sie »Die dreizehn Zedern« nennen.

Das Band zwischen Thay und der jungen Frau, die alle Phuong nennen und die sich erst in den 1980er-Jahren Schwester Chan Khong nennen wird, erweist sich als unverbrüchlich. Thich Nhat Hanh schenkt ihr Inspiration und spirituelle Nahrung, während sie im Gegenzug ihre Kühnheit und ihr Organisationstalent in den Dienst an anderen einbringt. Gemeinsam schenken sie den Nektar von Einsicht und Mitgefühl, von Bewusstheit und Aktion aus.

Alles beginnt mit der Bewusstheit. Ohne sie kann sich nichts verändern, kann nichts entstehen oder transformiert werden. Die Bewusstheit ist der innere Führer, der es möglich macht, eine Dimension des Lebens zu schmecken, die gleichermaßen subtil und erfüllt, einfach vollständiger ist. Wie der Buddha vor ihm, predigt Thich Nhat Hanh deshalb die Achtsamkeitspraxis, mittels der von ihm formulierten Fünf Achtsamkeitsübungen: »Ehrfurcht vor dem Leben«, »Wahres Glück«, »Wahre Liebe«, »Liebevolles Sprechen und tiefes Zuhören«, »Nahrung und Heilung«.

In dem Maße, in dem man diese Fünf Achtsamkeitsübungen vertieft und praktiziert, entwickelt man eine größere Bewusstheit, und das Leben offenbart seinen Glanz. Der Meditierende dringt ein in eine weite und klare Dimension, sein Wohlbefinden und das der ihn umgebenden Lebewesen nimmt zu. Er hört auf, willentlich die Schönheit im Außen zu *suchen*, denn in seinen Augen offenbart sie sich in jedem Augenblick.

## Ich bin nicht von der Welt getrennt

»Der Bodhisattva Avalokiteshvara war ein Schüler des Buddha. Eines Tages, als er in tiefe Meditation versunken war, wurde ihm plötzlich bewusst, dass alle Dinge leer sind von einem getrennten Selbst. Als er dies erkannte, überwand er alle Unwissenheit, das heißt, all sein Leiden.«[43]

Der Engagierte Buddhismus ist eine Einladung, die mentalen Barrieren, die uns von den anderen trennen, zu überwinden. Wer seinen Blick nach innen lenkt, erkennt, dass die äußere Welt sich nicht von ihm unterscheidet, denn sein Geist geht über die Welt der Erscheinungen mit ihren Trennungen und Aufteilungen hinaus. Seine Schwierigkeiten sind ihm nicht eigen, sie gehören ihm nicht, denn Millionen von Menschen in der ganzen Welt machen die gleichen Prüfungen, die gleichen Fragestellungen durch. Und alle suchen, ob bewusst oder unbewusst, das Glück.

Diese Einsicht erlaubt eine tiefe Empathie mit allen Wesen: das große Mitgefühl. In seinen Lehren identifiziert Thich Nhat Hanh sich ebenso mit dem Mörder und dem Waffenhändler wie mit den Kriegsopfern.

»Ohne sich dessen bewusst zu sein, verhalten Sie sich sehr oft wie Ihr Vater. Sie glauben allerdings, dass Sie das Gegenteil von ihm sind. Sie akzeptieren ihn nicht. Sie hassen ihn. Wenn Sie ihn nicht akzeptieren, liegt das daran, dass Sie sich selbst nicht akzeptieren. [...] Wir denken, er sei nicht wir. Aber wie könnte es uns ohne ihn geben?«[44]

Den anderen zu verstehen ist wesentlich. Wie könnte man sich eine Versöhnung ohne Verständnis vorstellen? Zu versuchen, den anderen zu verstehen, führt dazu, dass man Informationen über seine Weise zu sein, zu handeln und zu denken sammelt. Auf dem Weg der Heilung ist es unabdingbar, sich zu bemühen, den anderen zu verstehen. Das ist der Pfad zu wahrem Mitgefühl. Anders als ein Gefühl oder eine unvermittelte Emotion ist das Mitgefühl Arbeit in jedem Augenblick.

## Authentische Veränderungen sind oft unauffällig

»Sobald es Einsicht gibt, muss es auch Aktion geben«, schrieb Thich Nhat Hanh. Für den Frieden zu arbeiten bedeutet dem Zen-Meister zufolge, dass man sich bemüht, den anderen und sich selbst zu verstehen, das tiefe Schauen zu praktizieren und bewusst zum eigenen Atem zurückzukehren; alles Dinge, die man jeden Tag kultivieren muss.

Unsere Aktionen mögen im Vergleich mit den militärischen Machtdemonstrationen der Großmächte des Planeten geringfügig oder gar winzig klein erscheinen. Doch es geschieht in jenen Momenten, wo Körper und Geist über die Automatismen der Routine hinausgehen und wo sich das Bewusstsein immer mehr verliert, dass tiefe und andauernde Veränderungen entstehen. Wahre Wunder sind oft unauffällig. Zudem strahlen Gedanken eine Energie aus, ebenso wie Gebete. Wohlwollende Gedanken zu kultivieren sowie das Streben nach einer inneren positiven Transformation auszustrahlen trägt deshalb dazu bei, ein positives Energiefeld zu speisen, das zwar unsichtbar, aber für unser Bewusstsein zugänglich ist – vorausgesetzt, man schafft die Bedingungen, sich mit ihm zu verbinden.

Wer sein eigenes inneres Leiden erkennt, ist also in der Lage, die Arbeit der Transformation zu beginnen. Deshalb spricht Thich Nhat Hanh von der »realen« Veränderung. Die buddhistische Lehre bietet uns Praktiken zur Realisierung einer solchen Arbeit an, und Thays Rolle besteht darin, diese Lehre so vielen Menschen wie möglich zugänglich zu machen.

Schließlich realisiert der Meditierende, dass der Unterschied zwischen der Welt in ihm selbst und der Welt um ihn herum nicht existiert. Thich Nhat Hanh offenbart damit eines der existenziellen Geheimnisse, nämlich dass die innere Transformation ihre Schwingungen auf die äußere Umgebung ausstrahlen lässt. Tenzin Gyatso, der XIV. Dalai Lama, hat bestätigt, dass Thich Nhat Hanh uns deutlich gemacht hat, wie man die positive Wirkung von Achtsamkeit und Meditation dazu nutzen kann, schwierige psychische Zustände zu behandeln und zu transformieren. Dass er uns aufgezeigt hat, welche Verbindung zwischen unserem persönlichen inneren Frieden und dem Frieden auf Erden besteht.

Während dieser viel zu wenigen Jahre, die Thay am Rande der Welt und als Lehrer in Vietnam verbrachte, hat sich die politische Lage im Land noch verschlechtert. Die Regierung Diem im Süden wird finanziell und militärisch von den Amerikanern unterstützt. Die aufeinanderfolgenden amerikanischen Präsidenten Eisenhower, Kennedy und Johnson fürchten die Ausbreitung des Kommunismus auf dem asiatischen Kontinent, insbesondere in den Anrainerstaaten Laos und Kambodscha.[45]

Diem lanciert also mit amerikanischer Unterstützung eine Kampagne gegen die Kommunisten. Aktivitäten, die unter dem Verdacht stehen, kommunistisch ausgerichtet zu sein, werden mit Gefängnis oder sogar mit dem Tode bestraft. Doch seine Regierung wird dermaßen unpopulär, dass ein Teil Südvietnams sich entscheidet, die Kommunisten zu unterstützen, und 1956 eine Guerilla-Bewegung entsteht, die sich Nationale Front für die Befreiung Südvietnams nennt. Diese Bewegung unter der Leitung von Ho Chi Minh, gemeinhin Vietcong genannt, benutzt bewaffnete Propaganda für ihren Kampf. Diese gezielte Gewaltanwendung ist ursprünglich gegen Politiker gerichtet, entwickelt sich jedoch weiter mit dem Ziel, die beiden Staaten wiederzuvereinigen.

Seit einiger Zeit werden Thich Nhat Hanh und seine Freunde von den Autoritäten überwacht, die seine Schriften und seine Kritik an der Politik des Regimes nicht schätzen. Die Atmosphäre in Saigon wird immer angespannter, und Angst breitet sich aus. Thay und seine Freunde sind gezwungen, Phuong Boi zu verlassen und werden bald in alle Winde zerstreut sein. Als Thich Nhat Hanh im September 1961 von der Universität Princeton in den USA ein Forschungsstipendium für Vergleichende Religionswissenschaften angeboten wird, nimmt er dies an.

# Ein wundervolles Zwischenspiel: zwei Frühlinge in Amerika

Princeton, New Jersey. Er befindet sich im Westen in einer Enklave des Friedens, wo nur Ruhe und Wohlwollen zu herrschen scheinen. Die Universitäten bieten seinem Geist einige Jahre der Atempause, bevor er sich wieder in die Welt stürzt.

Thich Nhat Hanhs Aufenthalt in den USA von 1961 bis 1963 erweist sich als sehr bereichernd. Anfangs studiert er an der Princeton Universität, bevor er an der Columbia Universität zum Dozenten ernannt wird. Während seines Aufenthalts dort macht er kurze Ausflüge nach New York, während derer er in dem einzigen vietnamesischen Restaurant der Stadt die köstlich gewürzten Speisen genießt. Dieser Aufenthalt bietet ihm auch die Gelegenheit, sein noch unsicheres Englisch zu perfektionieren.

Im Staat New Jersey, einige Hundert Kilometer von New York entfernt an der Atlantikküste gelegen, genießt Thich Nhat Hanh die Freuden der Kontemplation. Die Natur schenkt ihm Augenblicke der Meditation und der Gnade.

In seinem Tagebuch[46] berichtet er, dass diese Tage, an denen der blaue klare Himmel vom wohltuenden Sonnenlicht erhellt wird, ihm als seelische Nahrung genügen:

»Ich hatte einige Bücher mitgebracht, habe aber keine
Zeit gefunden, auch nur ein einziges zu lesen. Wie könnte ich denn lesen, wo der Wald so still, der See so blau
und der Gesang der Vögel so kristallklar ist?«[47]

In den Wäldern schenkt ihm die Natur die Freude, sich mit
seinem »wahren Ich« verbunden zu fühlen. Die Schönheit der
Natur ist eine Quelle der Erleuchtung. Aber das setzt voraus,
dass man Augen hat, die sie sehen und schätzen können. Der
Blick des vietnamesischen Meditierenden erkennt jeden licht-
beschienenen Fleck, registriert jede Farbveränderung der Landschaft, und sein Herz jubiliert:

»Der Riverside-Park muss um diese Zeit herrlich sein.
Princeton im Herbst ist immer wunderbar. Ich hatte die
Gewohnheit, auf einem schmalen Pfad spazieren zu gehen, der von smaragdgrünem Gras gesäumt war. Die
Luft ist so frisch und würzig um diese Jahreszeit! Beim
leisesten Lüftchen lösen sich die Blätter von den Bäumen
und streicheln deine Schultern. Manche Blätter sind
goldfarben und andere rot wie Lippenstift. Es gibt eine
unglaubliche Vielfalt an Farben. Die fallenden Blätter
sind eine einzige Augenweide.«[48]

Die Natur ist für ihn essenziell, und nach ihrem Rhythmus zu
leben schenkt ihm tiefe Freude.

Natürlich fehlt ihm sein heimatliches Vietnam. Aber der
Kontakt mit der nordamerikanischen Natur erinnert ihn an
Orte, an denen er gelebt hat.

Die letzten Jahre in Vietnam waren von quälenden Konflik-
ten gekennzeichnet. Thich Nhat Hanh sah sich gezwungen, sich
seinen Vorgesetzten zu widersetzen, während die Spaltung in

seinem Land dermaßen tief wurde, dass die Aussicht auf Versöhnung unausweichlich in weite Ferne rückte. Zahlreiche
Mönche wurden durch die politischen Autoritäten überwacht.
Am schwersten zu ertragen war womöglich, dass er sich innerlich unablässig die Frage stellte, ob sein Handeln sinnvoll und
wohlbegründet war.

Diese zwei Jahre in Amerika sind ihm auf verschiedenen Ebenen nützlich. Auf der spirituellen Ebene bietet ihm die durch
seine Situation als Ausländer gegebene Einsamkeit ihre so
schwer erreichbaren Wunder: die Kenntnis seines tiefen Selbst,
und das, was sich daraus ergibt, wie etwa das Verstehen wahren
Mutes.

Sein Umfeld behandelt ihn mit Respekt und viel Aufmerksamkeit, doch Thich Nhat Hanh als Mensch ist isoliert in seinem Zimmer in New York und später in Princeton. Hatte er
doch die Gegenwart seiner Mönchsbrüder und ihre Gespräche,
die sich oft bis tief in die Nacht hinzogen, so sehr geschätzt.
Hier, in dieser Umgebung von riesigen Gebäuden, machen seine braune Robe und sein gleichmütiger Gesichtsausdruck Eindruck, wenn sie nicht gerade ein gewisses Misstrauen hervorrufen. Und er ist nun einmal ein Vietnamese, dessen Sprache in
New Jersey und im Staat New York nirgends gesprochen wird.
Manchmal gefällt es ihm, davon zu träumen, die Melodie seiner
Sprache zu hören. Zwar kommt es tatsächlich eher selten zu
spontanen Kontakten mit anderen, aber eben diese Isolation eröffnet ihm tiefe spirituelle Erfahrungen, wenn auch auf Kosten
schrecklicher Momente, die er auszuhalten hat. In der Stille
entwickelt er ein feines Gehör für sich selbst, das tief und intensiv ist.

# DIE WELT BRAUCHT ECHTE HELDEN

»Nun, da ich im Herzen einer eisigen und hektischen Stadt schreibe, spüre ich, wie in mir diese kindlichen Wünsche aufsteigen. Die Welt hat sich nicht verändert, seit wir Kinder waren. Sie wartet noch immer auf das Auftauchen von echten Helden.«[49]

Im Laufe seines Lebens offenbart sich Thay der Archetyp des Helden immer mehr. Das für die Kindheit typische fiktive Modell weicht dem Zustand eines Menschen aus Fleisch und Blut, der die aus Schatten und Licht bestehende Lebendigkeit der Realität erduldet. Ein Mensch, der dem Leiden und der Wut ins Gesicht blickt, der es wagt, eine innere Heilung herbeizuführen, indem er das Negative ins Positive transformiert: die Essenz des wahren Helden.

Und so sind die letzten Monate des Jahres 1962 von einsamen Erfahrungen gekennzeichnet, von denen einige spirituellen Prüfungen gleichen. Thich Nhat Hanh schätzt die große Bibliothek von Princeton, wo er Zugang zu sehr alten Werken über den Buddhismus hat. Am 1. Oktober studiert Thay also in der Bibliothek. Er geht zu einem Regal, um nach einem Buch zu suchen. Er öffnet es und stellt fest, dass das Buch 1892 veröffentlicht wurde und

er erst die dritte Person ist, die es ausleiht. Ihm wird die vergängliche und zerbrechliche Natur der Dinge und seiner selbst bewusst. Diese Wahrheit offenbart sich ganz schlicht.

> »Ich begriff, dass ich leer von Idealen, Hoffnungen, Mei-
> nungen und Überzeugungen war. Es gab kein Verspre-
> chen, das ich gegenüber anderen einhalten musste. Ge-
> nau in diesem Augenblick war das Gefühl von einem Ich
> als Einheit unter anderen Identitäten verschwunden. [...]
> Wenn Sie mich schlagen, mit Steinen bewerfen oder
> selbst wenn Sie auf mich schießen würden, all dies, was
> als ›Ich‹ angesehen wird, würde auseinanderfallen. Dann
> wird das, was wirklich da ist, sich von allein offenbaren,
> subtil wie der Rauch, unfassbar wie die Leere, ohne je-
> doch Rauch oder Leere zu sein, hässlich und doch nicht
> hässlich, schön und doch nicht schön.«[50]

# Nacht der Ekstase

In der Nacht auf den folgenden 2. Oktober gerät Thich Nhat
Hanh beim Lesen des Berichts über die letzten Tage des engagierten deutschen Philosophen und Theologen Dietrich Bonhoeffer in Ekstase. Dieser wurde nach dem 30. Januar 1933, als
der Feldmarschall Hindenburg die Macht an Hitler abgegeben
hatte, der erste deutsche protestantische Theologe, der in der
Verfolgung der Juden den entscheidenden Einsatz des Kirchen-
kampfs gegen den Nazi-Staat sah. Von den Nazis verhaftet und
zum Tod durch den Strang verurteilt, wurde er am 9. April 1945
zusammen mit einigen Mitverschwörern hingerichtet. Er hinterließ mit *Widerstand und Ergebung* ein bewegendes literari-
sches Zeugnis.

Der Bericht dieses mutigen Deutschen erhebt den jungen Mönch, der beinahe genauso alt ist wie Bonhoeffer zum Zeitpunkt seines Todes, in schwindelnde Höhen der Freude und Liebe.

> »Ich empfand einen Auftrieb von Freude und die Gewissheit, dass ich fähig sein würde, selbst Leiden von einer Größenordnung auszuhalten, wie ich sie bisher nicht für möglich gehalten hatte. Bonhoeffer ist der Tropfen, der meinen Kelch überlaufen lässt, das letzte Glied in einer langen Kette, der Lufthauch, der die reife Frucht zum Fallen bringt. Nach der Erfahrung dieser Nacht werde ich mich niemals mehr über mein Leben beklagen. Mut und Kraft stiegen in mir empor und mein Geist und mein Herz erschienen mir wie Blumen.«[51]

Im Anschluss an diese Erfahrung meditiert Thay über die großen Wesen von Frieden und Mitgefühl, die Bodhisattvas. Wenn das Wohlwollen eines Bodhisattva sich auf alle Wesen erstreckt, so überhäuft er die Menschheit mit den größten spirituellen Reichtümern. Was wäre kostbarer als seine Energie, seine Kraft, sein Vertrauen und seine Ermutigungen? Und so werden einige unter ihnen beschrieben als »Der, der niemals ein Wesen im Stich lässt« und »Der, der die Erde trägt«.

Am 23. Dezember desselben Jahres 1962 ist Thay allein in seiner Wohnung in New York, die er sich mit Steve, seinem Mitbewohner, einem Studenten orientalischer Sprachen, teilt und mit dem er in Freundschaft verbunden ist. Dieser Abend ist das Vorspiel zu einem inneren Sturm, der mehrere Tage anhalten soll. Er lässt alle Formen von Starrheit, Konditionierung und geistiger Gefangenschaft einstürzen, um sein tiefes Sein triumphieren zu lassen, vom Einfluss der Gesellschaft befreit.

Dieser Anspruch an sich selbst verlangt von ihm, auf alles Übrige zu verzichten: seine Freunde, den Komfort, die öffentliche Meinung, die Moral und ihre Konzepte.

»Ich erlebte Zerstörung über Zerstörung und verspürte das heftige Verlangen, mit jenen zu sein, die ich liebte, während ich gleichzeitig wusste, dass ich sie, wären sie anwesend gewesen, hätte davonjagen oder selbst vor ihnen hätte flüchten müssen.«[52]

Es zählt nur noch der Sieg seines tiefen Wesens:

»Die große Frage ist zu wissen, wer ich als Person bin. [...] Ich muss der sein, der ich bin. Ich kann mich nicht erneut in die Muschelschale einschließen, die ich gerade erst zerbrochen habe, und dies ist für mich die Quelle einer großen Einsamkeit.«[53]

Dieser Wille zur Freiheit ist eine Frage des Überlebens. Klarsichtig, wie er ist, weiß er, dass er sich dem brennenden Streben seines ganzen Seins, das die Wahrheit zu finden sucht, nicht entziehen kann, denn sonst würde ihn die Gesellschaft ersticken. Dieses unbezwingbare Bedürfnis, alle Arten von Zugeständnissen auszuräumen, lässt in ihm eine Art Zerstörungsdrang entstehen. In Bezug auf seine Freunde schreibt er:

»Würden sie mich vielleicht im Namen der Freundschaft zwingen, wieder auf die Erde zurückzukehren und mich erneut auf der illusorischen Ebene in die alten Hoffnungen, alten Wünsche und alten Werte hineinzustürzen? [...] Aus diesem Grund will ich die alten Hütten, in denen meine Freunde wohnen, niederbrennen. Ich möchte

Chaos erzeugen, um sie dazu zu bringen, ihre Panzer, in denen sie gefangen sind, zu zerschmettern. Ich will die Ketten, die sie fesseln, zerreißen und die Götter, die sie gefangen halten, stürzen.«[54]

Einige Jahre später werden Tausende von Amerikanern, wie ein Echo auf die einsame Erfahrung des mutigen Zen-Mönchs, die Suche nach einem Dasein erleben, das sich von Ketten der sozialen Ordnung und Moral befreit, in der sie keinen Sinn mehr finden.

Wenn »er selbst zu sein« erfordert, allem Übrigen zu sterben, so erlegt ihm die Wahrheitssuche einen enormen Anspruch auf, der ihm letztlich die wahre Bedeutung von Mut offenbart:

> »Haben wir die Wahrheit einmal erkannt, können wir uns nicht länger von Moos überziehen lassen wie ein alter Stein; wir können nicht mehr die Rolle eines unechten Wesens spielen.«[55]

Diese Erfahrung, die er im Übrigen »Kampf« nennt, ist für Thay keineswegs schmerzlos. In der darauffolgenden Zeit lässt ihn dieser Kampf fast verstummen. Vielleicht bildet sich in diesen Erfahrungen bereits das Tragwerk der Kraft und des Charismas heran, das den Meister auszeichnen wird, wenn er beginnt, seine Friedensbotschaft in der ganzen Welt zu verkünden. In jedem Fall weisen sie ihm seinen außerordentlichen Weg, den eines Helden.

> »O ja, habe ich mir gedacht, ich habe der Bestie direkt in die Augen gesehen und sie als das erkannt, was sie ist. Ich bin wie jemand, der von einer sehr schweren Krankheit genesen ist und der dem Tod ins Angesicht gesehen hat.

Ich habe mich angekleidet und bin den Broadway entlang geirrt. Nach all dieser Dunkelheit dürstete mich
nach der Morgensonne. Die stürmischen Winde hatten
sich endlich verzogen.«[56]

Thay sieht eine neue Morgendämmerung anbrechen.

## Die Religionen sind Schwestern

Im Fachbereich für südasiatische Studien der Universität wird
Thay zu einem bemerkenswerten Lehrer, der von seinen Studenten sehr geschätzt wird. 1961 hat er an der Universität Princeton
einen Forschungsbericht über seine Vision von Christentum,
Judentum und Islam vorgelegt, in dem er betont, wie nah die
Grundelemente dieser verschiedenen religiösen Strömungen
beieinanderliegen. Er unterstreicht außerdem, wie wichtig es sei,
mehr über andere Religionen zu lernen, um die eigene spirituelle Ausrichtung und die daraus erwachsende Praxis besser zu verstehen. Im gleichen Sinne begreift er zunehmend die tiefe Einheit, die der Welt der kausalen Realität zugrunde liegt. Die
praktischen und konkreten Lehren des Buddhismus dienen ihm
als Bindeglied zur Förderung von Toleranz und Zurückweisung
von Diskriminierung.

Seine spirituellen Erfahrungen geben ihm einen Vorgeschmack
vom Paradies. In seinem Tagebuch zieht er eine Lehre Christi
zur Beschreibung seiner Vision heran: »Wie wollt ihr ins Himmelreich gelangen, wenn ihr nicht werdet wie die Kinder?«[57]

Angesichts der Lage seines Heimatlandes nach der Entkolo-
nialisierung ist diese Anerkennung der christlichen Botschaft
bewundernswert und zeugt von einem von seiner Geschichte und seinen persönlichen Erlebnissen befreiten Geist. Thich

Nhat Hanh unterscheidet allerdings zwischen der christlichen Botschaft und der kirchlichen Institution. Denn schließlich waren für viele Vietnamesen die Kirche und ihre Missionare eng mit den französischen Unterdrückern liiert.

1963 lehrt Thay Vergleichende Religionswissenschaften an der Columbia-Universität. Seine Kenntnisse auf dem Gebiet der großen spirituellen Strömungen und sein Charisma eines Zen-Meisters werden sehr geschätzt und tragen ihm ein zunehmendes Renommee ein. Dennoch quält ihn ein ständiger Zweifel. Er fühlt sich unbehaglich angesichts der Fragen seiner Studenten nach der letzten Wahrheit. Er ist sich nämlich bewusst, dass seine Antworten noch immer sehr viel von einem Buchwissen haben. Es ergeben sich daraus keine echten Heilspraktiken.

Für ihn muss der Buddhismus, wie auch jeder andere spirituelle Weg, gänzlich gelebt werden. Das bringt ihn dazu, zu sagen: »Der Buddha und Jesus müssen sich in jedem Augenblick in uns begegnen.«[58]

Thich Nhat Hanh unterhält eine rege Korrespondenz mit seinen Studenten. Cao Ngoc Phuong, die so sehr für den Sozialen Dienst engagierte junge Frau, ist gerade in Paris. Sie beendet ihre Doktorarbeit über Süßwasseralgen und schließt sich ihm bald darauf in New York an. In ihrem Austausch erklärt er ihr, dass es möglich sei, Erleuchtung zu finden, indem man den Bedürftigen helfe, vorausgesetzt man handele dabei mit voller Achtsamkeit. Er bestärkt sie in der Auffassung, dass der Buddhismus eine wunderbare Gelegenheit sei, einen positiven Beitrag zur Gesellschaft zu leisten, und sichert ihr seine Unterstützung bei ihren Bemühungen zu. Er möchte andere Menschen zusammenbringen, die die gleiche Vision teilen, und hofft, Dörfer aufbauen zu können, die als Entwicklungsmodelle für die Arbeit auf dem Gebiet der Erziehung, Landwirtschaft und Gesundheitsfürsorge dienen können.

## Still inmitten der Flammen sitzen

Bald reichen die Meditation, die Theorie und das Lehren nicht mehr aus, um Thich Nhat Hanhs Leben auszufüllen. Es ist ihm ein dringendes Bedürfnis zu helfen, zuzuhören und zu trösten. Die Nachrichten, die er aus Vietnam erhält, sind alarmierend. Tausende Kilometer entfernt liefern sich dort, nach einigen prekären Jahren der Atempause, der Norden und der Süden einen brudermörderischen Kampf. Aufgrund seiner intensiven Korrespondenz mit seinen ehemaligen Schülern und seinen Freunden bleibt er gut informiert und im Inneren mit seinem Land verbunden.

> »Unser Heimatland ist kurz davor, ein verheerendes Unwetter zu erleben. Das unterdrückende Regime, das seine Macht dazu benutzt hat, seine Habgier zu befriedigen, hat zu viele Ungerechtigkeiten verursacht. Die wachsende Unzufriedenheit veranlasst immer mehr Männer und Frauen, sich der Nationalen Front zur Befreiung anzuschließen. Ungerechtigkeit, Unterdrückung und Korruption stärken die Opposition jeden Tag mehr. Es ist die Regierung, die jeden Tag aufs Neue diese explosive Situation erzeugt.«[59]

Die Lage verschärft sich gefährlich, als das Regime von Ngo Dinh Diem in Südvietnam religiös motivierte repressive Maßnahmen ergreift, um die Bevölkerung zum Katholizismus zu bekehren. Als die Autoritäten das Hissen der buddhistischen Flagge und die Feierlichkeiten zum Vesak, dem Geburtstag des Buddha und größten Fest des Jahres, verbieten, sind Demonstrationen unausweichlich. Die Antwort der Regierung lässt nicht auf sich warten. Panzer fahren gegen die Demonstranten auf, Jugendliche werden getötet und diejenigen, die im Verdacht stehen, Versammlungen zu organisieren oder Intrigen zu spinnen, werden verhaftet und gefoltert. Die Mönche berufen sich auf die Religionsfreiheit; Akademiker in Saigon und Hue treten aus Protest zurück; einhundertzwanzig Studenten beginnen einen Hungerstreik und Tausende weitere drängen sich in den Pagoden. Mehrere Mönche und Nonnen opfern sich in Akten der Selbstverbrennung, doch das Regime lässt bei den Demonstrationen weiter auf die Menge schießen, die trotzdem immer größer wird.

Am 11. Juni 1963 begeht Thich Quang Duc, ein betagter buddhistischer Mönch, als Prostest gegen den Machtmissbrauch der Regierung und die Dauer dieser Repression in Saigon, im Süden des Landes, eine machtvolle und schreckliche Tat. Nachdem er sich mit Benzin überschüttet hat, setzt er sich selbst in Brand. Vor den Augen der Passanten wird sein im Lotossitz verharrender Körper von den Flammen verzehrt. Die junge Cao Ngoc Phuong, die auf ihrem Moped die Stadt durchstreift, wird Zeugin dieser Szene: »Ich sah, wie er still und mutig inmitten der Flammen saß. Er strahlte einen solchen Frieden aus, dass diejenigen von uns, die um ihn herumstanden, weinten und untröstlich zu sein schienen.«[60] In diesem Augenblick steigt ein tiefer Wunsch in ihr auf, »etwas für die Respektierung der Menschenrechte zu tun, auf eine so schöne und friedvolle Weise wie Thich Quang Duc«[61]. Diese Selbstverbrennung löst eine Schockwelle im ganzen Land aus, und das Bild des brennenden Mönchs geht um die ganze Welt.

Thich Nhat Hanh seinerseits entschließt sich, eine Pressekonferenz in der Carnegie Hall in Manhattan zu geben, in der er seinen Entschluss ankündigt, ein fünftägiges Fasten zu beginnen, das begleitet sein wird von tiefen Meditationen über Mitgefühl und von Gebeten, dass die Freiheit endlich über die Tyrannei siegen möge. Die amerikanische buddhistische Akademie erklärt sich bereit, ihre Räume für seine spirituelle Aktion bereitzustellen. Sein treuer Freund Steve unterstützt ihn, indem er ihn zweimal am Tag mit etwas frischem Wasser versorgt und ihm gleichzeitig Journalisten und Schaulustige vom Hals hält.

Auf der politischen Ebene verständigt Thay seit einigen Monaten mehrere asiatische Delegierte der Generalversammlung der Vereinten Nationen, insbesondere den Botschafter von Thailand, über die Ausschreitungen des totalitären Regimes, das in Südvietnam wütet. Er verlangt, dass die vietnamesische Frage in die Tagesordnung der Verhandlungen der Versammlung aufgenommen wird.

Im Oktober 1963 entsendet die UN eiligst eine Kommission, die sich über die brutalen Ausschreitungen der Polizei informieren soll. Nach einer weiteren Selbstverbrennung durch einen Mönch, dieses Mal vor der Kathedrale von Saigon, wird der Diktator Diem schließlich am 2. November von seinen eigenen Offizieren hingerichtet.

Einer der Führer der Vereinigten Buddhistischen Kirche von Vietnam, Tri Quang, telefoniert mit Thay und fleht ihn an, nach Vietnam zurückzukehren. Das ist eine Überraschung für Thay. Tri Quang ist ein betagter Mönch, der in Hue lebt und zu denjenigen in der buddhistischen Hierarchie zählte, die Thays Bemühungen, eine Renaissance des Buddhismus herbeizuführen, feindlich gegenüberstanden. Er möchte nun, dass Thay sich ihnen in ihrem Kampf für ein Ende des Krieges anschließt. Also beschließt Thay, seinen Aufenthalt in den USA zu beenden. Er legt einen Zwischenstopp in Paris ein, um einige buddhistische Freunde zu besuchen, und kehrt schließlich auf die Halbinsel zurück, um an einer möglichen Versöhnung mitzuwirken.

Nach seinen einsamen Erfahrungen wird nun ein neuer Mensch den Boden Vietnams betreten.

Zweiter Teil

# Eine Stimme des Friedens im Vietnamkrieg

# Der Lotos im Feuermeer

**18.** Dezember 1963: Das Flugzeug, in dem Thich Nhat Hanh reist, landet auf dem Flughafen Tan Son Nhat von Saigon. Im Zeitraum von drei Jahren ist Vietnam zum neuralgischen Punkt des Kalten Krieges geworden. In wenigen Monaten wird die ganze Welt wie gebannt auf die schmale Halbinsel blicken.

Zwischen 1960 und 1963 haben die USA ihre Unterstützung des südvietnamesischen Regimes verstärkt. Präsident Kennedy ist ebenso wie seine Vorgänger unfähig, den Nationalismus Vietnams vom Kommunismus zu unterscheiden: Ho Chi Minh siegen zu lassen hieße für ihn, den Vormarsch des Hauptfeindes, der UdSSR, zu akzeptieren, und wäre keine berechtigte Vereinigung eines geteilten Landes. Zum andern sind die USA seit sechs Jahren in Vietnam präsent, und sie müssen beweisen, dass sie in der Lage sind, dort Resultate zu erzielen, wo die Regierung Diem gescheitert ist.

Die Bauern werden von beiden rivalisierenden Lagern beschuldigt. Das Land befindet sich in völliger Unordnung. Viele Vietnamesen meinen in der Tat, dass die amerikanische Präsenz den Konflikt nur verschärft. Denn ohne die amerikanische Hilfe wäre das südvietnamesische Regime schon lange gestürzt worden. Eine weitere bedeutende Schwierigkeit für die Amerikaner ist, dass der Feind sich im Schoß der Bevölkerung einnistet. Die amerikanischen Berater sind unfähig, einen Vietcong von einem Bauern zu unterscheiden, und so misstrauen sie allen.

Für die vietnamesische Bevölkerung dauert der Krieg, der auf den etwa zehn Jahre anhaltenden Konflikt mit den Franzosen folgte, bereits weitere zehn Jahre. 1964 kommt den Vietnamesen der Krieg schon endlos lang vor. Doch dies ist nur der Auftakt zu einem neuen Martyrium.

Der öffentlichen Meinung Amerikas zufolge markiert das Jahr 1964 mit der Entsendung neuer Bodentruppen gerade erst den Anfang des Krieges. Im Frühjahr 1964 haben noch weniger als die Hälfte der Amerikaner jemals etwas von Vietnam gehört, und die Medien behandeln diesen weit entfernten Konflikt mit einer Mischung aus Enthusiasmus und Patriotismus.

Die auf das Gebiet Südvietnams entsandten Amerikaner befanden sich zu jener Zeit in einer seltsam paradoxen Lage. Sie waren Imperialisten mit guter Kenntnis des Geländes. Obgleich sie Aufbau leisteten, Waffen und militärische Unterstützung lieferten und sich damit brüsteten, das vietnamesische Volk aus den Fängen des Kommunismus zu befreien, fanden sich diese Wohltäter des Volkes nichtsdestotrotz an der Zerstückelung einer Nation beteiligt. Sie setzten ihre Gesundheit in der mörderischen Hitze aufs Spiel und manche opferten bei den Angriffen des Vietcongs sogar ihr Leben für diese Vietnamesen, die ihre »Hilfe« gar nicht haben wollten.

Als im August 1964 ein amerikanisches Kriegsschiff im Golf von Tonkin von nordvietnamesischen Schnellbooten angegriffen wird, nutzen die USA diesen Zwischenfall aus. Er bietet ihnen den Vorwand, auf den sie gewartet haben, um Nordvietnam angreifen zu können. Am 7. August stimmt der Kongress

für die Tonkin-Resolution, die es dem Präsidenten Johnson erlaubt, alle erforderlichen Maßnahmen in Südostasien zu ergreifen. Der Tonkin-Zwischenfall wurde wahrscheinlich von den
Amerikanern bewusst provoziert und war womöglich sogar ein
abgekartetes Spiel. Die Gegenseite, der Norden, fasst diese
Resolution als Kriegserklärung auf. Präsident Kennedy hatte
bereits mehr als sechzehntausend »Militärberater« nach Südvietnam entsandt, um das Kommando der südvietnamesischen
Armee gegen die NFB (Nationale Front für die Befreiung von
Süd-Vietnam oder Vietcong) zu übernehmen. 1964 verstärkte
Präsident Johnson dieses Kontingent auf 32.000. Im März 1965
beginnt dann schließlich mit der Operation Rolling Thunder
(»Rollender Donner«) die erste große Luftoffensive der ameri-
kanischen und südvietnamesischen Luftwaffe gegen Ziele in
Nordvietnam und Laos.

Daraufhin rücken China und die UdSSR ihre Bauern auf
dem vietnamesischen Schachbrett nach vorn und entsenden
ebenfalls Militärberater. Die Großmächte stehen vor einem
Kräftemessen.

## Dem Leiden zuhören

Nach Ablauf der zwei Jahre in den USA, die eine Zeit der Arbeit, der Lektüre und der Lehre in einer friedvollen Umgebung
mit wohlwollender Aufmerksamkeit waren, taucht Thay mit
großer Freude erneut in die Atmosphäre, die Farben, die Düfte
und die Rhythmen ein, die für seine heimatliche Umgebung
so typisch sind. Aber sehr schnell verblassen diese ersten Eindrücke.

Thich Nhat Hanh erkennt, dass sein Land in einen immer
dramatischer werdenden Zustand abstürzt. Nach zwei Jahren

des Aufenthalts im modernen Amerika realisiert er plötzlich, in welchem Maße das Vietnam der 1960er-Jahre unterentwickelt ist. Auch wenn er in Saigon einige neu errichtete Gebäude vorfindet, begegnen ihm fast überall nur Armut und Not: hier bei zahnlosen und in Lumpen gekleideten Alten, dort bei den illegalen Straßenhändlern, die mit Schwierigkeiten genug zusammenklauben, um gerade zu überleben, dann wieder, wenn sein Blick auf Kinder fällt, die inmitten von Abfall spielen. Was ihn jedoch am tiefsten berührt, ist die Masse der Flüchtlinge, die vom Land und vor dem Krieg geflüchtet sind und sich nun im Zentrum der Stadt unter grässlichen Bedingungen zusammenballen, ohne ihre Bedürfnisse decken zu können, und die den katastrophalen Zustand eines Landes am Rande des Chaos ungeschminkt offenbaren.

Wie empfindet das reine Herz des Zen-Mönchs diese Lage?

»Unmengen an Flüchtlingen hatten ihr ländliches Zuhause verlassen, um dem Krieg zu entgehen. Dieser Anblick betrübte mich zutiefst und ich begriff, dass Vietnam an einem katastrophalen Punkt in seiner Geschichte angelangt war. Werden meine Freunde und ich wohl fähig sein, diesen Menschen dabei zu helfen, einen neuen Weg einzuschlagen?«[62]

Die Frage, die sich dem Zen-Mönch stellt, ist, *wie* er helfen kann. Wie können die Bauern dem Elend entkommen? Wie kann die Lehre Buddhas einen Beitrag dazu leisten? Welche praktischen Schritte müssen unternommen werden? Dies sind einige der Fragestellungen, auf die er seinen Geist zwischen seinen täglichen Gehmeditationen konzentriert.

## Das Gesetz der Vergänglichkeit

In den Wochen nach seiner Rückkehr kann Thay nicht umhin, an Phuong Boi zu denken.

Mit einem Rucksack auf den Schultern verlässt er am 27. Januar 1964 die Stadt mit dem Bus, um sich an den Ort zu begeben, wo er so viele glückliche Stunden seines Lebens verbracht hat. Der Busfahrer setzt ihn auf der Höhe der Straße 190 ab. Nach einer kurzen Wegstrecke auf der alten Straße bahnt er sich seinen Weg durch ein Pflanzendickicht. Von dem Pfad, den er und seine Freunde monatelang begangen haben, gibt es keine Spur mehr; die Vegetation hat alles überwuchert. Schließlich gelangt er zur »Pflaumenbrücke« und sieht, dass mehrere ihrer Balken zerbrochen sind. Als er die Hütte »Freude der Meditation« erreicht, findet er sie wider Erwarten in gutem Zustand vor. »Es scheint sich jemand darum zu kümmern«, denkt er. Und in diesem Augenblick taucht vor der Hütte sein Freund Nguyen Hung auf. Er hatte von der Ankunft Thays in Saigon gehört und sich extra auf den Weg gemacht, um Phuong Boi zu reparieren und sauber zu machen. Er wollte seinem Freund den Schock ersparen, diesen Platz, den sie beide so geliebt hatten, in einem verlassenen und heruntergekommenen Zustand zu sehen.

In der Nähe der Pflaumenbrücke seien mehrere Männer getötet worden, erfährt Thich Nhat Hanh von Nguyen Hung. Der Krieg und der Tod haben den Berg, ihre »spirituelle Heimat«, wie diese jungen Buddhisten den Ort nannten, nicht verschont.

Einige Tage später beschließt Thay, in der Begleitung seiner Freunde für einen kurzen Besuch hierher zurückzukehren. So ziehen sie also los, werden jedoch von Regierungssoldaten verhaftet und erst nach einigen Stunden wieder freigelassen. Sie gehen niemals wieder nach Phuong Boi. Ein Kreis hat sich geschlossen. Die Finsternis des Krieges verschont keinen Menschen mehr.

> »Die Berge und die Flüsse leiden ebenfalls still unter dem Krieg, der jeden Tag brutaler wird. Es gibt kein einziges Lebewesen, das sich nicht den Frieden wünscht. Dieser Krieg verwundet die Erde und das Herz aller. Selbst das Bild von Phuong Boi, das in unseren Herzen wohnt, ist zu einer Wunde geworden.«[63]

Das Ausmaß der Aufgabe ist immens. Mit Demut und Aufmerksamkeit hört Thay seinen Freunden nächtelang zu, wie sie vom schrecklichen Schicksal der Bauern erzählen, die von den gegnerischen Kräften manipuliert werden. Aber sie erzählen auch von der kühlen und distanzierten Haltung des buddhistischen Klerus, den seine hochrangige Position blind gemacht hat, so sehr, dass dies den Buddhismus selbst in Gefahr bringt. Dabei haben seine Würdenträger doch die Vorschläge von Intellektuellen und Studenten erhalten, die begriffen haben, wie sehr die buddhistischen Lehren die Menschen ermutigen und einigen könnten. Aber anstelle einer Antwort bekommen sie nur anhaltendes Schweigen.

Nach dem von Mönchen, unter denen sich auch einige Freunde von Thich Nhat Hanh befanden, angeführten Aufstand von 1963 erfährt der Buddhismus bei der Bevölkerung erneuerte Popularität. Die Mönche sind jedoch nicht bereit, eine Führungsrolle zu übernehmen und das Volk zu seiner Freiheit zu führen.[64] Auf so etwas sind sie einfach nicht vorbereitet. Eine Schulung, die sich auf Meditation, das Studium der Sutras und die Rezitation von Mantras gründet, ist zwar inspirierend, aber in der Notsituation, in der sich das Land befindet, erscheint eine Obrigkeit unausweichlich zu sein.

Thich Nhat Hanh glaubt, dass die Werte des Buddhismus auf positive und pazifistische Weise dazu beitragen könnten, Vietnam zu entkolonisieren und eine Renaissance des Landes einzuleiten, wie es Gandhi mit gewaltlosen Mitteln in Indien gelungen ist.

Also unterbreitet der Zen-Mönch der Vereinigten Buddhistischen Kirche, der offiziellen buddhistischen Instanz des Landes, einen Dreipunkteplan:

1. Die Kirche soll öffentlich zur Einstellung der Kampfhandlungen in Vietnam aufrufen.
2. Die Kirche soll dabei helfen, ein Institut für das Studium und die Praxis des Buddhismus zu gründen, das die Verantwortlichen des Landes in der Praxis des von Buddha gelehrten toleranten und offenen Weges unterweisen kann, was eine große Hilfe für die Nation wäre.
3. Die Kirche soll ein Schulungszentrum für Sozialarbeiter einrichten, die fähig sind, einen gewaltlosen sozialen Wandel herbeizuführen, der von den Lehren Buddhas getragen ist.

Die Altvorderen der Kirche befinden den Vorschlag dieses »utopistischen Poeten«, wie sie den Zen-Mönch nennen, für allzu gewagt und unrealistisch. Blind für den Ernst der Lage, sind sie lediglich bereit, an der Schaffung des buddhistischen Instituts mitzuwirken; für die übrigen Themen mangele es ihnen an Geld, führen sie ins Feld. Thay antwortet ihnen darauf: »Der Buddha hat uns gelehrt, unsere eigene Fackel zu sein, die aus sich selbst leuchtet. Wir können auf das Geld aus Sri Lanka, aus Thailand oder aus Birma oder auf die Unterstützung der Kommunisten oder Nicht-Kommunisten verzichten. Wir müssen einfach nur Fackeln sein und aus uns selbst leuchten.«[65]

Nicht alle teilen das Licht und die Vision von Thay. Und einmal mehr verliert er die kostbare Unterstützung von offizieller Seite, mit der er so gerechnet hat. Wer wird den Mut und die Energie haben, ihm zu folgen?

# Achtsamkeit im Kugelhagel

Die amerikanische Presse hat sie »Little Peace Corps« genannt, was so viel heißt wie »das kleine Freiwilligenkorps für den Frieden«. Seit dem Frühling 1964 durchstreifen kleine Gruppen von Freiwilligen die zweiundvierzig Provinzen Vietnams, um den bombardierten Menschen unter Einsatz ihres Lebens zu helfen. Sie setzen sich überwiegend aus jungen Menschen und Studenten zusammen und agieren unter der Führung der »Schule der Jugend für Soziale Dienste«. Diese Schule wurde auf den Anstoß von Thich Nhat Hanh und einigen seiner Freunde hin gegründet. Sie richtet sich an alle Kräfte in Vietnam, die entschlossen sind, sich für den Frieden einzusetzen, und versucht, sie zu vereinen. Die Schule ist der Universität Van Hanh angeschlossen und möchte ein konkretes Beispiel für den Engagierten Buddhismus geben: Sie ist eine wahre Infrastruktur von »Helden«, die die ländlichen Gebiete Vietnams wiederbeleben soll, sowohl in wirtschaftlicher Hinsicht als auch mit der Durchführung von einfachen Programmen, die Armut, Krankheit und Unwissenheit bekämpfen sollen – und dies alles im Rahmen einer Rückkehr zu authentischen spirituellen Werten. Sollte es unvermeidlich sein, so werden die Freiwilligen auch bereit sein, »ohne Hass zu sterben«. Der Zen-Mönch ermutigt sie durch seine Schriften.

»Unser Feind ist die Wut, der Hass, die Gier, der Fanatismus und die Diskriminierung von Menschen. Wenn du durch Gewalt stirbst, musst du über Mitgefühl meditieren, um jenen zu vergeben, die dich töten. Stirbst du in diesem Zustand der Verwirklichung von Mitgefühl, so bist du wirklich ein Kind des Erleuchteten.«[66]

Um wirklich einen Fortschritt in allen Gesellschaftsbereichen herbeiführen zu können, müssen diese Bemühungen – dessen ist Thich Nhat Hanh sich bewusst – von solchen begleitet sein, die darauf ausgerichtet sind, die Gesundheits- und Bildungsprobleme zu lösen. Zur gleichen Zeit schaffen die Amerikaner »strategische Dörfer«, offiziell, um den Vietnamesen zu helfen, aber in Wirklichkeit, um sie an leicht zu verteidigenden und besser kontrollierbaren Zentralpunkten zusammenzuführen. Die GIs sind nämlich machtlos gegenüber der gesichtslosen Guerilla, deren Mitglieder sich insbesondere in den Dörfern unter die Zivilbevölkerung mischen. Also beabsichtigen die mit den Amerikanern paktierenden Machthaber Südvietnams, die Bauern als Schutzwall gegen die kommunistische Propaganda an mit Stacheldraht befestigten Orten zu isolieren.[67]

Ein entsetzter Thich Nhat Hanh schreibt in seinem Tagebuch:

»Die Soldaten brennen das alte Dorf bis auf die Grundmauern nieder, um eventuelle versteckte Waffenlager zu zerstören, und zerschlagen alle Verbindungen, die zu Mitgliedern der Befreiungsfront bestehen könnten. Die Dorfbewohner sind entsetzt, als sie die Häuser ihrer Ahnen in Flammen aufgehen sehen, und protestieren. Jedes dieser Häuser enthält unersetzliche Gegenstände: Rauchopferschalen, Grabtafeln, Testamente, Briefe von

Familienangehörigen ... wie könnte Geld all dies ersetzen? Die Menschen schleppen sich zu ihrem neuen Do-
mizil und sind verpflichtet, sich den Anweisungen der
Regierungsoffiziere zu beugen und so ›ein neues Leben‹
zu beginnen. Sie fühlen sich beraubt und gedemütigt.«[68]

Während der Krieg überall für eine ständige Unsicherheit sorgt,
die das Land zerreißt, zerstört er zur gleichen Zeit auch die
Reisfelder und Lebensgrundlage der bereits so empfindlich ge-
troffenen Bauern. Die ständigen Konflikte haben Südvietnam
von der amerikanischen Hilfe abhängig gemacht, der allein es
zu verdanken ist, dass das Land nicht völlig zusammenbricht.
Daher ist es also unabdingbar für das Land, wieder die Mittel
für eine effektive und dauerhafte Wirtschaft aufzubauen.

Nun ist der Augenblick gekommen, seine Schriften über den
Engagierten Buddhismus in die Tat umzusetzen. Thay glaubt an
die Macht des Mitgefühls und an seine menschlichen Ge-
schwister, die er durch seine Schriften oder seine einfache Gegenwart inspiriert, mit dem Ziel, eine neue Gesellschaft zu errichten:

»Um einen Wandel herbeizuführen, müssen wir uns aller
Ressourcen unserer spirituellen Traditionen bedienen.
Der Buddha kann viel dazu beitragen, aber wir sollten
keine Taten von Mitgliedern der religiösen Hierarchie
erwarten. Der Wandel beunruhigt sie, und sie haben all
unsere Bemühungen, einen Engagierten Buddhismus zu
schaffen, abgelehnt.«[69]

Thay und seine Freunde, die realistischer und dem Volk näher
sind als die Militärs, beginnen daher, experimentelle Dörfer zu
schaffen, die den Bauern auf pragmatische Weise die Zuversicht

und den Mut wiedergeben sollen, ihr eigenes Dorfleben zu entwickeln. Denn dem Land mangelt es offensichtlich nicht an natürlichen Reichtümern, sowohl in den Ebenen als auch in den Bergen, aber es wird seine Unabhängigkeit und Souveränität nur wiedererlangen, wenn es ihm gelingt, diese vollkommen anzunehmen, indem es seine landwirtschaftlichen Ressourcen entwickelt und eine stabile Wirtschaft begründet.

Ab Juni 1964 steht Phuong Thay direkt zur Seite, nachdem sie aus Paris zurückgekehrt ist, wo sie ihre Doktorarbeit vorgelegt hat, die mit der Note »Sehr gut« beurteilt wurde. Sie hat einen Posten im Naturhistorischen Museum von Paris abgelehnt, um im Rahmen von Thays Werk ihrem Land zu helfen und zu dienen. Sie möchte all ihre Energie in die »Schule der Jugend für Soziale Dienste« einbringen.

Zu den vom Krieg hervorgerufenen Zerstörungen kommen im selben Jahr noch verheerende Überschwemmungen im Herzen des Landes hinzu, die Tausende Menschen zur Umsiedelung zwingen. Unglücklicherweise leben die am stärksten Betroffenen in der Nähe des Ho-Chi-Minh-Pfades, wo die meisten Kampfhandlungen stattfinden.

In Begleitung von Freiwilligen der Schule der Jugend für Soziale Dienste trotzen Thay und Phuong den Bombardements, um diesem Teil der Bevölkerung zu helfen, um den sich niemand mehr kümmert. Auf einem mit Versorgungsgütern beladenen Boot fahren sie den Fluss Thu Bon entlang. Die Anwesenheit Thays sorgt für eine gewisse Sicherheit und den Respekt der beiden Krieg führenden Parteien. Thay trägt allen seinen Gefährten auf, sehr auf ihr Handeln und ihre Worte zu achten.

Je weiter sie ins Landesinnere vordringen, desto mehr bietet sich ihren Augen ein Bild der Verwüstung dar. Ihnen begegnen verlassene und traumatisierte arme Geschöpfe. »Der Leichengeruch war überall und erfüllte die Luft mit Pestgestank. Je

weiter wir in die abgelegenen Bergzonen vordrangen, desto erbitterter wurden die Kämpfe zwischen den Nationalisten und
den Kommunisten«[70], berichtet die damals sechsundzwanzigjährige Phuong. Die Freiwilligen schaffen Nahrung und die lebenswichtigsten Güter heran.

Der Zen-Mönch ist zutiefst erschüttert. Hand in Hand hört
er immer wieder den Überlebenden zu, die ihm ihren Schmerz
anvertrauen. Mit ganzem Herzen lauscht er den Berichten dieser Unschuldigen, die man aus Gleichgültigkeit sterben lässt,
während die beiden Kriegsparteien ihren Kampf nur wenige
Kilometer entfernt gnadenlos und ohne Unterlass fortsetzen.

Als die Stunde des Abschieds naht, brennt sich ein Bild auf
ewig in das Gedächtnis der jungen Phuong ein: »In dem Augenblick, da wir diesen Ort verließen, flehten uns viele junge
Mütter an, ihre Babys mitzunehmen, weil sie Angst hatten, sie
würden nicht bis zu unserer nächsten Rettungsaktion überleben. Wir weinten, weil wir sie nicht mit uns nehmen konnten.
Dieser Anblick verfolgt mich noch heute.«[71] Thich Nhat Hanh
ritzt seinen linken Zeigefinger mit einem Messer ein und lässt
das Blut in den Fluss tropfen, als Gebet für all jene, die im
Krieg und bei den Überschwemmungen ums Leben gekommen
sind.

In den Texten von Thich Nhat Hanh spiegelt sich die Realität
des Leidens, das den Boden Vietnams heimsucht, vollkommen
wider. Nach der Rückkehr von dieser Reise schreibt er das Gedicht »Erfahrung«, in dem er von seinem Schmerz berichtet,
ohne einen Anflug von Wut, sondern mit der Sanftheit eines
Menschen, der durch die völlige Annahme der Dinge ein echtes Mitgefühl entfaltet hat. Durch dieses Gedicht gibt er den
Opfern ihre Würde wieder und deutet eine mögliche Erlösung
an.

»Auf der Babys Schreie Widerhall im Universum
lauschend,
Bin ich heute Nacht hierhergekommen.«

In einem Land, in dem die Liebe zur Poesie einen grundlegenden Wesenszug der Bevölkerung darstellt, begeistert dieses Gedicht zahlreiche junge Vietnamesen so sehr, dass sie sich der
Schule der Jugend für Soziale Dienste anschließen.

Im Februar 1964 beschließen Thay und seine Freunde, eine
junge Universität nach dem Vorbild des amerikanischen Campus zu gründen, die buddhistische Van-Hanh-Universität, wo
die Praxis Vorrang vor der Theorie hat. Die Universität entsteht
unter prekären Umständen, aber in Übereinstimmung mit der
Vorstellung eines erneuerten Buddhismus. Außer Religion werden auch Kurse in Ingenieurwissenschaften sowie Politikwis-
senschaften und Wirtschaftswissenschaften abgehalten. Mehrere Male in der Woche lehrt auch Thich Nhat Hanh.

»Van Hanh ist nicht wie andere Universitäten. Sie besitzt
nichts von alledem, was normalerweise eine Institution höherer
Bildung auszeichnet. Wenn es regnet, müssen die Studenten
durch Pfützen waten, um zu ihren Vorlesungen zu gelangen,
und sich ihren Weg durch eng stehende Marktstände bahnen,
die von getrocknetem Fisch bis hin zu Süßkartoffeln alles verkaufen«[72], beschreibt Thay die Zustände in seinem Tagebuch.
Einige Monate später schlägt er Thay Minh Chau, einem seiner
langjährigen Mitbrüder, vor, Rektor der Universität zu werden.
Thay Thien An und Thay Man Giac, zwei ihm nahestehende
Mönche, schließen sich dem Führungsteam an.

# Literatur als Trost

Das Jahr 1964 ist ebenfalls das Jahr der Gründung von Boi Press, einem Verlag, der einer der renommiertesten im Lande werden wird und in dem Thich Nhat Hanh seine ersten Romane und Gedichtsammlungen veröffentlichen wird.

Seine Gedichte sind buchstäblich pazifistischer Widerstand. Im selben Jahr macht Thay sich daran, die bislang versprengten Widerstandsgruppen und die Bewegungen, die sich einer Erneuerung des Landes verschrieben haben, im Rahmen der Vereinigten Buddhistischen Kirche von Vietnam zusammenzubringen. Diese Kirche hat es sich zur Aufgabe gemacht, »die buddhistische spirituelle Schulung mit einer modernen Ausbildung zu verknüpfen«. In diesem Rahmen werden die beiden Haupttraditionen des Buddhismus, das Hinayana, auch »Kleines Fahrzeug« genannt, und die Tradition des Mahayana, des »Großen Fahrzeugs«, vereinigt, da beide in Vietnam präsent sind. In ihrer offiziellen Zeitschrift, deren Chefredakteur Thay ist, ruft er in seinen Artikeln vermehrt zur Versöhnung zwischen den beiden Teilen Vietnams auf. Seine Verse finden bei Tausenden von jungen Menschen ein Echo, die sich der Schule der Jugend für Soziale Dienste anschließen möchten. Das literarische Werk Thays wird sich in der Folgezeit als eine treibende Kraft seiner Lehre erweisen.

Der Zen-Mönch ist sich dessen bewusst, wie sehr eine Selbstverbrennung das westliche und christliche Bewusstsein schockiert. Er weiß, dass dieses Unverständnis das Bild, das der Westen sich von Vietnam macht, ungünstig beeinflusst. Im April 1965, nach der Selbstverbrennung eines weiteren Mönches, beschließt er, an Martin Luther King jr. zu schreiben, mit dem er sich bereits in Herz und Geist verbunden fühlt. Er versucht ihm aufzuzeigen, dass eine solche Tat weit davon entfernt ist, ein Akt der Verzweiflung zu sein, sondern vielmehr einer der Liebe:

> »Indem er sich verbrennt, bestätigt der vietnamesische Mönch kraftvoll und entschlossen, dass er bereit ist, zum Schutz seines Volkes das allergrößte Leiden auf sich zu nehmen. […] Nach buddhistischer Auffassung beschränkt sich das Leben nicht auf eine Existenz von sechzig, achtzig oder einhundert Jahren: es ist ewig. Das Leben ist auch nicht auf den Körper beschränkt: es ist universell. Sich selbst zu verbrennen ist kein Akt der Zerstörung, sondern es bedeutet, Selbstlosigkeit zu verwirklichen, indem man für das eigene Volk leidet und stirbt. Dies ist kein Selbstmord. Selbstmord ist ein Akt der Selbstzerstörung mit folgenden Ursachen: mangelnder Mut, mit den Schwierigkeiten im Leben und den vom Leben auferlegten Prüfungen umzugehen, Verlust jeglicher Hoffnung oder gar die Weigerung, weiterzuleben. […] Ich glaube aus tiefstem Herzen, dass die Mönche, die sich selbst verbrannt haben, nicht den Tod der Unterdrücker im Visier gehabt haben, sondern nur eine Veränderung von deren Politik. […] So hoffe ich mit meinem ganzen Wesen, dass der Kampf für Gleichheit und Freiheit, den Sie in Birmingham, Alabama, führen, nicht gegen die Weißen gerichtet ist, sondern gegen Intoleranz, Hass und Diskriminierung.«

# Der Feuerregen

Vietnam steht eine Sintflut aus Feuer bevor. Trotz der Einrichtung der strategischen Dörfer gelingt es der von Ky befehligten Regierungsarmee im Süden auch mithilfe der amerikanischen

Truppen nicht, die Guerilla zu besiegen. In den Grenzgebieten zu Kambodscha beginnen die Partisanen des Vietcongs einen unterirdischen Widerstand: Sie graben ein raffiniertes und komplexes Netzwerk an Stollen mit Dörfern an bestimmten Knotenpunkten und ebenfalls unterirdischen Stützpunkten, die an der Oberfläche von einem zweiten Verteidigungsnetzwerk geschützt werden. Im Dschungel, der für die schwere Ausrüstung der Amerikaner so unwirtlich ist, heben sie Fallgruben mit aufgerichteten Messern am Boden aus und tarnen diese dann mit Grünpflanzen. Sie stellen eine gefürchtete Falle für die GIs dar. Der Kampf aus dem verborgenen Untergrund ist eine Taktik der psychologischen Kriegsführung von schrecklicher Effizienz. Sie dient dazu, den Feind zu demoralisieren, ihn zu entmutigen, den Krieg fortzusetzen, und den einfachen Soldaten in Furcht und Schrecken zu versetzen.

Aber die Amerikaner lassen nicht locker, sie gewähren dem Süden des Landes noch stärkere militärische Unterstützung und geben zu erkennen, dass eine neue Woge der Gewalt anrollen wird.

Die Kriegstechnik des Pentagons verlegt sich nun auf neue Bombenarten für Luftangriffe, und eine Sintflut aus Feuer und Napalm sucht die Gebiete heim, in denen unterirdische Lager vermutet werden. Die Verwendung von Napalmbomben wird zu einem tragischen Symbol dieses Krieges – des längsten Krieges, den die USA bis dahin geführt haben. Das Napalm vom Typ B ist eine Substanz mit dem Hauptbestandteil Benzin; sie ist so zusammengesetzt, dass sie als zähflüssige, klebrige Masse am Ziel haftet. Diese Masse hat eine verheerende Brandwirkung: Es reichen schon kleine Spritzer des brennenden Napalms, um schwere und schlecht heilende Verbrennungen auf der Haut zu verursachen. Außerdem kann Napalm nur schlecht mit Wasser gelöscht oder von der Haut abgewaschen werden.

Die Wirkung von Napalm ist auch in der direkten Umgebung eines Treffers höchst zerstörerisch für Lebewesen und hitzeempfindliches Material, da es je nach Zusammensetzung eine Verbrennungstemperatur von 800 bis 1200 °C erreicht. Napalm ist nicht nur eine todbringende Kraft, es hat auch eine verheerende psychologische Wirkung auf die Opfer.[73]

Zwischen 1964 und 1965 erreichen die Operationen des chemischen Kriegs ihren Höhepunkt. Seit 1960 verstreuen die Flugzeuge im Rahmen der Operation Ranch Hand bereits großflächig giftige Substanzen zur Entlaubung des Urwalds, darunter das berühmte Agent Orange[74], um die Guerillakämpfer des Vietcong daran zu hindern, sich im Wald zu verstecken. Dennoch gelingt es den Militärwissenschaftlern der US-Armee trotz ihrer erdrückenden technologischen Überlegenheit nicht, die Partisanen aus den komplexen Tunneln zu vertreiben.

Im Kugelhagel leisten die von Thay inspirierten Freiwilligen Erste Hilfe, arbeiten für die Bildung der Bevölkerung von frühester Jugend an und praktizieren dabei Achtsamkeit, ohne sich darum zu kümmern, auf welcher Seite des militärischen Konflikts die von ihnen Versorgten stehen. Die Freiwilligen werden in mehrwöchigen Unterrichtseinheiten an der Universität geschult. Die Bewegung gewinnt rasch beträchtliche Bedeutung und umfasst bald 10.000 Personen an Mönchen, Nonnen und Studenten.

Das Ziel der Schule der Jugend für Soziale Dienste besteht darin, das Fundament für eine neue landesweite soziale Infrastruktur zu legen. Die von ihr auf den Frontlinien gebauten Dörfer sind in der Lage, sich dank eines von den israelischen Kibbuzim inspirierten Gemeinschaftslebens selbst zu verwalten. Aus der harmonischen Verbindung von Familien- und Dorfleben ergibt sich ein Gleichgewicht zwischen den individuellen Bestrebungen der Bewohner und ihrem Beitrag zum Kollektiv auf allen Ebenen, sei es nun im Austausch von Kenntnissen für den Anbau und die Produktion oder aber im Finanzausgleich.

>»Jede Familie verfügte über ihre eigene Parzelle, um einen Gemüsegarten anzulegen, aber es gab auch Felder, die der Gesamtheit der Gemeinschaft gehörten. Die Dorfbewohner arbeiteten mit ihren Familien teils auf ihren eigenen Äckern, teils auf dem Gemeinschaftsbesitz. Die Gemeinschaft besaß einen Traktor, den jede Familie ausleihen konnte, um die eigene Parzelle zu bestellen. Auf diese Weise brauchte sich nicht jede Familie mit großen landwirtschaftlichen Maschinen auszustatten. [...] Dadurch konnte nicht nur enorm viel eingespart werden, sondern diese gemeinsame Nutzung förderte auch das gute Einvernehmen zwischen den Familien des Dorfes und knüpfte enge Bande zwischen ihnen.«[75]

Anfangs sind die Dorfbewohner diesen Projekten gegenüber misstrauisch. Worte bedeuten ihnen nichts mehr, das Vertrauen ist verloren gegangen. »Sie haben schon zu viele ›soziale Revolutionen‹ erlebt«, erläutert Thay. Die engagierten Buddhisten entscheiden sich für Demut und Geduld. Und ganz allmählich beginnen die Dorfbewohner sich zu öffnen und an den Aktivitäten teilzunehmen.

Besonders die sozialen Aktivitäten stellen wieder die Beziehungen her, die der Krieg vernichtet zu haben scheint. Nach zwanzig Jahren der Konflikte lässt die Hingabe der jungen Freiwilligen in einer Gesellschaft, in der niemand mehr dem anderen vertraut, wieder ein wenig Menschlichkeit heranwachsen. »Weder die Waffen noch die Ausländer können dies für uns leisten«, sagt Thich Nhat Hanh später zu einem Journalisten. Gemeinsam lassen sie wieder Hoffnung aufblühen.

Zu den Dorfbewohnern auf dem Lande knüpfen sich enge Beziehungen. Als die Amerikaner die Dörfer einige Monate später massiv bombardieren, bauen die Dorfbewohner und die Mönche sie gemeinsam wieder auf. Nach erneuter Zerstörung durch weitere Bombardements bauen sie sie wieder und wieder neu auf. Beim vierten Bombardement werden die Frustration und die Wut unter den Freiwilligen so stark, dass die Versuchung, selbst zu den Waffen zu greifen, äußerst hoch ist. Die Praxis, zur Achtsamkeit zurückzukehren, hilft jedoch jedem Einzelnen dabei, ruhig zu bleiben, und offenbart den Praktizierenden eine ungeahnte höhere Kraft.

# Gedichte zur Heilung von Wunden

Anfang 1965 illustriert ein bedeutsames Ereignis die zunehmend vergiftete Atmosphäre in Vietnam. Boi Press, das von Thay gegründete Verlagshaus, veröffentlicht unter einem Decknamen eine Gedichtsammlung mit dem Titel »Lasst uns die Hände im Gebet um das Erscheinen der Weißen Taube erheben«. Thich Nhat Hanh beschwört darin den Wunsch nach einem Ende des Krieges herauf. Die Sammlung wird begeistert aufgenommen, und in der ersten Woche werden 4000 Exemplare verkauft. Die Reaktion der Autoritäten sieht jedoch ganz anders aus. Die Regierung von Saigon ordnet sofort die Beschlagnahmung der Bücher an. Radio Peking, Radio Hanoi und Die Stimme der Nationalen Befreiungsfront prangern die Gedichte ebenfalls sogleich an.

Man kennt die Identität des Autors nicht. Für die Regierung in Saigon muss der Mensch, der sich hinter den Gedichten versteckt, ein Kommunist sein. Demgegenüber erklären die Gegner dieser Regierung, »seine Seele und sein Körper sind offensichtlich vom Pentagon und vom Weißen Haus gekauft«[76]. Alles falsch. Der Autor lässt sich in kein Lager einreihen. Thich Nhat Hanh beschreitet den Pfad von *Ahimsa*, der von Gandhi propagierten Gewaltlosigkeit. Er eröffnet einen neuen Horizont, jenseits von Parteien, deren Brutalität von Tag zu Tag zunimmt.

Thay ist sich darüber im Klaren, dass seine Stimme gegen den Krieg die Gefühle der Bauern, die sich ein Ende der Gewalt wünschen, genau widerspiegelt. Unter ihnen ist die Hoffnung, endlich dem »Treibsand« des Krieges zu entkommen, am größten.

Am 1. Juni 1965 publiziert dasselbe Verlagshaus ein Buch mit dem Titel »Dialoge«, das Briefe von fünf Vietnamesen an Humanisten in aller Welt enthält, welche diese aufrufen, ihre Stimme für den Frieden in Vietnam zu erheben. Einer dieser Briefe stammt von Thich Nhat Hanh und ist an den Geistlichen Martin Luther King jr. gerichtet, der gerade mit dem renommierten Friedensnobelpreis ausgezeichnet wurde. »Die größten Humanisten unseres Planeten können nicht in Schweigen verharren. Auch Sie können nicht dazu schweigen«[77], schreibt er ihm. Die anderen Briefe von fünf vietnamesischen Intellektuellen in diesem Buch wenden sich an André Malraux, René Char, Jean-Paul Sartre und den Amerikaner Henry Miller.

## Krieger für den Frieden

Die Bedingungen und Regeln für das Leben im Kloster geben dem Leben eines Menschen auf der Suche nach Weisheit einen gewissen Rahmen. Aber Thich Nhat Hanh erweist sich als ein Mönch, dessen Verhalten und dessen Entscheidungen nicht dem traditionellen Rahmen entsprechen. Ein Kloster bietet

eine Struktur, die für den Aspiranten für eine gewisse Zeit notwendig ist, damit er sein inneres Leben festigen, psychische
Stabilität entwickeln, Kraft und Energie aufbauen sowie seine
Wahrnehmung, sein Herz und seinen Geist auf die große Weisheit einstimmen kann.

Seit seiner Rückkehr aus den Vereinigten Staaten widmet
Thay seine Zeit den von der Gesellschaft am stärksten Benachteiligten sowie dem Schreiben. Während dieser umwälzenden
Jahre in Vietnam gestand Thay: »Ich bin wie ein Stück Eisen,
das vom Feuer des Krieges geschmiedet wurde.« Sein Handeln
bezeugt sein unerschütterliches Engagement für die Beendigung dieses unendlichen Kreislaufes von Leiden. Aber woher
nimmt er die Energie, jeden Tag aufs Neue anzufangen, wo er
doch keine bequeme Unterkunft hat, in der er neue Energie
auftanken könnte? Oder vermag ein Mensch, der aus den Freuden der Kontemplation Kraft bezieht, seine Orientierung auch
mitten in einer Welt zu finden, die dem Tumult anheimgefallen
ist? Wie kann man in einer solchen Welt ein höheres moralisches Streben bewahren, ohne in einen destruktiven Nihilismus
zu verfallen? Der Buddha lud seine Jünger ein, ihren Geist
durch ihr eigenes Licht zu erleuchten. Thay greift diese Worte
oft auf. An sich selbst stellt er jene hohe Anforderung, die im
Kloster im Zusammenhang mit dem *Vinaya*[78], dem »Korb der
Disziplin«, geprägt wurde: Keine Handlung im Leben ist unbewusst auszuführen. Jeder Schritt des Mönches wird von diesem
moralischen und spirituellen Anspruch bestimmt. Der innere
Frieden und der Edelmut, die ihm einst in seiner Kindheit aus
einem Bildnis Buddhas entgegenstrahlten, inspirieren ihn immer wieder.

Und dann ist da die Rückkehr zur Demut des Augenblicks,
die Thay so oft wie möglich zu praktizieren sucht. Sich der eigenen Atmung bewusst zu werden erneuert den Kontakt zu dem

Leben, das uns innewohnt. Es heißt, sich für die Gegenwart, die Wirklichkeit zu entscheiden. Eines Tages ist er so sehr von seinen Reflexionen über die Möglichkeiten, die Bombardements zu beenden, absorbiert, dass es ihm schwerfällt, seine Mahlzeiten einzunehmen. Phuong hat Nudeln mit einer Kräutermischung zubereitet. Sie fragt ihn also, ob es ihm möglich sei, die Kräuter zu identifizieren. »Bei der aufmerksamen Betrachtung dieser Kräutermischung bin ich erwacht«, schrieb Thay später. »Mir wurde klar, dass ich aufhören musste, mich so sehr von den Gedanken an den Krieg einnehmen zu lassen, und dass ich außerdem lernen musste, die Kräuter zu unterscheiden.«[79]

Die schlimmen Nachrichten über dieses Land hören nicht auf, die Repression und die Zensur nehmen zu, aber der junge Anführer versäumt es niemals, in jedem Augenblick des Tages Achtsamkeit zu üben. Durch seine Praxis entzieht sich Thay dem Räderwerk von Gewalt und Not. Ganz allmählich offenbaren sich ihm die tiefen Gründe der Gewaltlosigkeit. Seit diesen Jahren zeichnet sich seine Einschätzung der Ereignisse durch eine große Weisheit und eine wachsende Reife aus. Diese Sichtweise verdankt er der ständigen Übung des »tiefen Schauens«: Er sieht über die groben äußeren Umstände hinaus. Er meistert die Übung der Unterscheidung und erkennt, was über die einzelnen Ereignisse hinausgeht, um in jedem seine Menschlichkeit zu erwecken. Unter all den Schichten von Gewalt, Leiden und Schmerz ringt ein Mensch mit sich selbst. Diesen Menschen sucht Thich Nhat Hanh ungeachtet äußerer Formen und Eindrücke, um ihn mit einer unendlichen Sanftheit wieder auf den Weg des Lebens zu geleiten. Bald wird er einen dritten Weg verkörpern, einen bisher noch nicht beschrittenen Weg, während in Vietnam »Frieden« zu einem verbotenen Wort wird.

# EIN DRITTER WEG

Es gelingt Thich Nhat Hanh mit Bravour, ein buddhistischer Mönch und ein spiritueller Führer zu bleiben, der dabei ganz klar politisch Stellung bezieht.

Er unterstützt den kommunistischen Aufstand genauso wenig wie das Regime im Süden. Er prangert die Amerikaner an sowie die übermäßige Bedeutung, die sie dem Geld beimessen. Geld bringt nichts Gutes, wenn es mit einer Entfesselung von Gewalt und unangemessenem Handeln in großer Unkenntnis des Terrains einhergeht. Die Gewalt ist steril und zerstörerisch. Der Krieg tötet nicht nur die Lebewesen und die Natur, er macht alle Initiativen zunichte und unterminiert schließlich das Vertrauen auf die Zukunft. Das Geld sollte im Dienste des Sinns stehen, den man dem Leben gibt, und nicht umgekehrt. Thay glaubt an die moralischen Werte und an Verdienste, die allein fähig sind, die Korruption unter den Menschen zu verhindern. Das Regime in Südvietnam wird von den Amerikanern mit Dollars geschmiert. Die Überlebensstrategie etlicher Vietnamesen ist deshalb der pure Opportunismus; man kollaboriert ohne jegliche politische Überzeugung mit dem Regime, nur um von dem von den Amerikanern eingebrachten Geld zu profitieren.

# Drei amerikanische Pazifisten

Im Sommer 1965, zur Regenzeit, ist die Hitze erdrückend. In der Universität Van Hanh, wo Thich Nhat Hanh viele Stunden verbringt, erscheinen drei distinguiert aussehende Amerikaner, die von der Vereinigung FOR (Fellowship of Reconciliation), dem »Versöhnungsbund«, entsandt wurden.[80] In Hinblick auf Bemühungen um den Frieden hat diese länderübergreifende Bewegung von Männern und Frauen im gesamten 20. Jahrhundert eine bedeutende Rolle gespielt. Als also der Konflikt zwischen dem mit den Amerikanern verbündeten Südvietnam und der gegnerischen Front im Norden aufflammt, entsendet der Versöhnungsbund in der Hoffnung, eine pazifistische Alternative aufzeigen zu können, eine Delegation. Er hofft, mit der von dem buddhistischen Führer geleiteten Bewegung zusammenarbeiten zu können oder zumindest auf der Grundlage einer geistigen Verbundenheit, die auf den gleichen pazifistischen Zielen und Taktiken der Gewaltlosigkeit beruht, etwas bewirken zu können. Die Delegation wird von Alfred Hassler, dem Geschäftsführer des Versöhnungsbundes, und A. J. Muste angeführt.

Alfred Hassler ist bereits im Milieu der Protest- und Friedensbewegungen bekannt. Er wurde 1910 in Pennsylvania in den USA geboren. In New York wächst er auf und studiert an der Columbia-Universität Journalismus. Während des Zweiten Weltkriegs wird er inhaftiert, weil er es ablehnt, sich an diesem Konflikt zu beteiligen, und deshalb den Kriegsdienst verweigert. In den Jahren seiner Haft schreibt er ein Buch mit dem Titel *Diary of a Self-Made Convict*[81] und zahlreiche Artikel gegen den Krieg.

Im Jahre 1957 kommt ihm eine geniale Idee: Er heuert den Zeichner Al Capp und als Koautor Benton Resnik für einen

Comic-Band mit dem Titel *Martin Luther King and the Montgomery Story* an. Die Idee dabei ist, auf spielerische Weise die Geschichte des Aufrufs zu dem Bus-Boykott in Montgomery und von dessen Erfolg zu erzählen. Der Boykott wurde durch eine Aktion zivilen Ungehorsams von Rosa Parks ausgelöst, und der Versöhnungsbund FOR hatte mitgeholfen, ihn zu organisieren. Vier Tage zuvor hatte sich die schwarze Näherin Rosa Parks geweigert, den Anweisungen des Busfahrers nachzukommen, ihren Sitzplatz für einen Weißen aufzugeben. Diese Tat wurde als Störung der öffentlichen Ordnung eingestuft, und der Busfahrer ließ Rosa Parks verhaften. In den Augen der Führer der afroamerikanischen Gemeinde in Montgomery war dies eine Verhaftung zu viel, und sie beschlossen, zur Tat zu schreiten. An ihrer Spitze stand der sechsundzwanzig Jahre junge Pastor Martin Luther King jr.

Alfred Hassler möchte die Schlüssel zum Erfolg dieses Boykotts einer breiten Öffentlichkeit zugänglich machen. 250.000 Exemplare des Comics werden gedruckt und nicht über die üblichen Vertriebswege, sondern über Vereine, Kirchen und Schulen vertrieben. Der Comic erweist sich als Inspiration für pazifistische Gruppen im Süden der Vereinigten Staaten und später auch in Lateinamerika und in Südafrika.

Einer der Mönche, die für die Universität Van Hanh zuständig sind, stellt seinen ausländischen Gesprächspartnern an der Seite von Thich Nhat Hanh mit verhaltener Vehemenz die Frage: »Wie viele Vietnamesen müssen noch sterben, bevor sich die Amerikaner zurückziehen?«

Die drei Pazifisten wollen der amerikanischen Öffentlichkeit die katastrophale Realität dieser vietnamesischen Regierung vor Augen führen, die von mehreren aufeinanderfolgenden amerikanischen Regierungen beharrlich unterstützt wurde, und sie möchten insbesondere auf die Repression gegenüber den

Buddhisten aufmerksam machen. Sie hoffen, dass dieses neue Element mithilft, die Kongressmitglieder in den USA für eine Lösung zu gewinnen. Thich Nhat Hanh und seine buddhistischen Freunde sammeln ihrerseits in Vietnam innerhalb von drei Tagen an die viertausend Unterschriften für eine Petition an die Amerikaner, die den Rückzug der US-Streitkräfte fordert. In diesem delikaten diplomatischen Spiel macht Alfred Hassler einen Rückzieher: Er weiß, wenn er sich so offen äußert, läuft er Gefahr, seine Glaubwürdigkeit zu verlieren und als Diener des »Kommunismus« beschuldigt zu werden – ein Schimpfwort im Amerika der 1960er-Jahre.

Sie müssen eine solide und wahrnehmbare Alternative aufbauen. Thich Nhat Hanh und seine Gefährten werden bei dieser Aktion, die eines langen Atems bedarf, für die ethischen Grundlagen sorgen. Denn in dem Konflikt zwischen einer überaus raffinierten Guerilla und der mächtigsten Armee der Welt, die in ihrem hochtechnologischen Arsenal erstarrt ist, kann es keinen Sieger geben. Keine der beiden Armeen ist zu dem entscheidenden Schachzug gegen den Gegner fähig. Wenn sich die Amerikaner aber aus dem Konflikt zurückziehen sollen, müssen sie das mit erhobenem Haupt tun können. Das ist die unumgängliche Bedingung.

Sich aus dem Konflikt zurückzuziehen bedeutet keine Demütigung, versucht ihnen der Mönch darzulegen. Der Misserfolg ist mit den Händen greifbar, es wird in jedem Fall keinen Sieger geben, und es ist daher unabdingbar, einen anderen Weg zu finden. Doch welche Werte sollten die Schritte auf diesem Weg lenken? Im Laufe der Diskussion zeichnet sich allmählich eine Möglichkeit ab: »Unser Glaube preist die Gewaltlosigkeit, nicht, weil wir keine Waffen haben, sondern weil wir uns entschieden haben, sie nicht zu benutzen. Wir glauben an den *Satyagraha*[82] von Mahatma Gandhi und eurem Martin Luther King jr., wir glauben an unsere menschlichen Brüder. Eure Nation hat mehr Geld für Waffen ausgegeben, als der Rest der Welt einnehmen kann, und ihr stellt fest, dass ihr nicht an Macht gewonnen habt, sondern an Unsicherheit. Bis an die Zähne mit Bomben, Raketen und Napalm bewaffnet, hat Amerika da noch die Wahl, sich für die Gewaltlosigkeit zu entscheiden?«[83]

Es soll die Gewaltlosigkeit sein. Gemeinsam skizzieren sie einen neuen Weg; bleibt nur noch, ihn verständlich zu machen, um die Herzen der Amerikaner dafür gewinnen zu können. Dieses Mittel soll es letztlich erlauben, Einfluss auf die politischen Machthaber zu nehmen. Schließlich beschließen die Delegierten des Versöhnungsbunds, ihre Kollegen über die buddhistische Position zu informieren und mit religiösen Repräsentanten in Amerika zusammenzuarbeiten, damit diese sich gegen den Krieg aussprechen.

Thich Nhat Hanh ist sehr berührt von der Aufrichtigkeit, mit der Alfred Hassler und seine Mitarbeiter ihre Argumente dargelegt haben. A. J. Muste hegt bereits große Bewunderung für den Zen-Mönch. Diese Begegnung erweist sich als äußerst bedeutungsvoll für die weltweite Friedensbewegung.

Im Jahre 1966 laden Professor Robert Browne vom interuniversitären Komitee für die Debatte über Außenpolitik sowie Professor MacKahin von der Cornell-Universität in Ithaca, New York, den buddhistischen Führer ein, ein Seminar über Vietnam an dieser Universität abzuhalten.

## Buddhas Nachfolger

Vor seiner Abreise gründet Thich Nhat Hanh bei Vollmond im Februar 1966 den Tiep-Hien-Orden[84], einen neuen Orden, der sich aus Mönchen, Nonnen und engagierten Laien zusammensetzt. »Tiep Hien« wird mit dem Begriff »Intersein« ins Deutsche übersetzt. Er bedeutet: Wir sind alle miteinander verbunden und wechselseitig voneinander abhängig. Zu den ersten sechs, die bei dieser Gelegenheit die Ordination empfangen, gehört auch Phuong, die damals achtundzwanzig Jahre alt ist. Allerdings wird sie sich nicht die Haare abschneiden und erst einige Jahrzehnte später die Nonnenrobe anlegen. Jeder von ihnen folgt bestimmten Geboten, aus denen sich im Laufe der Zeit die »14 Achtsamkeitsübungen«[85] entwickeln. Das erste behandelt gleich die Frage der Intoleranz, auch der buddhistischen, und verweist auf den Zusammenhang mit dem Vietnamkrieg. Der Anfang ist folgendermaßen formuliert: »Im Bewusstsein des Leidens, das durch Fanatismus und Intoleranz entsteht, sind wir entschlossen, Lehrmeinungen, Theorien oder Ideologien, einschließlich der buddhistischen, nicht zu verherrlichen und uns nicht an sie zu binden.«

Vor seiner Abreise in die USA sucht Thich Nhat Hanh die Pagode seines Meisters Chan Thiet Thanh Quy auf, um ihm Auf Wiedersehen zu sagen. Er sagt ihm, er werde für drei Monate abwesend sein. Dieses Mal will der Meister seinen jungen Schüler nicht so leicht ziehen lassen wie zuvor, sondern ihn in seiner Nähe behalten. Er möchte ihm nämlich in einer formellen Zeremonie die »Dharma-Lampe«[86] übertragen. In der Tradition des Zen-Buddhismus darf man nicht lehren, ohne ein »Dharma-Nachfolger« zu sein. Der Schüler, der die Übertragung der Lampe erhält, gehört einer Linie von Nachfolgern an und weiß, dass die einzelnen Linien bis auf Buddha zurückgehen. Im Anschluss an die Zeremonie erhält er von seinem Meister den Namen »Nhat Hanh«.

Der Meister überträgt ihm ebenfalls ein Gedicht, das »Gedicht der Übertragung«, das während seiner vielen Reisen um die Welt zu einem wahren Führer für ihn werden wird:

»Indem man sich einzig und allein auf die Begegnung mit dem Frühling[87] ausrichtet, erlangt man den heroischen Gang.

Beim Handeln muss man ohne Vorstellungen und ohne Widersprüche sein, man muss das Nicht-Denken und das Nicht-Kämpfen praktizieren und weder Erfolg noch Ansehen suchen.

Wenn das Licht der Lampe des Herz-Geistes sich auf sich selbst zurückwendet, erleuchtet es das wahre Wesen, die ursprüngliche Quelle.

So verwirklicht sich der wundervolle Dharma im Osten wie im Westen, in der ganzen Welt.«

Im Frühling 1966 nimmt der Krieg an Intensität zu. Zahlreiche der von der Schule der Jugend für Soziale Dienste gegründeten Dörfer werden bombardiert. Am 2. Mai 1966 fliegt Thich Nhat Hanh in die USA. Drei Monate Aufenthalt sind geplant.

# Die Wesen und die Herzen
## miteinander verbinden

Die 1960er-Jahre haben das Leben vieler Menschen auf der ganzen Welt erschüttert. Die letzten Jahre dieses Jahrzehnts sollten sich als besonders bedeutsam erweisen.

In Vietnam haben sich die Demonstrationen gegen das Regime des neuen Diktators Nguyen Cao Ky nach der Ermordung des vorherigen Diktators Diem vervielfacht. Unter den Protestierenden befinden sich viele Mönche, die demokratische Wahlen fordern. Die Regierung akzeptiert diese Forderung, aber ihr Entschluss erweist sich als reine Formsache, denn vor den Wahlen lässt sie alle Mitglieder der buddhistischen Priesterschaft verhaften, die sich vermutlich als Kandidaten präsentiert hätten.

## Die Macht einer einzigen Stimme

Thich Nhat Hanh ist erschöpft von den vergangenen Monaten in den Wirren Vietnams in die USA zurückgekehrt; trotz aller Schwierigkeiten dort fiel es ihm schwer, sich von seinem Land loszureißen. Glücklicherweise wird sich die Gruppe von

Amerikanern, die ihn aufnimmt, gut um ihn kümmern – zumal sein Stundenplan schon bald ausgefüllt ist.

Bei seiner Ankunft nimmt er Kontakt zu Alfred Hassler, dem Geschäftsführer des Versöhnungsbundes, auf. Dieser ist der Ansicht, dass der Zen-Mönch die Sichtweise vieler Vietnamesen zum Ausdruck bringen kann, die sich weder im Kommunismus noch im Antikommunismus wiederfinden, sondern die sich einfach nur die Einstellung der Bombardements durch die Amerikaner wünschen. Denn tatsächlich hält die Mehrheit der Amerikaner, von der antikommunistischen Propaganda manipuliert, diesen Krieg für gerechtfertigt. Ihre Regierung betet ihr unablässig vor, der Krieg sei gerecht und der Sieg stünde unmittelbar bevor. Doch wenn sie sich anhören, was der Mönch zu berichten hat, so meint Hassler, dürften die Amerikaner nicht gleichgültig bleiben. Thich Nhat Hanh antwortet darauf, er wisse nicht, was der morgige Tag bringen werde, aber, was auch geschehen möge, »ich habe Vertrauen auf die Erde, auf der ich in diesem Augenblick gehe, Mr. Hassler, und Sie bauen eine Brücke über den Fluss, der so oft den Glauben und die Taten trennt«.

Zusätzlich zu seiner Rundreise durch die Universitäten, die von den Professoren Browne und MacKahin organisiert wird, plant der Versöhnungsbund eine weitere Rundreise für ihn, auf der er die Menschen aufrütteln soll. Alfred Hassler legt Wert darauf, dass der Mönch hohe religiöse Würdenträger kennenlernt, zu denen der Versöhnungsbund bereits gute Beziehungen unterhält, um sie für die Situation in Vietnam zu sensibilisieren. In dieser entstehenden großen Friedensbewegung wird der Zen-Mönch zu einem Wortführer, da er aus eigener Erfahrung von den Gräueln des Krieges berichten kann. Thich Nhat Hanh fühlt sich seinerseits mit den Mitgliedern des Bundes wohl. Er schätzt Alfred Hassler sehr. Im Mai 1966 schreibt er eine kurze

Nachricht an den Bund, in der er »seinen Freunden« dankt und ihnen seine tiefe Verbundenheit ausdrückt. Mitglied in ihrem Bund zu werden sei für ihn genauso natürlich wie zu atmen, sagt er, denn er strebe mit seinem ganzen Wesen nach Frieden, Verständnis, Liebe und Brüderlichkeit. Die internationale Bewegung des Versöhnungsbunds sei ein Mittel, Liebe in die Tat umzusetzen. Da die Hochachtung aller Lebensformen zu den Grundlagen der buddhistischen Lehre gehöre, sollten sich alle Buddhisten für die Ablehnung von Krieg engagieren. Indem er seine Energie der Bewegung zur Verfügung stelle, folge er dem Weg von *Ahimsa* (Sanskrit für »Gewaltlosigkeit«), der zu Frieden und Versöhnung führe, denen alle seine Bemühungen gewidmet seien.[88]

Für Hassler ist Thich Nhat Hanh nicht nur ein Zeitzeuge der schrecklichen Ereignisse; seine Qualitäten, seine Ruhe und sein Unterscheidungsvermögen sowie seine hohen moralischen Werte machen aus ihm einen außerordentlichen Trumpf. Die Aussagen Thays erwecken großes Mitgefühl, seine wohlgesetzten Worte kommen von Herzen, von ihm strahlt eine friedfertige Kraft aus, die kein Publikum kaltlässt. Und ganz nüchtern betrachtet, gehört er außerdem zu den seltenen Vietnamesen, die nach einer friedlichen Lösung streben und die noch bereit sind, mit den Amerikanern zu sprechen.

Am 1. Juni 1966 hält Thay eine Pressekonferenz in Washington, D. C., ab und unterbreitet einen 5-Punkte-Plan, wobei er offen die Verantwortung der USA für die Beendigung des Krieges anspricht:

1. Die USA müssen offiziell ihren Willen bekunden, dem vietnamesischen Volk zu helfen, eine Regierung einzusetzen, die sich wirklich um sein Wohl kümmert.
2. Die USA müssen sofort alle Bombardements einstellen.

3. Die Armee der USA muss ihre Aktionen auf eine rein defensive Rolle beschränken.

4. Die USA müssen auf überzeugende Weise ihre Absicht bekunden, ihre Truppen nach einer noch festzusetzenden Zeit abzuziehen.

5. Die USA müssen ohne ideologische oder politische Hintergedanken beim Wiederaufbau Vietnams behilflich sein.

Entgegen allen Erwartungen findet diese Intervention eine Resonanz, die weit über alles hinausgeht, womit er gerechnet hat. In Vietnam ist die Reaktion am direktesten und auch am heftigsten. Der Weg der Gewaltlosigkeit verlangt von ihm, keine Position zu beziehen. Diese Haltung macht seine Argumente unwiderlegbar, aber gleichzeitig für die Machthaber unverständlich. Es sind sie, die das Schicksal von Thich Nhat Hanh bestimmen werden. Noch am selben Tag wird er von Radio Saigon, in den Zeitungen und von der Thieu-Ky-Regierung als Verräter denunziert. Er kann nur noch unter Lebensgefahr in sein Land zurückkehren.

Selbst unter seinen Freunden in Vietnam ruft diese politische Aktion Vorbehalte hervor. Sie finden es vorschnell, einen sofortigen Stopp der Bombardierung zu verlangen. Die Verantwortlichen der Universität Van Hanh, Thay Minh Chau und Thay Thanh Van, halten es für unmöglich, sich gleichzeitig in der Politik und in sozialen Aktivitäten zu engagieren. Letztere, so meinen sie, könnten unter der politischen Positionierung Thays, auch wenn sie pazifistisch motiviert ist, leiden. Denn sich im Vietnam von 1966 als Pazifist zu bekennen bedeutet aus Sicht der Machthaber, sich zugunsten der Kommunisten auszusprechen. In Südvietnam kommt dies der Unterzeichnung des eigenen Todesurteils gleich.

Die Frage, ob man Erziehung und Politik wirklich so drastisch voneinander trennen muss, ruft eine rege Debatte hervor. Cao Ngoc Phuong schreibt in ihren Memoiren: »Aber wie will man den jungen Menschen den Respekt vor dem Leben vermitteln, wenn man ihnen die Morde an Menschen verschweigt? Wie will man den Begriff der Nicht-Angst bei Avalokiteshvara im Lotos-Sutra erklären, wenn man selbst Angst hat, das Wort ›Frieden‹ zu verwenden?«[89] Gleichwohl beschließt die Universität Van Hanh, ihre Beziehungen zu der Schule der Jugend für Soziale Dienste abzubrechen. Und was Thich Nhat Hanh angeht, so ist er in Vietnam nicht mehr willkommen. Klar ist, dass seine Abwesenheit bei den Mitgliedern der Vereinigung großes Bedauern hervorruft, insbesondere bei Phuong, für die Thays Weisheit für das Funktionieren ihrer Aktivitäten so ungemein wertvoll war. Die Vietnamesen sind immer mehr allein gelassen.

In den USA hat Alfred Hassler den richtigen Riecher gehabt. Die Intervention des »buddhistischen Mönchs« eröffnet einen anderen Blickwinkel für die Berichterstattung über den Konflikt in den Medien; der buddhistische Mönch hinterfragt die herrschende Meinung, und er fasziniert die Journalisten. Er setzt auf die Aufrichtigkeit seiner Worte, eine Aufrichtigkeit, die mit Schmerz gepaart ist und Wirkung zeigt. Einige Medien preisen sein unglaublich junges Aussehen, seinen Mut, seinen Glauben und seine Beharrlichkeit. Man muss hinzufügen, dass Thich Nhat Hanh, obwohl er bereits vierzig Jahre alt ist, ein sehr jugendliches Aussehen bewahrt hat.

Wenn man ihn kritisiert, weil seine Forderung, die Streitkräfte abzuziehen, ihn in die Nähe der Kommunisten rückt, oder wenn aufständische Gruppen ihn beschuldigen, mit Onkel Sam zu paktieren, antwortet er unnachgiebig: »Wir verlangen die sofortige Einstellung der Bombardements.« Die *New York Times* berichtet: »Amerikaner neigen dazu zu denken, dass lediglich

Nguyen Cao Ky und andere Katholiken Antikommunisten sind«, sagte er. »Das ist ein Fehler. Ich bin Antikommunist, nicht weil ich befürchte, ein Auto oder ein Haus zu verlieren, sondern weil es im Kommunismus keinen Platz für ein spirituelles Leben gibt.« Und er fügte hinzu: »Die Bauern mögen den Kommunismus nicht, aber sie mögen den Krieg noch weniger.«[90]

Thich Nhat Hanh weiß, wovon er spricht. Er hat die Bauern, die Opfer der Bombardements waren, nicht weit vom Ho-Chi-Minh-Pfad, in der Zone, wo sich die Kämpfe abspielen, aufgesucht. Er kennt die Bedeutung von Schmerz. Er weiß, dass die Vietnamesen Geiseln eines Konflikts sind, der nicht der ihre ist und den sie nicht länger aushalten können. Um siegen zu können, bräuchten die Amerikaner die Unterstützung der Bevölkerung. Doch sie produzieren das genaue Gegenteil. Und da sie die Sympathie der Frauen und Männer in Vietnam verloren haben, ist ihr Kampf gegen den Kommunismus aussichtslos. Was in diesem Spiel vergessen wurde, ist der Mensch.

Die Presse verbreitet Thich Nhat Hanhs Interventionen, und schon bald begegnet er einigen der einflussreichsten Menschen seiner Zeit, darunter der Verteidigungsminister Robert McNamara, der Trappistenmönch Thomas Merton, der bereit ist, das Vorwort zu seinem Buch *Lotus in a Sea of Fire* zu schreiben, sowie die Senatoren Fullbright und Kennedy. Thomas Merton und Thay fallen sich geradezu in die Arme: Es entsteht eine bewegende Freundschaft zwischen den beiden Männern. Ihre Entscheidung, als Mönch fernab von der Gesellschaft zu leben, lässt sie einander näherkommen. Sie erkennen sich gegenseitig in ihrem aufrichtigen Lebenswandel ohne Konzessionen wieder. Für Merton ist Thich Nhat Hanh »wie ein Bruder«.

Thay setzt seine Rundreise in Europa fort, wo er mehrere Staatschefs sowie hohe Würdenträger der katholischen Kirche trifft, unter anderen den Kardinal Daniélou. Zweimal wird ihm eine Privataudienz bei Papst Paul VI. in Rom gewährt. Er bittet den Pontifex maximus ausdrücklich, nach Hanoi oder Saigon zu reisen. »Wenn er sich entschlösse, Hanoi aufzusuchen, würde das eine Reaktion hervorrufen, die eine sehr wichtige Wirkung auf den Friedensprozess hätte«[91], erläutert Thich Nhat Hanh den Journalisten. Der Papst habe sich einigermaßen überrascht gezeigt, eröffnet er. Auch wenn der Papst zu jener Zeit nicht selbst reist, macht sich doch die päpstliche Delegation in Saigon Gedanken darüber, einen Dialog zum gegenseitigen Verständnis zwischen den Katholiken und den Buddhisten zu eröffnen, der Alternativen auf dem Weg zum Frieden aufzeigen könnte. Von nun an arbeiteten die Friedensgruppen in konzertierter Aktion zusammen und waren nach Aussage von Thich Nhat Hanh so erfolgreich, dass der Sturz der Diktatur von Nguyen Van Thieu, der von 1965 bis 1975 Präsident war, und vor allem von General Nguyen Cao Ky, der von 1965 bis 1967 Premierminister war, wahrscheinlich gewesen wäre, wenn die amerikanischen Streitkräfte nicht direkt eingegriffen hätten.

Anderen Journalisten erklärt er, »das Wichtigste, das wir Vietnamesen uns wünschen, ist, vom Willen zur Befreiung befreit zu werden. Wir sind Opfer der guten Absicht, uns zu retten«. Er macht auf die von den Kommunisten und den Antikommunisten angerichteten Zerstörungen aufmerksam und erinnert daran, dass der Krieg mehr unschuldige Menschen töte als Vietcong. Es sei dringend nötig, den Krieg zu beenden, weil die Eskalation der Gewalt den Frieden jeden Tag weiter zurückdränge und nicht nur die vietnamesische Gesellschaft, sondern auch die moralischen Schwellen zerstöre.

# Die Entdeckung westlichen Lebens

Thich Nhat Hanh ist glücklich darüber, in Begleitung von Alfred Hassler reisen zu können, bei dem er ein wohlwollendes und aufmerksames Ohr findet, auch wenn die Umstände einer so langen Reise gelegentlich schwierig sind. Jede Nacht muss er in einem anderen Bett schlafen und immer wieder die Energie aufbringen, mit gänzlich Unbekannten ins Gespräch zu kommen. So vertieft sich das gegenseitige Verständnis von Alfred und Thay. Wenn er auf bestimmte Fragen der Journalisten nicht antworten möchte, schweigt der Mönch. Ein Schweigen, das Alfred mit Feingefühl akzeptiert. Das Tempo, die Geräusche und die Farben des westlichen Lebens lassen bei Thay den Eindruck entstehen, in einem Traum zu leben. Thay ist über die Schnelligkeit der Schritte der Menschen in den Straßen wie auch in seiner Umgebung erstaunt. Selbst wenn er auf dem Weg zu einem Treffen verspätet ist, achtet er auf seine Atmung und den Rhythmus seiner Schritte. Denn als er versucht, sich dem Takt der Schritte der Amerikaner anzupassen, spürt er, dass es »nicht er ist, der geht«. Die Schritte des Mönches behalten ihren eigenen Rhythmus bei, und dieses winzige Detail zeigt vielleicht auf seine Weise, dass er nicht den Fußstapfen anderer folgt, sondern seinen eigenen Weg geht.

Eines Nachts in Schweden wacht er nach einer Stunde Schlaf auf, weil es bereits hell ist und die Vögel singen. Denn in diesem nordischen Land sind die Sommertage so lang, dass die Nacht bereits um zwei Uhr morgens dem Tag weicht.

Glücklicherweise ist Alfred zugegen, um ihm das Leben zu erleichtern, seine Befürchtungen anzuhören und die Brücke zwischen dem vietnamesischen Mönch und dem Okzident zu schlagen. »Ich habe in ihm den aufmerksamsten Zuhörer gefunden, dem ich im Westen je begegnet bin«[92], schreibt Thay.

Dank seines neuen pazifistischen Freundes lernt Thay eine Menge über die westliche Kultur, insbesondere über das Christentum. Sie tauschen sich über zahlreiche Vorstellungen in Hinsicht auf künftige Aktionen aus, die der Zerstörung in Vietnam ein Ende bereiten könnten. Thay preist Alfred Hasslers geistige Offenheit und ist dankbar, einen solchen Freund zu haben, der seine Vorschläge annehmen und würdigen kann.

Eines Tages wird Thay deutlich, dass er sich mit der westlichen Kultur vertraut machen muss. Eine Dichterin hat ihn zum Flughafen von Atlanta gefahren und fragt ihn dort: »Darf man einen buddhistischen Mönch umarmen?« Die Frucht dieser Begegnung von Orient und Okzident ist die Umarmungs-Meditation[93] – eine Praxis, die Thay einige Jahre später entwickelte, als er die Kunst des Umarmens lehren sollte.

Zu jener Zeit nährt Thay noch die Hoffnung, bald wieder nach Vietnam zurückkehren zu können.

# Reverend Martin Luther King jr.

Alfred Hassler legt Thich Nhat Hanh nahe, sich mit Martin Luther King zu treffen. Der amerikanische Pastor arbeitet bereits seit den 1950er-Jahren mit Alfred Hassler und dem Versöhnungsbund zusammen. Der Comic über die Aktion von Martin Luther King jr. in Montgomery, der auf Hasslers Idee hin geschaffen wurde, hatte zu Hasslers Wertschätzung vonseiten des Reverends beigetragen.

Der Zen-Mönch und der Baptisten-Pastor von Montgomery in Alabama haben tatsächlich viel gemeinsam. Ihr Geist ist offen für die Philosophie. Der amerikanische Pastor liest Kierkegaard, Nietzsche, Jaspers, Heidegger, Paul Tillich und natürlich Jean-Paul Sartre. Beide machen kein Hehl daraus, dass ihr Lebensweg von Sartres Existenzialismus beeinflusst worden ist, der postuliert, dass jeder Mensch die Essenz seines Lebens durch seine Taten gestaltet. Diese Offenheit ermöglicht es ihnen, Dogmen infrage zu stellen, sich neue Konzepte anzueignen und diese auszuprobieren. Ihr Vorgehen scheint in jedem Augenblick von der Suche nach der Wahrheit geleitet zu sein.

Auf der anderen Seite kennt Martin Luther King jr. die Gewalttätigkeit der Menschen und ihre Neigung, sich auf einem tödlichen Weg festzufahren. Seine Familie erhielt mehrfach

Morddrohungen, und sein Haus wurde von Befürwortern der Rassentrennung mit einer Brandbombe angegriffen. 1958 wurde er von einer schwarzen Frau niedergestochen, die ihn beschuldigte, Kommunist zu sein; er entkommt dem Tod nur knapp und kann ihr schließlich verzeihen. Er weiß: Wenn man dem Hass mit Gewalt begegnet, treibt man die Menschheit noch schneller dem Abgrund entgegen und lässt die Bestie wieder in Erscheinung treten. Nur Liebe und Vertrauen sind Gefühle, die des Lebens würdig sind. Die großzügige Entscheidung eines Menschen für Vertrauen und Glauben vermag durch eine Art Spiegeleffekt einen anderen Menschen mit feindlichen Absichten zu Frieden und Liebe zu führen. Wo King die Gewalt wahrnimmt, erkennt er vor allem die ihr zugrunde liegende Unwissenheit jener, die die göttliche Liebe vergessen haben. Wie er bekämpft auch Thich Nhat Hanh nicht die Menschen, sondern die Unwissenheit und das Unverständnis.

Und schließlich weiß Martin Luther King jr. um den Wert des Leidens. Aus diesem Grund repräsentiert die Gewaltlosigkeit keine politische Entscheidung: Sie ist das unverkennbare Ergebnis einer harten und aufrichtigen inneren Entwicklung.

Im Juni 1966, als sich die beiden Männer im Büro des Baptistenpastors begegnen, in dem ein Porträt von Mahatma Gandhi hängt, treffen zwei Seelenverwandte zusammen. Der Pastor hört sich mit großer Aufmerksamkeit an, was der vietnamesische Mönch von der Angst, der Gewalt und der Verzweiflung, die Vietnam heimsuchen, zu berichten hat. Mit der Darlegung seiner Forderungen zeigt der Zen-Mönch ihm, dass sie beide um das Gleiche kämpfen. Ebenso wie die Demonstrationen der Schwarzen für Bürgerrechte, Freiheit und Gleichheit nicht gegen die Weißen gerichtet seien, sondern gegen die Intoleranz, den Hass und die Diskriminierung, sei der Kampf der Mönche allein darauf ausgerichtet, das Leiden des vietnamesischen

Volkes zu beheben. Und genauso, wie sich 1959 und 1960 die Demonstrationen für die Bürgerrechte als ein schlichter und würdevoller Marsch manifestiert hätten, hätten die Mönche in Vietnam ihre kostbaren Altäre geopfert, um das Voranrollen der Panzer aufzuhalten, wenn sie nicht gar ihren Körper verbrannt hätten. Thay redet dem Anführer der Schwarzen zu, sich offen gegen den Vietnamkrieg auszusprechen.

Infolge dieser fünfundvierzigminütigen Unterredung beschließt Martin Luther King jr. im Rahmen einer Pressekonferenz an der Seite von Thich Nhat Hanh öffentlich das Wort zu ergreifen. Er erklärt: »Die Schwarzen der Vereinigten Staaten und die Buddhisten in Vietnam sind in einem gemeinsamen Kampf für Frieden und Gerechtigkeit miteinander vereint und sind bereit, sich für diese Sache aufzuopfern.«[94]

Jahre später wird Thich Nhat Hanh von dem tiefen Eindruck sprechen, den der Reverend bei ihm hinterlassen hat.

> »In dem Augenblick, in dem ich Martin Luther King jr. begegnete, erkannte ich, dass ich mich in der Gegenwart eines Heiligen befand. Nicht nur seine gute Arbeit, sondern sein ganzes Sein waren eine Quelle großer Inspiration für mich.«[95]

Als sie sich im Rahmen von Versammlungen für den Frieden, vor allem in Genf, wiederbegegnen, vertraut der Zen-Mönch dem Pastor an, er sei für viele Vietnamesen ein »Bodhisattva«, eine Inkarnation von Liebe und Mitgefühl im Dienste der anderen.

Andrew Young, ein enger Freund von Martin Luther King jr., erinnert in seinem Buch *Born to Belonging*[96] daran, welch starken spirituellen Eindruck Thich Nhat Hanh bei Martin Luther King jr. hinterlassen habe. Ihm zufolge hat ihre Begegnung den

Pastor dazu veranlasst, seine Haltung zum Vietnamkrieg neu auszurichten.

Und so spricht sich Martin Luther King jr. am 4. April 1967 vor einer Versammlung in der Riverside Church in New York öffentlich gegen den Vietnamkrieg aus. In seiner Predigt mit dem Titel »*Beyond Vietnam, a time to break silence*« appelliert er an die amerikanische Regierung. »Zu schweigen wäre Verrat«, erklärt er und führt sieben Gründe auf, weshalb er sein soziales und spirituelles Werk in den USA nicht mehr fortsetzen könne, ohne sich gegen den Vietnamkrieg auszusprechen. In Bezug auf den Militärdienst ermutigt er junge Pastoren, auf die Freistellung, die ihnen ihr Ministerium anbietet, zu verzichten und den Status eines Kriegsdienstverweigerers zu fordern. In Hinsicht auf das größere Ganze mahnt er an, dass seine Nation, die den Menschen hinter materielle Belange zurückstelle, einer Werterevolution bedürfe, und er weist auf die in den USA weitverbreitete »morbide Angst vor dem Kommunismus« hin. Schließlich schlägt er einen Prozess in fünf Etappen vor, dessen Herzstück ein einseitiger Waffenstillstand sein müsse.

Diese Rede hat bedeutende Konsequenzen, denn Tausende von Menschen im ganzen Land hören sie. Sie ist eine von vielen weiteren Reden[97], die darauf ausgerichtet sind, die Amerikaner für den Rückzug der amerikanischen Truppen zu sensibilisieren. Einige Tage später, am 15. April, kommen zwischen 100.000 und 200.000 Menschen in New York zusammen, um gegen den Vietnamkrieg zu demonstrieren.

# 1967 im Zeichen des Feuers

»**I**ch persönlich kenne niemanden, der den Friedensnobelpreis mehr verdiente als dieser sanfte buddhistische Mönch aus Vietnam. Seine Vorstellungen vom Frieden würden, wenn man sie umsetzen würde, ein Monument der Ökumene, der weltweiten Brüderlichkeit und der Menschlichkeit«, erklärt Martin Luther King jr. in einem Brief zur Nominierung für den renommierten Preis, den er 1967 an das Komitee in Stockholm schickt. Für eine Kandidatur ist es unabdingbar, von einer Person empfohlen zu werden, die selbst mit diesem Preis gewürdigt wurde. Obwohl diese Nominierung eine schöne Anerkennung für Thich Nhat Hanh ist und die Empfehlung von Martin Luther King jr. Gewicht hat, wird in jenem Jahr letztlich kein Preis verliehen.

## Den rechten Blick anwenden

In dieser Zeit schreibt Thich Nhat Hanh zahlreiche Gedichte auf Englisch, um auf den Krieg aufmerksam zu machen. Alfred Hassler korrigiert einige Wörter, wenn er sie für nicht ganz passend hält. Er erstellt außerdem eine englische Fassung des

Buches *Vietnam. The Lotus in a Sea of Fire*, die später unter dem Titel *The Miracle of Being Awake. A Manual on Meditation for the use of young activists*[98] neu herausgegeben wird. Dieses Buch zeigt auf sehr sachliche Weise die Wirklichkeit des Krieges in Vietnam auf, indem es erläutert, wie der Krieg im Inneren erlebt wird und besonders wie die Amerikaner von der vietnamesischen Bevölkerung wahrgenommen werden. Denn in der Tat spielen die Wahrnehmung der Amerikaner einerseits und die irrigen Vorstellungen der westlichen Mächte andererseits aus der Sicht von Thich Nhat Hanh eine wesentliche Rolle in diesem Krieg. Würden die Amerikaner ihre Sicht des Krieges ändern, indem sie das Leiden des vietnamesischen Volkes anerkennen, dann würden sich neue Horizonte öffnen. Hätten dieses Vietnamesen ihrerseits nur die Freiheit, sich zu äußern, dann würden sie das Regime von Ky sowie die Politik der amerikanischen Regierung missbilligen. Deshalb verurteilten genau diese Autoritäten alle Stimmen zum Schweigen, die den Weg zu einem Frieden bahnen könnten.

Thich Nhat Hanh schreibt, dass die vietnamesische Gesellschaft sich nach zwanzig Jahren Krieg allmählich dem völligen Zerfall nähere.

»Das unnötige Töten und Sterben, das jeden Tag stattfindet, die Zerstörung von Besitztümern, und die korrumpierende Nutzung des Geldes, um die menschlichen Werte zu unterminieren, haben zu Vertrauensverlust und Frustration bei vielen Vietnamesen geführt. Beinahe jeder fällt der Käuflichkeit zum Opfer, denn mit Geld kann man offensichtlich Frauen, Politiker, Generäle und Intellektuelle kaufen.«[99]

Er macht es sich zur Aufgabe, den Amerikanern auf sehr pragmatische Weise den Alltag der Landbevölkerung im Krieg auf der vietnamesischen Halbinsel zu enthüllen.

>Sie sehen, was ich in einem kleinen Dorf gesehen habe, wo Ochsen einen einfachen Karren die Straße entlangzogen. In diesem Karren saß, mit ihrer Mutter an ihrer Seite, eine junge Vietnamesin, die ein gerade einen Monat altes Baby in ihren Armen hielt. Der Karren war hoch mit ihren Besitztümern beladen. Plötzlich flog ein Helikopter von oben heran, mit knatternden Propellern und brüllendem Motor. Die Ochsen erschreckten sich, rannten davon, warfen den Karren um und schleuderten die Frauen und ihren Besitz auf die Straße. Wäre es eine Szene aus einem Kinofilm gewesen, hätte sie eine gewisse Komik besessen, aber für sie war dem nicht so. Amerikanische Soldaten stiegen aus dem Helikopter und geboten der jungen Frau, mit ihnen zu gehen. Beide Frauen flehten die Soldaten um Erbarmen an, aber es gab kein Mitgefühl.«[100]

Was die höhergestellten sozialen Klassen des Landes angeht, so bedauert er, dass die fehlgeleitete Politik des südvietnamesischen Regimes, das er als »Marionette« der Amerikaner bezeichnet, die Eliten in die Arme der Nationalen Befreiungsfront oder den Kommunismus treibt.

40.000 Exemplare der englischen Ausgabe von *Vietnam. The Lotus in a Sea of Fire* werden verkauft, und das Buch wird in zwölf Sprachen übersetzt werden.

Eines Nachmittags im Jahr 1968, als er in der protestantischen Kirche von St. Louis vor großem Publikum spricht, beschimpft ihn ein Mann vehement und stellt das »angebliche

Mitgefühl« von Thich Nhat Hanh infrage: »Wenn Sie sich solche Sorgen um Ihr Volk machen, Mister Hanh, warum sind Sie
dann hier? Wenn Sie sich so sehr um die verletzten Menschen
sorgen, warum verbringen Sie Ihre Zeit nicht mit ihnen?!«

Jim Forest zufolge, der diesen Vorfall berichtet, wird die Atmosphäre ganz plötzlich spannungsgeladen, und es scheint, als
gäbe es keine Luft mehr zum Atmen.

Eine lang anhaltende Stille setzt ein, und dann hebt der von
tiefer Ruhe durchdrungene Zen-Mönch konzentriert zu sprechen an, wobei er ein echtes Interesse an dem Menschen zeigt,
der ihn beschimpft hat. Seine Worte gleichen einem Regen auf
Flammen:

> »Wenn Sie wollen, dass ein Baum wächst, hilft es nicht,
> die Blätter zu begießen. Sie müssen die Wurzeln wässern.
> Zahlreiche Wurzeln des Krieges befinden sich hier, in Ih-
> rem Land. Ich bin hierhergekommen, um den Menschen
> zu helfen, die bombardiert werden, um zu versuchen, sie
> vor dem Schmerz zu beschützen.«

»Die Atmosphäre im Raum war augenblicklich transformiert«,
berichtet Jim Forest, »die Wut des Mannes hatte unsere eigene
Wut herausgefordert. Die Antwort Thays offenbarte eine dritte
Möglichkeit: jene, den Hass mit Liebe zu überwinden und mit
der endlosen Kette von Leiden zu brechen, die die Geschichte
der Menschheit kennzeichnet.«[101]

Nach dieser Antwort flüstert Thich Nhat Hanh dem Ge-
meindevorsitzenden einige Worte ins Ohr und geht hinaus. Jim
Forest entdeckt ihn auf dem an die Kirche angrenzenden Park-
platz, wo er so heftig atmet, als würde er gleich ersticken.
Die Bemerkung des Mannes hat ihn erschüttert, und der erste
Impuls des Zen-Mönchs hätte eine wütende Antwort sein

können. Also hat er sehr langsam und tief durchgeatmet, um einen Weg zu finden, ihm verständnisvoll zu antworten. Dennoch war der Schock gewaltig.

»Warum sollte man nicht wütend auf ihn werden?«, fragt Jim Forest. »Auch Pazifisten haben das Recht, wütend zu sein.«

»Ginge es nur um meine Person, so stimmt das. Doch ich bin hier, um im Namen der vietnamesischen Bauern zu sprechen. Ich muss den Leuten zeigen, dass wir besser sein können«, antwortet der Meister.

In Vietnam spitzt sich die Lage immer mehr zu. Die mutige Phuong müht sich ab, die Aktivitäten der Schule der Jugend für Soziale Dienste mit eiserner Hand aufrechtzuerhalten. Zahlreiche Intellektuelle in Südvietnam sehen in ihr eine Heldin. Konvois von Freiwilligen werden organisiert, um die bombardierten ländlichen Regionen zu unterstützen. Sie kümmert sich außerdem um die Verbreitung von Thays Büchern, die für den Frieden eintreten, wie *Vietnam. The Lotus in a Sea of Fire*. Diese Aktion bringt ihr mehrere Verhaftungen und einen Gefängnisaufenthalt ein. Jedes Mal gelingt es ihr mit unerhörtem Glück, wieder freizukommen. In ihren Memoiren offenbart sie, dass ihr Geheimnis nichts mit Glück zu tun hatte, sondern eine Sache des Glaubens war. Bei jeder Verhaftung zentriert sie ihren Geist auf die Atmung, tritt in einen Zustand der Meditation ein und betet zu Avalokiteshvara[102]. Eines Tages gewinnt sie mit ihrer Haltung die Sympathie eines Polizisten, der so tut, als habe er die Petition für den Frieden nicht gesehen, die sie unter ihren Sachen bei sich trägt. Eine solche Petition hätte ihr eine mehrjährige Gefängnisstrafe beschert.

# Der Mensch ist nicht unser Feind

Zahlreiche Korrespondenten aus Deutschland, Frankreich und den USA werden nach Vietnam geschickt. Der Konflikt wird zum ersten Krieg, der ein dermaßen starkes Medienecho hervorruft. Am 17. Mai 1967 schreibt die *New York Times*: »Eine buddhistische Lehrerin erklärt: Die meisten von uns Vietnamesen hassen die USA.«[103] Der Artikel ist mit einem Foto illustriert, auf dem die junge Frau aufrecht und würdevoll mit entschlossenem Gesicht in die Ferne blickt.

Die Botaniklehrerin ist niemand anders als Phuong. Vor den amerikanischen Journalisten spricht sie in gebrochenem Englisch, das mit Französisch durchsetzt ist, im Namen der Vietnamesen. Und zwar besonders im Namen ihrer spirituellen Schwester Nhat Chi Mai. Drei Tage zuvor hatte sich dieses Mädchen aus gutem Hause, das von Thay zusammen mit sechs Mönchen und Nonnen ordiniert wurde und auch Mitglied in der Schule der Jugend für Soziale Dienste war, zur Pagode Tu Nghiem begeben. Dort setzte sie sich in der Lotoshaltung nieder und stellte zwei Statuen vor sich auf: eine der Jungfrau Maria und eine des Bodhisattva Avalokiteshvara. Dann übergoss sie sich mit Öl und zündete sich an.

Sie hinterließ mehrere Briefe und Gedichte, insbesondere das von Thay verfasste Gedicht »Empfehlung«, das sie mehrere Male gelesen hatte, bevor sie in den Tod ging.

> »[...] Erinnere dich daran:
> Der Mensch ist nicht unser Feind.
> Das Einzige dir Würdige ist das Mitgefühl –
> unbesiegbar, grenzenlos, bedingungslos.
> Der Hass wird dich niemals der Bestie trotzen lassen,
> die im Menschen wohnt [...]

In ihren Briefen fleht sie die Katholiken und Buddhisten an, sich für den Frieden zu vereinigen, damit den Menschen die Liebe Jesu und das Mitgefühl Buddhas bewusst werde.[104]

Sie ruft die Amerikaner auf, sich aus Vietnam zurückzuziehen. In einem Brief, der dem Botschafter Ellsworth Bunker übergeben wird, damit er ihn an den Präsidenten Johnson weiterleitet, schreibt sie: »Die meisten von uns Vietnamesen hassen die Amerikaner, die die Leiden des Krieges mit sich gebracht haben, aus tiefstem Herzen.« Und: »Die Tonnen an Bomben und euer Geld haben unser Volk verdorben und unseren Körper und unser Nationalgefühl zerbrochen.«[105]

In einem Land, in dem die Selbstopferung als ein Akt höchster Tapferkeit angesehen wird, löst die Selbstverbrennung der jungen Frau eine Schockwelle aus, die Zeichen aufrichtiger Zusammenarbeit zur Folge hat.

Die Briefe von Mai wurden von buddhistischen Mönchen und katholischen Priestern öffentlich gemacht. In einem ihrer Briefe erinnert sie an den Quäker Norman Morrison, der sich 1965 vor dem Pentagon selbst angezündet hat. Diese Briefe tragen dazu bei, eine christlich-buddhistische Kernbewegung gegen den Krieg zu mobilisieren.

Thich Nhat Hanh erklärt, dass diese scheinbar verzweifelte Tat ein Akt des Opferns ist. Das Ziel der Mönche und Nonnen, die sich selbst verbrennen, sei nicht der Tod der Unterdrücker, sondern eine Veränderung in der Politik. Ihre Feinde sind nicht die Menschen, sondern die Intoleranz, der Fanatismus, der Autoritarismus, die Gier, der Hass und die Diskriminierung, die das Herz der Menschen verschleiern. In einem der buddhistischen Sutras heißt es: »Sich zum Wohle aller Wesen mit Öl salben.« Das Bild der jungen Mai wird Phuong ihr Leben lang verfolgen.

Unglücklicherweise wird es um die Mitte des Jahres 1967 für die beiden rivalisierenden Parteien sehr schwierig, überhaupt noch an eine Umkehr zu denken. Sie sind bereits zu weit gegangen. Mitglieder der Schule der Jugend für Soziale Dienste sind ermordet worden. Für die Armen zu wirken wird als kommunistischer Akt gewertet. Phuong entdeckt die Leichen von Tuan, Tho, Lanh und Hy im Fluss treibend. Um sich nicht von der Verzweiflung übermannen zu lassen, versucht sie so weit wie möglich, jede einzelne ihrer Handlungen in Achtsamkeit auszuführen. Nachts, wenn sie keinen Schlaf findet, erinnert sie sich an die Lehren Thays: Der Mensch ist nicht unser Feind, sondern Ignoranz und Hass. Diese Einsicht schenkt ihr ein wenig Frieden.

# Mystizismus und ziviler Ungehorsam

In Amerika haben ein paar Hundert Studenten eine Petition für den Frieden verfasst. Bestärkt von dieser Initiative begibt sich Alfred Hassler 1967 nach Vietnam, um die Studenten der Schule der Jugend für Soziale Dienste kennenzulernen. Diese sind zuerst nicht bereit, sich mit einem Westler zu unterhalten. Mit viel Geduld gelingt es Hassler, ein Treffen zu vereinbaren, und die Studenten erklären sich einverstanden, ihre Unterschriften mit auf die Liste für den Frieden zu setzen, auch wenn sie sich damit in Lebensgefahr begeben. Hasslers Vorgehensweise eröffnet neue Horizonte.

Zwischen 1966 und 1968 knüpft Thich Nhat Hanh enge Freundschaften mit einigen Menschen, die auf der Grundlage einer tiefen und aufrichtigen Spiritualität für den sozialen Wandel wirken. Im Geiste von Thoreau und Emerson engagieren sie sich sehr für eine Befriedung der Welt, und ihr Ansatz verbindet Mystizismus mit zivilem Ungehorsam. Für Thay sind diese Männer und Frauen Bodhisattvas. Dazu gehören Martin

Luther King jr. und Thomas Merton, aber auch Dorothy Day, Daniel Berrigan, Joan Baez und Jim Forest.

Dorothy Day, eine militante Katholikin und Journalistin, führte in ihrer Jugend ein dem Anarchismus und der Ultralinken nahestehendes Boheme-Leben in New York. Die Geburt ihrer Tochter im Jahre 1927 bringt einen spirituellen Durchbruch mit sich, und sie nimmt den katholischen Glauben an. Zusammen mit Peter Maurin gründet sie die Catholic Worker Movement (Katholische Arbeiterbewegung), die sich für Gewaltlosigkeit und Gastlichkeit gegenüber Ausgegrenzten einsetzt. In diesem Rahmen entwickeln sich »Häuser der Gastfreundschaft« in den Armenvierteln von New York sowie einige Bauernhöfe, wo die Christen in Gemeinschaften leben. Abbie Hoffman, einer der Anführer der amerikanischen Gegenkultur in den 1960er-Jahren – der sich durch seinen Humor und seinen komödiantischen Sinn während der Demonstrationen auszeichnet, besonders als er versuchte, das Pentagon mittels psychischer Energie levitieren zu lassen –, bezeichnet sie als den ersten Hippie.

Daniel Berrigan, in den USA »der Prophet« genannt, ist ein engagierter Theologe, Dichter und leidenschaftlicher Pazifist. Seine Begegnung mit Dorothy Day im Alter von zwanzig Jahren hat bei ihm einen unauslöschlichen Eindruck hinterlassen. »Dorothy hat mich mehr gelehrt als sämtliche Theologen«, wird er sagen. »Sie hat zwischen dem Problem von Elend und menschlicher Armut und dem Krieg Verbindungen hergestellt, an die ich niemals gedacht hätte. Sie glaubte an Gott und seine Schöpfung einer Welt, in der es genug für alle gibt.« Nach seiner Priesterweihe 1952 unternimmt er in Begleitung des Historikers Howard Zinn eine Reise nach Hanoi in Nordvietnam, wo er sieht, welche Zerstörung die Bombardements der amerikanischen Armee anrichten. Er prangert die »Sünde der Kriegstreiber« und den »amerikanischen Imperialismus« an.

Im Mai 1968 begibt sich Berrigan zusammen mit sieben weiteren Personen zum Einberufungsbüro in Catonsville, Mary-
land, wo sie sechshundert Einberufungsbefehle mit selbst her-
gestelltem Napalm verbrennen. In einem Kommuniqué erklärt
er: »Liebe Freunde, entschuldigt die Störung der öffentlichen
Ordnung und dass wir Papier statt Kinder verbrannt haben.«
Vom FBI gesucht und verfolgt, tauchte er beinahe vier Monate
lang unter. Als er schließlich im Hause des Theologen William
Stringfellow verhaftet wird, verurteilt man ihn zu 10 Monaten
Gefängnis, während derer er auf der Titelseite des *Time*-Maga-
zins erscheint. In dieser Zeit schreibt er in seiner Zelle an seine
Jesuitenfreunde: »Solange die Schreie der Kriegsopfer, der ver-
zweifelten Bedürftigen, der Gefangenen, der Kriegsdienstver-
weigerer, solange die Schreie der Welt nicht an unsere Ohren
dringen, [...] wird sich nichts ändern, vor allem nicht wir
selbst.« Dan spricht von seinem Leben des Protests als von einer »gekränkten Liebe«. Thay und er pflegen eine rege Korrespondenz, in der sie sich über ihre jeweilige Tradition austau-
schen. Der Zen-Mönch berichtet ihm von seinen Erfahrungen
mit dem Gemeinschaftsleben in Vietnam, wo die Mönche mit
Schriftstellern und Künstlern an einem Tisch sitzen.

Joan Baez, die international berühmte Songschreiberin und
Folksängerin, schöpft ihre Energie aus der Politik und der Mu-
sik, die sie auf wunderbare Weise zu vereinen vermag. Mit 16
Jahren, im Jahre 1957, begeht sie mitten im Kalten Krieg ihren
ersten Akt zivilen Ungehorsams, als sie sich weigert, das Klas-
senzimmer ihrer Schule in Palo Alto zu verlassen und an einer
Notfallübung in den bombensicheren Bunkern teilzunehmen.
Dieser Vorfall bringt ihr eine Bestrafung und die Ächtung sei-
tens der Ortsbevölkerung ein, die sie als »infiltrierte Kommunis-
tin« beschimpft. 1965 marschiert sie bei den Demonstrationen
für die Bürgerrechte an der Seite von Martin Luther King jr.

Sie singt das Lied *We shall overcome*, das zur Hymne der Bewegung wird. Schon bald darauf schließt sie sich den Märschen gegen den Krieg an. So begegnet sie auch Thich Nhat Hanh und Phuong, für die sie zu einer Vertrauten wird. 1967 wird ein Konzert gegen den Krieg auf dem Mount Washington organisiert. Einige Jahre später gibt sie Benefizkonzerte zugunsten der Kinder von Vietnam.

Jim Forest ist ein kühner junger Mann, der zu einer der tragenden Säulen im gewaltfreien Kampf der Buddhisten in den Vereinigten Staaten wird. Er heiratet Laura, die Tochter von Alfred Hassler, lässt sich aber einige Jahre später wieder scheiden. Der junge Mann ist zu dem Zeitpunkt dreißig Jahre alt; er ist Katholik und dient in der Marine beim meteorologischen Dienst, bevor er eine Zeit lang journalistisch tätig wird. 1968, als er als Programmkoordinator für Vietnam im Rahmen des Versöhnungsbunds arbeitet, verschafft er sich in Begleitung von dreizehn Mitgliedern des katholischen Klerus durch Einbruch Zugang zu neun Rekrutierungsbüros in Milwaukee – den örtlichen Stellen zur militärischen Einberufung –, um einige der Einberufungsbefehle zu entwenden und zu verbrennen. Die meisten an dieser Aktion Beteiligten werden zu 13 Monaten Haft verurteilt.

Jim Forest stand mehrere Jahre in Kontakt mit Thich Nhat Hanh und arbeitete mit ihm zusammen, besonders während der Veröffentlichung des Buches *Das Wunder der Achtsamkeit*[106]. Er berichtet, wie er den Zen-Meister zu einem seiner zahlreichen Vorträge an der Universität von Michigan begleitete und sie beide darauf warteten, dass sich die Tür des Fahrstuhls öffnete. Über der Tür hing eine Wanduhr. Der Zen-Mönch wies darauf und sagte: »Weißt du Jim, vor einigen Hundert Jahren, hätte dort keine Uhr, sondern ein Kruzifix gehangen.« – »Er hatte recht«, bekräftigt Jim, »die Uhr ist in der heutigen Zeit zu einem religiösen Objekt geworden, einem der Objekte, die so machtvoll sind, dass sie nicht abgeschafft werden können.«

Ob es sich nun um vietnamesische Studenten handelt oder bald auch um amerikanische Studenten, die Bewegung gegen den Vietnamkrieg wird zum Kampf einer Generation, die die Welt verändern wird und als Katalysator für alle Konflikte zwischen den Generationen, den Völkern, den Männern und Frauen dient.

Die Jungen weigern sich, in der eingeschnürten Welt ihrer Eltern zu leben. Zwei Weltkriege haben Zweifel an den Werten und Grundlagen der westlichen Zivilisation aufkommen lassen. Die Hippies feiern in Woodstock die Liebe und ergötzen sich an Hermann Hesses *Siddhartha*, worin der unstillbare Durst des Helden, seine innere Einheit zu finden, jeden seiner Schritte im Leben leitet. Sie treten in Resonanz mit dem aufgeklärten und innovativen Geist von Thich Nhat Hanh, der – obwohl er gerade mal zwanzig Jahre alt war – nicht zögerte, den Konservatismus der buddhistischen Hierarchie infrage zu stellen. »Nur sehr wenige Menschen hatten schon von ihm gehört, aber dieser junge Mönch, der sowohl gegen den Krieg des Nordens wie auch gegen den des Südens mit seinen amerikanischen Verbündeten Stellung bezog und den Weg der Versöhnung pries, faszinierte uns«[107], erzählt die Schriftstellerin und Anthropologin Joan Halifax, die ebenfalls Schülerin von Thich Nhat Hanh ist.

Angesichts dieser existenziellen Krise bringt der Vietnamkrieg das Fass zum Überlaufen. Ganz still und leise bereitet sich eine andere Weise des Lebens in der Welt vor. Es ist die Stunde des Wandels. Viele wissen, was sie nicht mehr wollen; sie lehnen den Krieg, die althergebrachte Ordnung und Moral vehement ab und streben ungeduldig nach etwas anderem. Aber noch fehlen die Worte zur Beschreibung dieser neuen Welt. Die Kräfte der Erneuerung und der Schöpfung sind im Verborgenen am Werke. Frieden ist ein Wort in aller Munde; doch er wird sich als eine Kunst erweisen, die der Erfahrung und der Vorbilder bedarf.

# EIN NEUES BEWUSSTSEIN
## FÜR DEN OKZIDENT

In Vietnam nimmt die Gewalt zu. Jeden Abend werden grauenhafte Bilder vom Krieg in den westlichen Nachrichtensendungen ausgestrahlt. Diese Bilder spielen bei der Jugend eine wesentliche Rolle dafür, wie sie den Konflikt aufnimmt. Der Krieg dringt in die private, intime Sphäre der Menschen im Westen ein. Das Thema ruft Auseinandersetzungen in den Familien hervor. Die Gewalt ist kein mentales Konzept mehr, sondern grausame Realität. Für die Bewegung zugunsten eines Waffenstillstands sind solche Bilder entscheidend. Sie beschleunigen in der Tat die Bewusstwerdung einer stattlichen Anzahl von Menschen.

In Europa und den Vereinigten Staaten gehen Demonstranten auf die Straße. In Deutschland ruft der Konflikt viele Debatten in der öffentlichen Meinung hervor. Was steht wirklich auf dem Spiel bei diesem Krieg der Zivilisationen? Weshalb lassen die Amerikaner nicht locker? Zu sehen, wie ein so kleines Land wie Vietnam, das eine reiche Geschichte und eine tausend Jahre alte Kultur aufweist, darauf beharrt, seine Eigenart gegenüber der größten imperialistischen Macht zu verteidigen, ist ein Ereignis. Sich für die Souveränität eines Volkes zu schlagen, steht aus der Sicht der Franzosen in der Tradition der Französischen Revolution.

Je mehr Monate ins Land gehen, desto grausamer wird der Krieg. Im Januar 1968 sind 385.000 GIs in Vietnam. Die amerikanische Armee beginnt mit der Angriffstaktik *Search and Destroy* und maßt sich das Recht an, unter Missachtung aller internationalen Regeln zu handeln, wie es ihr gefällt. Ganze Gebiete werden zur *Free Fire Zone* erklärt: Die GIs haben die Erlaubnis, auf alles zu schießen, was sich bewegt. So dürfen beispielsweise die Hubschrauber im Mekong-Delta schießen, wenn sie Menschen sehen, die plötzlich erstarren, oder auch wenn sie Menschen weglaufen sehen, da dies den »Fluchtverdacht« nahelegt. Dies ist in der Tat ein sinnloses Gemetzel. Die Soldaten, die am meisten Vietcong-Kämpfer getötet haben, werden mit Orden dekoriert. Der Konflikt artet in einen Prozess der Entmenschlichung aus. Auf dem Boden sind die Bauern und die Zivilisten die großen Opfer des Krieges. Auf beiden Seiten nährt ein unersättliches Verlangen nach Rache diesen zerstörerischen Wahnsinn. Das Ziel, die Bevölkerung in Angst und Schrecken zu versetzen, ist integrativer Bestandteil der amerikanischen Strategie. Da der Konflikt auf der Logik der Blöcke basiert, werden in Ostdeutschland die Bewohner aufgerufen, Blut für die kommunistischen Kämpfer zu spenden.

Während die GIs die Hölle erleben, erklären sich viele amerikanische Studenten zu Pazifisten; sie lehnen den Krieg ab und demonstrieren immer heftiger. Amerika befürchtet in einen Bürgerkrieg abzurutschen, denn einige junge Leute sind zu bewaffneten Militanten geworden, und die Zusammenstöße mit den Ordnungskräften sind die gewalttätigsten, die es in diesem Land je gegeben hat. Die Repression ist sehr hart.

# Ein Albtraum

Das Netz des Ho-Chi-Minh-Pfades, das Vietnam bis nach Kambodscha und Laos durchzieht, die Zone, in der sich die meisten Kämpfe abspielen, wird seit zehn Jahren von den Amerikanern bombardiert, doch vergeblich. Hunderte von Flugzeugen versprühen chemische Substanzen über den Wäldern, um die Guerillakämpfer dazu zu zwingen, aus ihren Stollen herauszukommen. Diese Technik beginnt die Kräfte der Guerilla allmählich zu zermürben, und sie beschließt daher, eine Gegenoffensive gegen den Süden und Saigon zu unternehmen. Indem sie den Waffenstillstand, der zwischen beiden kriegerischen Parteien für die Zeit der Festivitäten zum Jahresende, dem Tet-Fest, vereinbart worden war, ausnutzt, überrascht sie die amerikanische Armee. Anstelle der zu diesem Fest üblichen Knallfrösche explodieren Raketen. Während dieser schrecklichen Tet-Offensive kommt es zu den blutigsten Kämpfen des Krieges. Saigon war bis dahin davon verschont geblieben, der Krieg spielte sich bisher in den Reisfeldern ab.

Thich Nhat Hanhs Meister kommt ums Leben. In der Stadt, wo die Kämpfe viele Todesopfer fordern, nimmt die Schule der Jugend für Soziale Dienste 11.000 Flüchtlinge auf ihrem Campus auf. Phuong und Thay Thanh Van sorgen für die Organisation. Der Ort entgeht nur knapp den Kämpfen und dem Bombardement – dank der Tapferkeit von Thay Thanh Van, der sich im Kugelhagel auf den Weg zu den Streitkräften macht, um sie darum zu bitten, den Campus und seine Flüchtlinge zu verschonen. Während dieser entsetzlichen Tage werden zehn Babys im Lager geboren.

Die GIs sind fassungslos. Auch wenn die Amerikaner in der Tet-Offensive den Sieg davontragen, haben die Bilder der Kämpfe doch einen enormen psychologischen Einfluss auf die internationale Meinung. Zum ersten Mal erscheint der Sieg der Amerikaner nicht mehr gewiss. Es hat einen hohen Symbolwert, dass es einem Vietcong-Kommando gelingt, in das Gelände der amerikanischen Botschaft einzudringen. Man hatte den Feind unterschätzt. Dies ist der Beginn des »schmutzigen Krieges«.

Es kommt weltweit zu Protesten, und neue Protestbewegungen entstehen in Finnland, Mexiko, Tasmanien, Chile und im Kongo. In Chicago herrscht quasi der Aufstand.

## Die Praxis des Friedens

Das Jahr 1968 bildet den Höhepunkt der Aktionen der Friedensbewegung gegen den Krieg. Dennoch ist Thay bei diesen pazifistischen Demonstrationen nicht wohl zumute, denn er findet sie im Grunde zu aggressiv. Während einer der Versammlungen gegen den Krieg muss er sich sogar von einem aufgebrachten Jugendlichen anpöbeln lassen, weil der ihn nicht radikal genug findet. Einige verstehen nicht, warum Thay in den Vereinigten Staaten ist, denn ihrer Meinung nach sollte er in Vietnam sein und den amerikanischen Imperialismus bekämpfen. Wieder antwortet er, dass die Wurzeln des Konflikts sich in den USA befänden. Wie könne man so tun, als sei man Pazifist, wenn man Gewalt anwendet? Das Streben nach Frieden darf sich für Thay nicht in eine politische Haltung auflösen, die die Machthaber aus Vergnügen am Protest und als Auflehnung gegen die Autoritäten angreift. Es muss voll und ganz gelebt werden. »Das Mitgefühl und die Weisheit sind sehr wohl die Essenz des Buddhismus, aber wenn das Mitgefühl und die Weisheit nicht ins Leben übertragen werden, kann man sie nicht Mitgefühl und Weisheit nennen«, versucht er den Aktivisten zu erklären.

Der Weg der Gewaltlosigkeit bedeutet, dass das Einfordern des Friedens zunächst darin besteht, den Frieden in einem selbst zu verkörpern. Wenn seine Anhänger sich damit begnügen, den Frieden im Munde zu führen, besteht die Gefahr, dass ihre Bemühungen fruchtlos bleiben. Ebenso wie das Töten und das Kriegführen nicht angeboren sind, sondern eine Einübung und eine spezifische Konditionierung voraussetzen, so erfordert die Verwirklichung des Friedens eine anspruchsvolle Ausbildung. Es geht darum, die Saat des Friedens in einem selbst mit Aufmerksamkeit und Liebe zu kultivieren. Schritt für Schritt wird Thay diese Friedenskultur, die weder ein einfaches Wort noch eine vorgefertigte Haltung, sondern ein Seinszustand ist, zuerst in den USA und dann in Europa verbreiten.

Dank der Praxis des tiefen Schauens fühlt sich Thay nicht außerhalb des Konflikts. Zu urteilen und Partei zu ergreifen heißt, sich außerhalb des Konflikts zu stellen. Denn der Mönch sieht die Wurzeln des Konflikts überall, auch im Denken und in der Lebensweise der Einzelnen. Er weiß, dass Sprechen und Handeln im Zustand von Wut noch mehr Zerstörung schaffen kann. Er begreift, dass die Vietnamesen nicht die Einzigen sind, die leiden, denn die jungen Amerikaner, die zum Töten und Getötetwerden nach Vietnam entsandt werden, leiden ebenfalls sehr:

»Das hat in mir ein tiefes Bestreben danach wachsen lassen, dass der Krieg ein Ende finden und die Vietnamesen und Amerikaner in Frieden leben mögen. Und da dieses Bestreben nunmehr klar war, gab es nur noch einen Weg, dem zu folgen war: dahin wirken, dem Krieg ein Ende zu setzen.«[108]

In den »Techniken zur Versöhnung« von Thich Nhat Hanh zeichnet sich Folgendes deutlich ab: Nicht die Tatsache, in

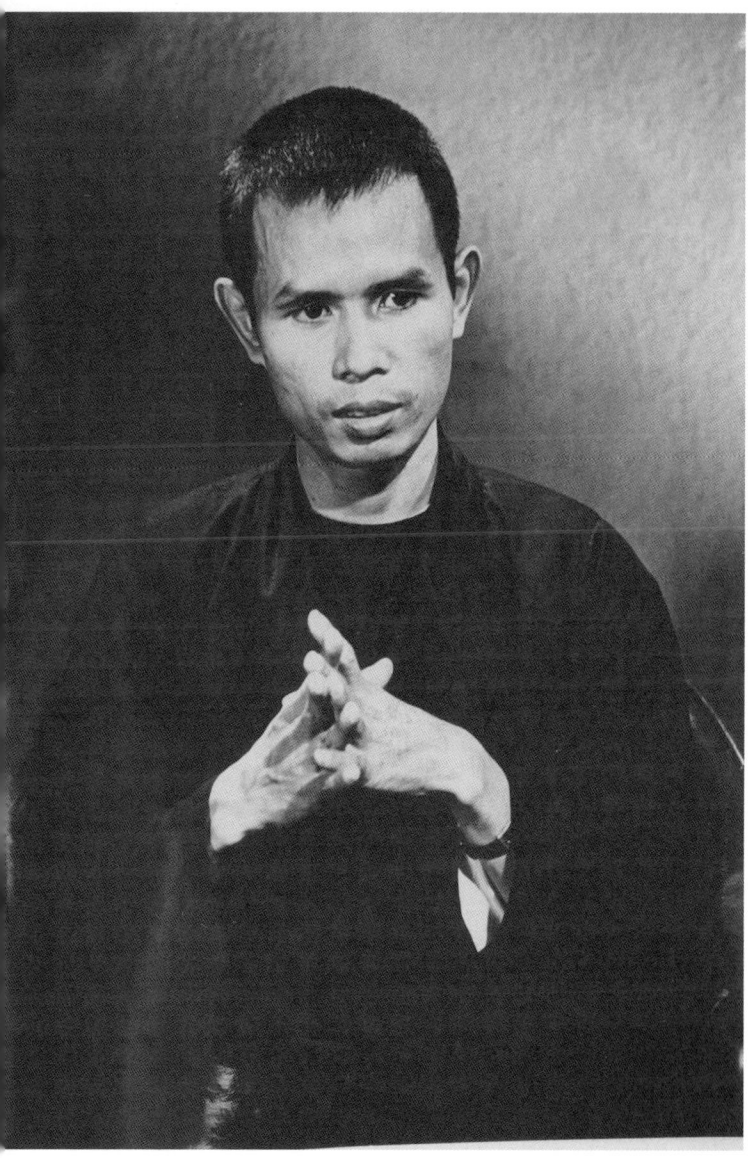

1966 unternimmt Thay eine Rundreise durch die USA, um das Ende
der Bombardements in Vietnam zu verlangen. Hier bei einem Vortrag
im Swarthmore College. Mit zusammengelegten Händen lauscht
er aufmerksam den Fragen seiner Gesprächspartner.

*(Abdruck mit freundlicher Genehmigung der Fellowship of Reconciliation FOR)*

Im Juni 1966 gibt Martin Luther King jr. in Chicago eine Pressekonferenz, um offiziell die Beendigung des Bombardements in Vietnam zu fordern.

*(Abdruck mit freundlicher Genehmigung der Fellowship of Reconciliation FOR)*

Während der Amerika-Rundreise im Jahr 1966 hören immer mehr Menschen die Friedensbotschaft des jungen vietnamesischen Mönchs. Thay trägt dazu bei, die Ansicht der Amerikaner zum Vietnamkrieg allmählich zu verändern.

*(Abdruck mit freundlicher Genehmigung der Fellowship of Reconciliation FOR)*

Im Sommer 1976, südlich von Troyes, in der Gemeinschaft der Patates Douces. In diesen Jahren lässt Thay seine Haare wachsen.

*(Foto: Jim Forest)*

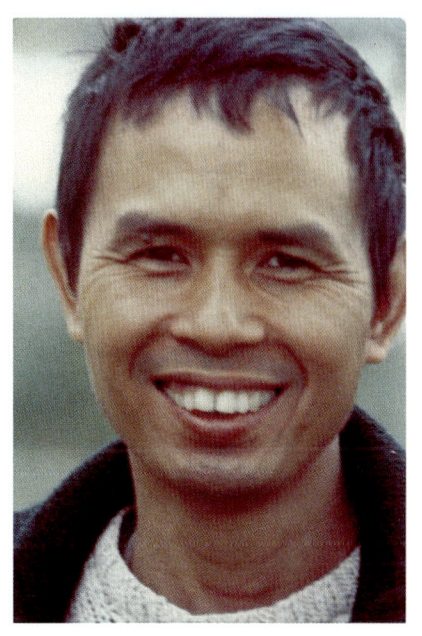

1984 in Plum Village. Thay achtet immer auf das Wohl der Kinder in der Gemeinschaft und spricht mit ihnen über Neuigkeiten aus Vietnam.

*(Foto: Jim Forest)*

Im Jahr 2005 wird Thay und der internationalen Gemeinschaft von
Plum Village in Vietnam ein herzlicher Empfang bereitet.

*(Foto: Paul Davis)*

März 2005: eine bewegende
Pilgerreise zum Tempel von
Tu Hieu.

*(Foto: Paul Davis)*

Während seiner Reise im Mai 2008.
Thay von vietnamesischen Mönchen umgeben.

*(Foto: Paul Davis)*

Thay versenkt sich andächtig in Anwesenheit seiner Familie,
die er endlich wiedertreffen konnte.

*(Foto: Paul Davis)*

Im Kloster Magnolia Grove in Massachusetts im September 2013
bei einer Gehmeditation in Achtsamkeit für die kleine Gruppe
von Mönchen, die von Thay angeführt wird.

*(Foto: Paul Davis)*

2007 in Los Angeles im MacArthur-Park. Thay führt einen Friedensmarsch der
buddhistischen Gemeinschaft von Westlake mit Mönchen und Laien durch.

*(Foto: Paul Davis)*

Im September 2013 in Magnolia Grove: Thay reicht einem Jungen die Glocke. Diese Geste ist der Auftakt für eine Meditation.

*(Foto: Paul Davis)*

In Plum Village sind Familien willkommen und es gibt zahlreiche Kinder jeglichen Alters. Thay besteht darauf, dass jeder Erwachsene für das Wohl der Kinder sorgt, damit sie sich willkommen und sicher fühlen.

*(Foto: Paul Davis)*

Theatervorführung im Rahmen eines traditionellen vietnamesischen Festes im Juni 2012 in Plum Village. Der Drache ist überwältigt worden.

*(Foto: Paul Davis)*

Im Kloster Magnolia Grove wurde ein Denkmal zu Ehren
der engen Freundschaft von Martin Luther King jr. und Thich Nhat Hanh
errichtet, die gemeinsam für eine große menschliche und brüderliche
Gemeinschaft gewirkt haben.

*(Foto: Paul Davis)*

einem Konfliktfall Partei zu ergreifen, sondern die Identifikation sowohl mit den »Opfern« als auch mit den »Angreifern« – was die wahre nicht dualistische Art und Weise zu sehen ist – befähigt dazu, einen Konflikt zu lösen und den Hass zu heilen. Wer nicht in der Lage ist, sich mit seinem Feind zu identifizieren, um ihn von innen her zu verstehen, kann kein Handwerker des Friedens sein. Aus diesem Grund unterrichtet Thich Nhat Hanh seine Schüler in der meditativen Atmung, damit sie nachempfinden können, was einerseits ein Amerikaner erlebt und andererseits ein Russe. Es geht darum, die echte Wahrheit zu erkennen, die wirkliche Situation. Die nach Vietnam entsandten Amerikaner, die gerade erst dem Teenager-Alter entwachsen waren, wurden in ein Wüten von Gewalt, Leiden und Verwüstung gestürzt, wobei jegliche Orientierung verloren ging und die Welle chaotischer Gewalt durch keine Gründe oder ideologischen Erklärungen mehr zu rechtfertigen war.

Deshalb konzentriert Thich Nhat Hanh bei seinen täglichen Meditationen seinen Geist und sendet sein Mitgefühl ebenso an die amerikanischen GIs wie an die vietnamesischen Zivilisten aus. Er bemüht sich, die Welt und den Krieg als Spiegel unserer eigenen inneren Gewalt zu sehen.

> »Wenn Sie Bomben auf Ihren Feind abwerfen, dann werfen Sie sie gleichzeitig auf sich selbst ab, auf Ihr eigenes Land. Während des Vietnamkrieges hat das amerikanische Volk genauso gelitten wie das vietnamesische. Die Wunden des Krieges sind in den USA genauso tief wie in Vietnam.«[109]

Im Mai 1968 trifft die Delegation Nordvietnams in Paris ein. Sie wird zunächst im Hotel Lutetia im VI. Arrondissement untergebracht, wo die Demonstrationen der Studenten in vollem

Gang sind. Man riecht das Tränengas bis in die Hotellobby hinein. In Paris beginnen zwischen den Supermächten und den vietnamesischen aufständischen Gruppen erste Friedensverhandlungen. Ramsey Clark, dem stellvertretenden Oberstaatsanwalt unter der Präsidentschaft Johnsons, zufolge wäre es niemals zu diesen Gesprächen gekommen, wenn sich nicht Millionen von Menschen für den Frieden eingesetzt hätten.

# Zeit des Exils, die Augen
## auf das Höchste gerichtet

Am 4. April 1968 wird der kämpferische Schwarze Martin Luther King jr. ermordet. Die Nachricht löst eine Welle des Entsetzens in der ganzen Welt aus. Thay befindet sich in der Schweiz, als ihn die Nachricht erreicht, und er will seinen Ohren nicht trauen. Mehrere Tage lang ist er wie am Boden zerstört, isst nichts und schläft nicht. Er erkennt in diesem Tod einen großen Verlust für die amerikanische Nation.

Im Juni 1968, im Alter von 42 Jahren, realisiert Thich Nhat Hanh, dass er sich in Geduld üben muss, bevor er seine geliebte Heimat wiedersehen kann. Von nun an befindet sich der weise Mann auf fremdem Boden. Von seinen Vertrauten, seinen Freunden, seinen Schülern, seiner Sangha und allem anderen, was bisher sein Leben ausgemacht hat, ist er getrennt: »Beinahe jede Nacht träumte ich davon, nach Hause zu kommen. Ich wachte mitten in der Nacht auf, mitten in einem Traum, nur um auf die traurige Realität des Exils zu stoßen … Alles erschien mir so anders als das, was wir aus Vietnam kannten.«[110] Schlimmer noch, die Kommunikation unter seinem Namen mit seinen Mitstreitern in Vietnam konnte lebensgefährlich für sie werden. Die Kommunisten betrachteten ihn und Phuong als Agenten

der CIA. Der Zen-Mönch realisiert, dass er wieder bei null anfangen muss, wenn er im Ausland bleibt. Infolge all dieser
Spannung und des inneren Aufruhrs fühlt er sich schwach und
erschöpft. Er versucht Wege zu finden, nach Vietnam zurückzukehren. Doch die Mitglieder der Schule der Jugend für Soziale Dienste flehen ihn an, es nicht zu tun.

Phuongs politische und soziale Aktivitäten in Saigon bringen
sie immer mehr in Lebensgefahr. Nachdem sie eine Petition initiiert hat, die einen dreitägigen Waffenstillstand während des
Tet-Festes fordert, kann sie nur knapp einer Gefängnisstrafe
entkommen. Da die Befreiungsarmee die Waffenruhe bricht,
um die Armee des Südens anzugreifen, wird sie verdächtigt,
eine Komplizin der Guerilla zu sein. Wieder einmal verdankt
sie ihre Freiheit nur ihrem Bewusstsein, ihrer Aufrichtigkeit, ihrem Mut und ihrem Mitgefühl, die es ihr möglich machen, in
dieser ausgesprochen delikaten Kriegssituation die Haltung einiger der neuen lokalen Machthaber zu revidieren.

Thich Nhat Hanh begibt sich nach Hongkong, um sich dort
mit Phuong zu treffen, die beschlossen hat, Vietnam für ein
paar Tage zu verlassen, da es ihr immer eine Freude ist, einige
Zeit mit ihrem Meister zu verbringen. Nach zahlreichen büro-
kratischen Verzögerungen bekommt sie ein Visum. Thay möchte, dass sie direkt mit ihm arbeitet und seine Assistentin wird.

Im Kontakt mit Phuong, die die letzten zwei Jahre im Zentrum
der Ereignisse verbracht hat, ist ihm ein wenig so, als würde Vietnam wiedererstehen. Sie berichtet direkt von der lebendigen
Wirklichkeit des Konflikts, und darin sieht Thich Nhat Hanh die
Berechtigung für sein Vorhaben, mit ihrer Hilfe weiter die unvor-
eingenommene Botschaft der ungebildeten Bauern, die im Bom-
benhagel leben, zu übermitteln. Ihre Stimme würde ihrer Sache
an tausend Orten, wo in den verschiedenen Lagern intellektuelle
Gespräche stattfinden, echte Glaubwürdigkeit verleihen. Des

Weiteren ist Phuong überaus effizient bei der Beschaffung von Geldern und wird somit beim Aufbau eines sozialen Werks dringend gebraucht. Nach reiflicher Überlegung willigt sie in den Vorschlag Thich Nhat Hanhs ein. Sie ist davon überzeugt, dass eine Arbeit außerhalb des Landes zugunsten der Benachteiligten nützlicher sein werde, als in Vietnam zu bleiben, wo ihr Leben in Gefahr ist und ihre Aktivitäten selbst von gewissen buddhistischen Mitarbeitern missbilligt werden. Sie verlängert ihr Visum für Hongkong und beantragt ein Visum bei der französischen Botschaft, das ihr am 29. Dezember 1968 bewilligt wird. Bald darauf fliegt sie nach Frankreich.

## Das Leben im Exil

All jene, die auf fremdem Boden wandeln, tun dies zweifellos in dem Bewusstsein, in dieser Welt zu leben, ohne mit ihr verbunden zu sein. Es gab eine Zeit, da war das Exil oder die Verbannung die schlimmste Strafe, die ein Mensch erleiden konnte. Denn in der Tat, was ist schwieriger, als von der eigenen Umgebung und Sprache entfernt zu sein, die unser Sein geprägt und aufgebaut haben? Das Exil, das zu einer Randexistenz verdammt, eine Irrfahrt ist, einen dazu treibt, die eigene Welt zu verlassen, um Nomade in einer Welt der anderen zu werden, das die Bezugspunkte ausradiert und aus jeder Bleibe ein Provisorium macht. Dem Anschein zum Trotz und hinter dem Schleier eines Akzeptiertwerdens ist die dumpfe und unterschwellige Macht des Exils nicht selten zerstörerisch.

Die Begriffe der Vergänglichkeit und des Nicht-Anhaftens sind essenziell in der buddhistischen Philosophie. Das unbewusste Anhaften an Dinge und Wesen läuft darauf hinaus, in einer engen Dimension zu leben, die einen Anfang und ein

Ende hat, von der Geburt und Vernichtung eingegrenzt wird –
denn es gibt nichts in diesem Universum, das dieser Realität
entkommt –, kurz gesagt, in einer Welt der Sterblichen zu leben. Es gibt nun aber eine Realität, die der Welt der Phänome-
ne zugrunde liegt, die weder Tod noch Angst kennt und in der
das Auge die letzte Wirklichkeit der Dinge schaut. In dieser
Dimension bewegt sich Thich Nhat Hanh.

>>In dem Augenblick, in dem Sie fähig sind, sich selbst
tief zu berühren und andere zutiefst zu berühren, berühren Sie eine andere Dimension, die Dimension der Letzten Wirklichkeit.<<[111]

Es sind die Prüfungen, aus denen die schönste und reifste innere Erkenntnis entsteht. Das Exil zwingt dazu, den Blick in das
eigene Innere zu wenden, um dort die Ressourcen zu finden, die
es ermöglichen, lebendig zu bleiben. Dieses tiefe und uner-
schütterliche Bewusstsein nennt Thay >>Tiefenbewusstsein<<.

Der Zen-Mönch übt den Rückzug in sich selbst, was ihm
dabei hilft, sich in seiner neuen Umgebung zu regenerieren, und
stellt jeden Tag mental den Kontakt zu all jenen her, die er
kennt. Ab jetzt gibt es für ihn, der er diese Negierung seiner
tiefen Identität überleben will, nur eine Lösung: sich in das, was
ihm bleibt, zu stürzen ... in sich selbst.

Von nun an fühlt er sich überall, wo er ist, zu Hause, denn
seine spirituelle Übung im Rahmen der buddhistischen Prinzipien zeigt ihm jeden Tag, dass seine wahre Heimat in ihm selbst
liegt – wie eine innere Zuflucht –, vorausgesetzt er bewahrt seinen Glauben und verliert niemals die Hoffnung. Und so begreift er, dass er, indem er sich in sich zurückzieht, sein Land
überall wiederfinden kann, ganz gleich, wo er sich befindet:

»Mir ist bewusst geworden … dass das Reine Land Buddhas, der Ort wahren Friedens, von unserer inneren Fähigkeit abhängt, uns für die Wunder des Lebens jetzt und
genau hier zu öffnen. Wir können aus uns selbst die Kraft
und den Mut schöpfen, die Schäden des Krieges und der
Gewalt wiedergutzumachen. Das ist möglich; es liegt nur
an uns, es zu tun. Wenn wir dies versäumen, werden wir
in Verzweiflung versinken. Nichts kann uns vom Ort
wahren Friedens verbannen.«[112]

Die Gesichter der Menschen, deren Dharma es ist, das Trugbild
der Welt aufzulösen, bleiben dem Licht zugewandt; sie leben,
den Blick auf das Höchste gerichtet. Thich Nhat Hanh erfährt
die tiefe psychische Einheit eines Bewusstseinsstroms, der über
sein gegenwärtiges Leben hinausreicht. Inmitten des wirbeln-
den Nebels blickt er nicht hierhin oder dorthin, er läuft nicht
herum, er ist ein Punkt des Friedens.

# Die Boheme von Paris

1969 schließt sich eine Gruppe von Studenten der Delegation
für den Frieden der Vereinigten Buddhistischen Kirche von Vietnam unter der Leitung von Thich Nhat Hanh und Schwester
Phuong den Friedensverhandlungen an, die in der französischen
Hauptstadt stattfinden. Es ist ihnen allerdings nicht gestattet, direkt daran teilzunehmen. Die wichtigsten Delegationen sind die
der Demokratischen Republik Vietnam (die Kommunisten im
Norden), die der Republik Vietnam (die Nationalisten aus dem
Süden) und jene der Nationalen Befreiungsfront, die sich vornehmlich aus südvietnamesischen mit Hanoi verbündeten Dissi-
denten zusammensetzt. Die Volksrepublik China, die UdSSR,

Frankreich und das Vereinigte Königreich sind die Mitorganisa-
toren.

Am 8. Juni desselben Jahres beschließen einige mit Thich
Nhat Hanh verbundene Studenten, eine internationale Frie-
denskonferenz zu veranstalten. Trotz der Vorbehalte des französischen Außenministeriums wird diese Konferenz in Fontaine-
bleau organisiert, wo sich mehrere Hundert Personen einfinden.
Am Vorabend wird eine buddhistische Zeremonie mit dem
Klang von Trommeln und Glocken durchgeführt, und anschließend intonieren 500 vietnamesische Buddhisten das folgende
Gebet für den Frieden, das Thich Nhat Hanh verfasst hat und
das das Publikum zu Tränen rührt:

»Die Mütter weinen trockene Tränen,
während ihre Söhne auf den weit entfernten Feldern ver-
wesen.
Die Schönheit eines wunderbaren Landes ist vergangen,
es fließen nur Blut und Tränen.
Bitte habt Mitgefühl mit unserem Leiden.
Unser Land steht seit zwanzig Jahren unter Feuer.
Zerrissen ist es und von Tränen, Blut und den Skeletten
von Jungen und Alten getränkt [...]«

Im Jahre 1970 erhält Thich Nhat Hanh in Frankreich den Status eines politischen Flüchtlings. Trotz zahlreicher Einladun-
gen konnte er sich nicht entschließen, sich in den USA nieder-
zulassen, die so stark in den Vietnamkrieg involviert sind. Er
entscheidet sich schließlich für Frankreich, das Land der Menschenrechte, wo ihm Asylrecht gewährt wird.

Zu dieser Zeit unternimmt er eine neue Rundreise, um die
Menschen und die politisch Verantwortlichen dafür zu sensibilisieren, sich für einen Frieden einzusetzen, der den kriegerischen

Auseinandersetzungen, die sein Land in Stücke reißen, ein Ende bereiten soll. Die französische Sprache ist ihm nicht fremd ist, da er seine Kindheit unter der französischen Kolonialbesatzung verbracht hat. Er wird von Nguyen Hoang Anh begleitet, einem ehemaligen Mönchsnovizen, der aus Vietnam gekommen ist.

So beginnt eine außergewöhnliche Periode. Frankreich steht noch unter dem Schock der Studentenrevolte vom Mai 1968, die eine Bewusstwerdung im eigenen Land wie auch in zahlreichen anderen Ländern ausgelöst hat. An den Universitäten entsteht eine Protestbewegung gegen die Missstände im Hochschulwesen und gegen eine Konsumgesellschaft ... aber gleichermaßen auch gegen den Vietnamkrieg! Tausende von Demonstranten trotzen den brutalen Ausschreitungen der Polizisten, mehr als zehn Millionen Streikende legen das Land lahm und bringen die Regierung ins Wanken. Sie werden zum Symbol einer Gesellschaft auf der Suche nach Emanzipation, und ihre Forderungen nach Freiheit und freier Meinungsäußerung sollen in den kommenden Jahren mythischen Wert haben.

In einem engen Büro im fünften Stock des Hauses Nummer 11 der Rue de la Goutte-d'Or im XVIII. Arrondissement von Paris halten Thay und Schwester Phuong Sprechstunden ab und empfangen Gäste aller Couleur: Journalisten, Arbeiter, Studenten, die sich für Vietnam interessieren und es unterstützen. Sie bemühen sich, eine unparteiische Stimme einzubringen, die die Mehrheit der Vietnamesen, die direkte Opfer des Konflikts sind, repräsentieren soll. Durch einen Informationsbrief mit dem Titel »Der Lotos« in Englisch, Französisch und Vietnamesisch halten sie Tausende von Menschen über die Situation in Vietnam auf dem Laufenden. Um den Zen-Meister und Phuong bildet sich ein Netzwerk von Tausenden aufrichtiger Freiwilliger.

Nach seiner Ankunft in Paris unterrichtet Thay zudem zweimal in der Woche Geschichte des Buddhismus an der Sorbonne sowie an der École pratique des hautes études (EPHE)[113], sowohl als Dozent als auch als Forscher. Ihnen schließt sich Ethelwyn Best an, eine dynamische Engländerin von 68 Jahren. Sie wohnen alle in derselben Straße in Sceaux, im Umland von Paris.

## Abwaschen, um abzuwaschen

Sie empfangen regelmäßig Freiwillige, die kommen, um ihnen bei ihrer Arbeit zu helfen. Im Auto auf der Rückfahrt vom Flughafen mit einer amerikanischen Freiwilligen erklärt diese, wie sehr es ihr gefällt, Vegetarierin zu sein, und welch ein Glück es für sie ist, sich einer Gemeinschaft anzuschließen, die ebenso für vegetarische Ernährung engagiert ist. Einige Minuten später bittet Thay Schwester Phuong anzuhalten. Sie leistet ihm Folge, der Zen-Mönch steigt aus und geht in eine Schlachterei. Er kommt mit einem Stück Geflügel in der Hand zurück, das er am selben Abend im Appartement von Sceaux verzehrt. Das war wohl das einzige Mal, dass man Thay Fleisch hat essen sehen.

Jim Forest kommt regelmäßig, um Zeit mit Thay und der kleinen Gruppe von Vietnamesen zu verbringen. Seine Erfahrung mit dem Zen-Meister wird vom Rhythmus des Alltags und unzähliger kleiner Aufgaben bestimmt. »Ich erinnere mich manchmal an einen Abend in Gesellschaft vietnamesischer Freunde in einem winzigen Appartement im Vorort von Paris Anfang der 1970er-Jahre. In der Mitte der Gemeinschaft saß Thich Nhat Hanh und lehrte. Es wurde ein ungemein interessantes Gespräch geführt, doch ich hatte an jenem Abend die Aufgabe, das Geschirr abzuwaschen. In dieser Küche von der

Größe einer Besenkammer stapelten sich die Töpfe, Pfannen und Teller auf dem Sims neben dem Abwaschbecken halbwegs bis zur Decke hinauf. Ich war wirklich genervt. Ich fühlte mich von diesen unzähligen schmutzigen Tellern eingeklemmt, während im Wohnzimmer eine großartige Konversation ablief, die außerhalb meiner Reich- und Hörweite lag. Auf irgendeine Weise muss Thich Nhat Hanh meine Irritation gespürt haben. Plötzlich stand er neben mir. ›Jim‹, fragte er mich, ›was ist die beste Weise, Geschirr zu spülen?‹ Ich wusste, dass ich mich plötzlich einer dieser heiklen Zen-Fragen gegenübersah. Ich versuchte mir eine gute Zen-Antwort auszudenken, aber alles, was meinem Nachdenken entsprang, war: ›Man muss das Geschirr abwaschen, damit es sauber wird.‹ ›Nein‹, verkündete Thich Nhat Hanh, ›du musst das Geschirr abwaschen, um es abzuwaschen.‹ Ich hätte diese Antwort jahrzehntelang wiederkäuen können. Aber das, was er danach sagte, war sofort hilfreich: ›Du musst jeden Teller so abwaschen, als sei es das Jesuskind.‹ Dieser Satz traf mich wie ein Blitz. Auch wenn ich die meiste Zeit mit dem Ziel abwasche, das Geschirr zu säubern, gibt es Augenblicke, in denen diese feine Aufmerksamkeit vorhanden ist. So als würde ich mich um das Jesuskind kümmern. Und wenn das geschieht, ist es etwa so, als würde ich nach einem langen Marsch den Berg der Seligpreisungen erreichen.«

Eines Tages stellt sich in dem Viertel, in dem das Büro der vietnamesischen Delegation liegt, ein deutscher Journalist vor. Schwester Phuong unterhält sich drei Stunden lang mit ihm. Er hält das Büro in der Rue de la Goutte-d'Or für schäbig. Mit dem Argument, das Büro könnte sie in Verruf bringen, empfiehlt er ihnen, Besucher in einem ansprechenderen Rahmen zu empfangen. Thay und Phuong sind zuerst etwas gekränkt, lenken dann aber ein und greifen die Idee des Journalisten auf. Sie beschließen, Journalisten und andere offizielle Delegationen in der prachtvollen, mit vietnamesischen Malereien geschmückten Wohnung von Dr. Dung in Sceaux zu empfangen. Die Vertrauten und die Freunde treffen sich weiter im Büro in der Rue de la Goutte-d'Or.

Jeder Tag bringt einen Haufen Nachrichten aus Vietnam, oft entmutigende: Hilferufe und Berichte von Übergriffen der Regierung.

Unter diesen Bedingungen ruhig und gelassen zu bleiben ist Arbeit in jedem Augenblick. Thay unterstützt Schwester Phuong, der diese Nachrichten sehr nahegehen. Sie verbringt ganze Nächte am Telefon in zähen Verhandlungen mit Vietnamesen, die aus dem Land flüchten.

In seinem neuen Pariser Leben verbindet sich Thich Nhat Hanh trotz der schweren Verantwortung, die auf seinen Schultern lastet, in den frühen Morgenstunden mit der Erde, die ihn trägt, lässt sein Bewusstsein beim Atem verweilen und genießt den Himmel von unberührtem Blau; dann wird er in seinem ganzen Wesen von einem Gefühl unendlicher Dankbarkeit erfüllt. Das Schauspiel eines reinen Himmels genügt, um ihn zu begeistern. Das Leben ist ein Wunder, und der Zen-Mönch hat seinen Standpunkt schon längst eingenommen. Nichts könnte seinen Geist jemals woandershin tragen als in dieses Reine Land. Die Menschen zerreißen sich, und ihre Kämpfe und ihre Gewalttätigkeit entfernen sie immer mehr von sich selbst. Sie vergessen, dass die Essenz des Lebens die Liebe ist und dass es in jedem ein Quäntchen dieser unendlichen Güte gibt, die Buddha-Natur genannt wird. Ohne diese Energie reiner Güte ist keine Schöpfung möglich. Daher muss man das Leben bewahren, die Schwächsten beschützen, sich zum Fürsprecher jener machen, die niemand hören will, die Natur schützen und jeden Tag die Schönheit des Lebens durch sie erkennen. Erkennen, heißt das nicht lieben?

# Ein Appell für die Natur

Die Nachrichten aus Vietnam informieren Thich Nhat Hanh und die Delegation, in welchem Ausmaß der Krieg die Natur zerstört. Im Jahre 1970 ist die Landschaft des Distrikts Cu Chi in Vietnam nicht mehr wiederzuerkennen; es gibt nichts Lebendiges mehr, keine Vegetation, kein Tier, keinen Menschen, ein Niemandsland an der Oberfläche und darunter, eine Abfolge von ineinander übergehenden Kratern, die bis zu zehn Meter tief sind. Die Amerikaner haben wohl eine entscheidende Schlacht gegen die unterirdische Guerilla gewonnen, aber zu welchem Preis.

Thay arbeitet zusammen mit Alfred Hassler, Ethelwyn Best, Dorothy Murphy, einer sehr engagierten Freiwilligen, und Schwester Phuong ein Projekt zum Umweltschutz aus. Das Projekt ist besonders innovativ zu einer Zeit, in der man noch wenig von Umweltschutz spricht. Tatsächlich hat der Krieg nicht nur Männer und Frauen getötet, auch die Natur zahlt einen hohen Tribut. Die Gruppe verbringt viele gemeinsame Stunden damit, über das Projekt zu meditieren.

Das Projekt wird den Namen *Dai Dong* tragen, was auf Vietnamesisch »Große Einheit« bedeutet, und soll die nationalen und ideologischen Diskrepanzen überwinden, um eine wahre

Menschengemeinschaft zu schaffen. Die Gruppe entwirft ein Banner, auf dem Blumen und die Gesichter von Kindern zu sehen sind. Der internationale Versöhnungsbund übernimmt die Schirmherrschaft über Dai Dong, und in Menton, in Südfrankreich, wird eine Versammlung organisiert. Phuong beschreibt einem Publikum, das sich aus Wissenschaftlern zusammensetzt, wie sehr der Krieg die Umwelt zerstört. Die Perspektive eines totalen Krieges, der letztlich alles Leben auf der Erde verschwinden lässt, gehört leider nicht mehr dem Bereich der Fiktion an. Die »Botschaft von Menton« ist ein ökologischer Aufruf an die Regierungen und wird mehr als 5000 Unterschriften von einflussreichen Wissenschaftlern des ganzen Planeten versammeln. Unter den Unterzeichnenden finden sich Jean Rostand, Paul Ehrlich und René Dumont. Anschließend wird der Appell dem Generalsekretär der Vereinten Nationen übergeben.

Die Unterzeichnenden nehmen keinen Bezug auf religiöse Werte, sondern definieren sich als »Biologen und Ökologen«. Sie gehen von folgendem Befund aus: Die Vervielfachung der Probleme auf der Erde beschwört die Gefahr herauf, dass alles Leben auf dem Planeten ausgelöscht wird. Die Zerstörung der Umwelt wird allmählich zu einem globalen Problem, denn die neuen Technologien – wie etwa die friedliche Nutzung von Atomenergie – vernachlässigen mögliche Auswirkungen. Die Situation ist alarmierend. Das erste Thema, das den Wissenschaftlern Anlass zur Besorgnis gibt, betrifft den Bereich der Biologie: Die Technologie greift störend in die Komplexität des Lebens ein. Die natürlichen Ressourcen sind begrenzt und werden allmählich knapp. Außerdem verschwendet die Industriegesellschaft einen großen Teil dieser Ressourcen, von denen viele nicht erneuerbar sind. In diesem Zusammenhang fürchten die Wissenschaftler außerdem, dass der Lebensraum bald nicht mehr ausreichen wird. Kurzum, das demografische Wachstum darf sich nicht im gegenwärtigen Rhythmus fortsetzen. Der Krieg ist schließlich der letzte Grund zur Beunruhigung.

Mit ihrer »Botschaft von Menton« möchten die Unterzeichnenden erreichen, dass die für die Aufrüstung und Weltraumeroberung aufgewendeten finanziellen Mittel zugunsten der Forschung für das Überleben der Menschheit umgeleitet werden. Diese Bemühungen würden dann wirklich internationale Dimension annehmen. Zudem schlägt die Botschaft drei Maßnahmen vor, die sofort umgesetzt werden sollten: 1. Die Anwendung technologischer Innovationen, von denen wir noch nicht wissen, in welchem Maße sie sich auf lange Sicht auswirken, wird verschoben. 2. Die bestehenden Techniken zur Kontrolle der Umweltverschmutzung durch die Energieproduktion und die Industrie im Allgemeinen werden eingesetzt. 3. Durch schrittweise Abrüstung werden die Voraussetzungen zur Abschaffung von Krieg realisiert.

Das Erbe dieses internationalen Appells wird sich als bedeutsam erweisen. Die Verknüpfungen zwischen Krieg, Zerstörung der Umwelt und Armut wurden damit aufgezeigt. Im Frankreich der 1970er-Jahre entstehen mehrere Initiativen zugunsten des Naturschutzes, wie etwa das «Manifest pour la survie de l'homme« (»Manifest für das Überleben des Menschen«) von Georges Krassovsky oder aber die Initiierung der Ausarbeitung einer »Charta der Natur«, die die verschiedenen Umweltschutzvereine vereinigt. Im folgenden Jahr, im Juni 1972, werden die Vereinten Nationen in Stockholm die erste Weltumweltkonferenz abhalten.[114]

Der Vietnamkrieg war ein chemischer Krieg. Mehrere Millionen Liter Entlaubungsmittel wurden über das Land versprüht. Man kann sich vorstellen, wie viel Licht und innere Kraft notwendig sind, um angesichts eines solch sinnlosen Schauspiels, eines derart himmelschreienden Mangels an Bewusstsein, der letztlich zu einer Verunglimpfung des Lebens wird, nicht in einen zerstörerischen Nihilismus zu verfallen. Nur das innere Licht scheint in der Lage zu sein, die tragischsten Situationen aufzuhellen. Thich Nhat Hanh und Alfred Hassler sind entschlossen, die Wut in ein positives und konstruktives Projekt zu transformieren.

Das ökologische Bewusstsein von Thich Nhat Hanh beruht auf einer der Lehren des *Diamant-Sutra*. Thay meint, ein Mensch, der für den Umweltschutz arbeite, könne seine Ziele verwirklichen, indem er sich von seinen »irrigen« Wahrnehmungen befreit, insbesondere von der Vorstellung, ein »Ich« zu sein, das vom Rest der Schöpfung getrennt ist. »Es gibt kein Phänomen im Universum, das uns nicht zutiefst angeht. Unseren Planeten zu retten heißt, uns selbst sowie unsere Kinder und Enkelkinder zu retten«[115], sagt er.

Mit der Unterstützung von Alfred Hassler beschließen Thay und Schwester Phuong in Zusammenarbeit mit dem Comité international de réflexion sur le Viêtnam (CIRV), eine Kampagne unter dem Titel »Die Massaker jetzt beenden« zu beginnen. Während dieser Periode knüpfen sie mit zahlreichen christlichen Gruppen in ganz Europa Kontakte – mit den »Bodhisattvas«, wie der Zen-Mönch sie zu nennen sich ertappt.

1972 nimmt Thay an einer Konferenz des Ökumenischen Rats der Kirchen (ÖRK) in Genf teil. Der Reverend Leopold Niilus, ein Abgeordneter des ÖRK, bietet seine Unterstützung allein für die Unterdrückten an, wobei er die Vereinigten Staaten mit Banditen vergleicht, die ein junges Mädchen, Vietnam, am Straßenrand vergewaltigen. Woraufhin der Zen-Mönch mit großer Freundlichkeit antwortet:

»Wer ist im Vietnamkrieg der Böse? Für mich sind die Banditen jene, die bequem im Weißen Haus, im Kreml und in Peking sitzen, die Waffen und Ideologien liefern und die Wahrheit kaschieren, während sie den Befehl geben, junge Menschen einzuziehen, die dann getötet werden. Für uns sind die vergewaltigten jungen Mädchen nicht nur die unschuldigen Bauern ohne eigene Stimme, sondern auch die Soldaten auf beiden Seiten und die amerikanischen Militärs, die keine Ahnung von der Geschichte und der Wirklichkeit Vietnams haben. Wir hoffen, Sie alle werden sich aufmerksamer mit der Situation Vietnams befassen.«[116]

Während dieser Jahre des Aktivismus spielte Thich Nhat Hanh eine eher diskrete Rolle. Häufig ließ er Schwester Phuong mit den Autoritäten Verhandlungen führen, die Hilfen, Reisen und Begegnungen organisieren. Er war vor allem eine Inspiration, die jene spirituelle Nahrung spendete, welche die Bemühungen all derer unterstützte, die ihn umgaben. Bei einer Tasse Tee in vollkommener Achtsamkeit konnte jeder aufmerksames und mit tiefem Mitgefühl verbundenes Gehör finden. Seine Worte, die tiefer Stille entsprangen, waren immer genau richtig.

Zwischen 1971 und 1973 finden in Paris letzte Verhandlungen zur Beendigung des Krieges statt. Hier setzen Thay und Schwester Phuong ihre sozialen Aktivitäten im Dienst der vietnamesischen Waisen fort und etablieren ein System der Patenschaft zwischen Kindern und Spendern. Thay liest und übersetzt mit großer Freude die Briefe voller Schlichtheit, die die vietnamesischen Familien der betreuten Kinder schreiben. Dank der Unterstützung französischer Künstler werden Konzerte organisiert, deren gesamter Erlös den Kindern Vietnams zugutekommt. Schwester Phuong wird von Alfreds Tochter Laura Hassler und von Jim Forest unterstützt. Laura und Jim sind mit großer Aufmerksamkeit für sie und die anderen vietnamesischen

Freiwilligen da, mit einem Feingefühl, das Schwester Phuong erfreut. Es entsteht eine unverbrüchliche Verbindung zwischen der Familie Hassler und der kleinen, von Thich Nhat Hanh gegründeten Gemeinschaft.

# Bomben der Wut

Im Oktober 1972 weigert sich der Präsident Thieu von der Regierung Südvietnams, ein Abkommen zu unterzeichnen, das den vollständigen Rückzug der amerikanischen Truppen aus Südvietnam vertraglich festsetzt. Nixon und Kissinger treffen daraufhin eine fatale Entscheidung, die die Vietnamesen völlig überraschen und die ganze Welt vor den Kopf schlagen wird: die Bombardements von Hanoi und Haiphong zu Weihnachten. In Wellen bombardieren B-52-Bomber diese Zone zwischen Weihnachten 1972 und Neujahr 12 Tage und Nächte lang. Der Bahnhof von Hanoi, das »schwedische« Krankenhaus von Bach Mai, Pagoden und Kirchen sind unterschiedslos von der Sintflut an Bomben betroffen. Mehr als 1600 Zivilisten kommen ums Leben. Das Ziel der Operation ist die Stärkung der Position bei den Verhandlungen.

Thay gesteht, wie sehr ihn diese Bombardements schmerzen, und er verheimlicht nicht die Wut, die sie in ihm auslösen. Wenn die Wut auftritt, dann hat sie allen Grund aufzutreten; es bringt nichts, sie zu verdrängen oder vor ihr zu flüchten. Im Gegenteil: Wut ist ein Teil von uns selbst, um den man sich kümmern muss, damit man ihn transformieren kann. Lange Achtsamkeitsmärsche in der ländlichen Umgebung gestatten ihm, seine Wut in Friedensenergie zu verwandeln. Seine Wut lässt allmählich nach. Nun macht sich Traurigkeit im Herzen Thays breit. Für sie gibt es vielerlei Gründe.

In den USA setzt die pazifistische Bewegung ihre Arbeit für den Frieden fort. Hatten vor vier Jahren noch viele der Aktivisten ein echtes Interesse an dem von den Buddhisten aufgezeigten dritten Weg bewiesen, so war das nun nicht mehr der Fall. Thich Nhat Hanh, Befürworter eines sofortigen Waffenstillstands beider kämpfenden Parteien, findet sich in der Hauptströmung der Pazifisten nicht mehr wieder. Letzteren gefällt die Wendung, die die Ereignisse nehmen, gar nicht. Sie fordern lediglich den Abzug der amerikanischen Truppen und rufen den Sieg Hanois aus, was auf eine völlige Niederlage der USA hinausliefe. Für Thich Nhat Hanh ist diese Lösung zum einen keine Lösung, denn eine Seite gewinnen zu lassen hieße, eine Rechtfertigung für den Krieg zu liefern; die Gewalt eines Lagers einseitig zu akzeptieren hieße, das Schicksal derer, die unter den Bomben leben, zu leugnen. Zum andern weiß er, dass ein Sieg der Kommunisten des Nordens nicht das Ende des Leidens bedeuten würde, im Gegenteil. Einige Augenzeugenberichte machen deutlich, wie erbarmungslos sich die Kommunisten gegenüber den Bewohnern gezeigt haben, die nicht auf ihrer Seite waren.

Große Versammlungen gegen den Krieg werden organisiert, aber die buddhistische vietnamesische Delegation für den Frieden ist nicht eingeladen, während sich selbst in Vietnam die Bonzen ausgesprochen aktiv für den Frieden einsetzen. Die Leiter der Friedensbewegung finden nicht, dass sie ein Wörtchen mitzureden haben, und lehnen es ab, Thich Nhat Hanh sprechen zu lassen, weil er »politisch nicht annehmbar« sei. Einige bringen ihn sogar mit Schachzügen der CIA in Verbindung.

In Hinblick auf die amerikanischen militanten Pazifisten erinnert sich Schwester Phuong in ihren Memoiren: »Diese Leute waren so davon überzeugt zu wissen, was in Vietnam vor sich

ging, dass sie kaum bereit waren, sich für eine andere Wahrnehmung der Realität zu öffnen.« Der Zen-Mönch strebt einen
totalen Sieg des Friedens an und nicht eine oberflächliche Lösung. Die Friedensbewegung in den USA entscheidet sich, die
Augen vor den Aktionen der Buddhisten zu verschließen, obgleich doch viele von ihnen im Gefängnis sitzen. Für den Moment beschließt Thich Nhat Hanh zu schweigen und wartet
besonnen darauf, eines Tages die Wahrheit sagen zu können.
Diese Ereignisse gehen ihm allerdings sehr zu Herzen.

Im Juni 1972 veranstalten die Vereinten Nationen eine Um-
weltkonferenz in Stockholm. Die Freude von Thay und Schwester Phuong darüber wird getrübt, als sie erfahren, dass ihr
geschätzter Freund Thay Thanh Van, seit Thays Exil der Direktor der Schule der Jugend für Soziale Dienste, von einem Mili-
tärlaster, der von einem betrunkenen amerikanischen Soldaten
gefahren wurde, getötet worden ist. Während der Trauerfeier
halten die freiwilligen Schüler der Schule eine kurze Rede, in
der sie verkünden, sie wollten niemanden anklagen. »Das Leben von Thay Thanh Van war Liebe und Großzügigkeit, sein
Tod sollte genauso sein.«[117] Thay und Phuong sind tieftraurig
über den Verlust ihres Freundes, denn er war für sie mehr als
ein Bruder.

Insgesamt hat der Vietnamkrieg drei Millionen Vietnamesen
und 57.000 Amerikanern das Leben gekostet.

# Waffenstillstand

Während auf vietnamesischem Boden noch die Waffen wüten,
finden in Paris, weit entfernt von den Kämpfen, weiter erbitter-
te und strategische diplomatische Verhandlungen statt. Die
Amerikaner verpflichten sich, ihre Truppen innerhalb von

sechzig Tagen abzuziehen, wenn die Nordvietnamesen ihre amerikanischen Gefangenen freilassen. Dies mündet am 27. Januar 1973 in die Unterzeichnung eines Waffenstillstandsabkommens. Thich Nhat Hanh befindet sich zu diesem Zeitpunkt in Bangkok zu einem vertraulichen Gespräch mit zweien seiner ehemaligen Mitarbeiter, Thay Thien Minh und Thay Huyen Quang. Als er die Nachricht vom Waffenstillstand erhält, schreibt er ein prächtiges Gedicht über den Frieden; er erinnert an Nhat Chi Mai, die junge Nonne, die sich 1967 »wie ein blühender Pflaumenzweig«[118] selbst verbrannt hatte. Er empfängt auch ein Telegramm mit Glückwünschen von Alfred Hassler.

Zwei der Hauptverhandlungsführer, Henry Kissinger, der Sonderberater von Nixon, und Le Duc Tho für Nordvietnam, die sich mehrfach unter äußerster Geheimhaltung in Gif-sur-Yvette getroffen hatten, werden 1973 mit dem Friedensnobelpreis ausgezeichnet. Doch Le Duc Tho nimmt den Preis nicht an, da er den Krieg nicht für beendet hält. Denn in der Tat setzt sich der Krieg zwischen Kommunisten und Pro-Westlern bis zum Fall von Saigon und der Wiedervereinigung des Landes unter der Ägide der Kommunisten im Jahre 1975 unvermindert fort.

Im März 1973 richten Thich Nhat Hanh und die in Bangkok versammelten Buddhisten ein Gesuch an den Präsidenten der buddhistischen Kirche und an alle Mönche und Nonnen in Vietnam: »Wir hoffen, ihr könnt einige Tage pro Woche mit den Waisen und Kindern verbringen, die so unter dem Krieg gelitten haben.«[119] In den zwei darauffolgenden Jahren werden mehr als 300 Pflegeheime eingerichtet.

Diese ermutigenden Nachrichten lassen in Thay den Wunsch, Vietnam wiederzusehen, erneut aufleben. Die Pagode An Quang, Sitz der Vereinigten Buddhistischen Kirche, hat in Thich Nhat Hanhs Namen ein Visum bei den vietnamesischen Behörden beantragt. Er bittet Alfred Hassler und einige Mitglieder des

Versöhnungsbundes FOR, ihn in dieser Angelegenheit zu unterstützen. Zuerst zeigt Hassler sich von diesem Ansinnen wenig
angetan. Er fürchtet um das Leben seines vietnamesischen Freundes und argumentiert, dieser könne im Ausland viel effektiver
wirken. Doch das Verlangen Thays, Vietnam wiederzusehen, ist so
stark, dass er sich schließlich bereit erklärt, ihn zu unterstützen.
Aber trotz seiner diplomatischen Bemühungen lässt das Visum
auf sich warten – einige Jahrzehnte lang.

## Seltener als ein tausendkarätiger Diamant

Zwischen seinen internationalen Reisen und seiner humanitä-
ren Arbeit findet Thich Nhat Hanh Zuflucht in einem heimeli-
gen Landhaus in der Gemeinde Fontvannes in der Nähe von
Troyes in der Champagne. Als das Haus erworben wird, ist es
noch unbewohnbar. Aber dank der Hilfe vieler Freunde bei den
Ausbauarbeiten wird es zu einem bequemen Heim. Decken,
Bambusmatten und Teppiche bedecken auf vietnamesische Art
den Fußboden. Einer der Räume gleicht einer Druckerei mit
Vorräten an Papier, der Schreibmaschine und herumliegenden
Tuben mit Klebstoff, der in alten Gläsern angerührt wird. Die
Gemeinschaft wird »Les Patates Douces« (»Die Süßkartof-
feln«) genannt, nach einem Gemüse, das von den Armen in
Vietnam verzehrt wird. Hinter dieser Namensgebung steht
die Absicht, in Verbindung mit der Realität der Bauern zu
bleiben.

Bei den Patates Douces kann Thich Nhat Hanh sich der
Gartenarbeit widmen, die er so sehr liebt. Nicht selten findet
man ihn um ein Uhr nachts unter einer Mondsichel mit einer
Gießkanne in der Hand zwischen den Tomaten- und Salat-
pflanzen.

Die Hoffnung und der Optimismus der Landkommune, in der nun Thay, Sudarat, eine junge Thailänderin, und Phuong, die am Freitagabend aus Paris eintrifft, leben, beeindruckt die Besucher. Auch Jim Forest lebt einige Zeit bei den Patates Douces; er erzählt: »Eines Abends, nach einem langen Arbeitstag – wir hatten nur eine Kerzenflamme als Licht –, spielte Laura auf der Gitarre und sang ganz leise Balladen, fast wie ein Windglöckchen. Einmal erzählte sie die Geschichte eines Bären, der plötzlich aus seinem Winterschlaf aufwachte und sich in einer Fabrik wiederfand. ... ›Es war einmal‹, begann sie, ›ich glaube, es war ein Donnerstag ...‹. Und wir lagen alle im Dunkeln auf dem Boden und wurden wieder zu Kindern.«[120]

In einem Brief an seine Mitarbeiter beschreibt er, wie in der Gemeinschaft etwas vorherrscht, das »seltener als ein tausendkarätiger Diamant« ist. Ein Glaube, der Berge versetzen kann. Der gleiche Glaube, der einige Jahre zuvor Phuong in den Kampfgebieten zuversichtlich bleiben ließ, wenn die Freiwilligen beim Pfeifen der Kugeln um sie herum von Panik ergriffen wurden. Für Jim ist der Glaube eine Qualität, derer die Friedensbewegung dringend bedarf, denn oft genug nähren sich diese militanten Gruppen von schlechten Nachrichten und Wut, die sie letztlich eher fördern als sie zu transformieren. Ihm zufolge ist das, was ihre Arbeit und deren Effektivität möglich macht, ohne die Gemeinschaft und ihre Kreativität zu gefährden, die meditative Praxis, der sie sich mehrmals täglich widmen.

Die Abende werden um 22.30 Uhr gemeinsam bei einer Tasse Tee beendet. Diese Augenblicke menschlicher Wärme sind erholsam, die Gedanken verschwinden, und es herrscht allein die Gegenwart des Augenblicks. Dank der Meditation wird die Energie im Grunde genommen jeden Tag erneuert. Dieser Regenerationsprozess versorgt sie mit der Kraft, die sie brauchen, um Schwierigkeiten zu überwinden. Wenn sie zurückblicken und bei den schrecklichen Nachrichten aus Vietnam verharren, dann werden sie mit ihren Unternehmungen scheitern. Aber der Blick der Mitglieder der Gemeinschaft der Patates Douces ist nach innen gerichtet, auf ihr von Energie entflammtes Herz. Um 23 Uhr werden die Kerzen gelöscht.

Der Platz wird bald zu einer Art Versammlungs- und Pilgerzentrum für die ständig wachsende Zahl von Freunden der Gemeinschaft. Einmal am Tag gehen sie alle auf eine stille Prozession, die von Thay angeleitet wird. Vor der Gehmeditation gibt er einige Ratschläge: langsam gehen, sich seiner Atmung bewusst werden und sich gleichzeitig jedes einzelnen Schrittes bewusst sein, denn jeder Augenblick des Kontakts zwischen Fuß und Erde ist wie ein Gebet für den Frieden. Alle bilden eine einzelne Reihe, bewegen sich sehr langsam voran und sind sich zutiefst der Beschaffenheit der Erde und des Grases, des Duftes der Luft, der Bewegungen der Blätter in den Bäumen, des Summens der Insekten und des Gezwitschers der Vögel bewusst. Jim Forest, der mehrere Male daran teilnahm, erzählt, dass er sich dabei an die Worte Jesu erinnert habe: »So ihr nicht werdet wie die Kinder, werdet ihr nicht ins Himmelreich kommen.« Dieses achtsame Gehen ist eine Art Rückkehr zur gesteigerten Aufmerksamkeit der Kindheit. Der Originaltitel des ersten Buches von Thich Nhat Hanh über Meditation in englischer Sprache lautet *The Miracle of Being Awake*; in französischer Übersetzung erschien es übrigens unter dem Titel *Le miracle c'est de marcher sur terre* (»Das Wunder besteht darin, auf der Erde zu gehen«).[121]

Die Verse von besonders schönen von Thay und den Seinen verfassten Gedichten werden vertont und von der Gemeinschaft gesungen. Auf den ersten Blick mag diese Praxis, die noch immer in den Gemeinschaften des Ordens Intersein üblich ist, naiv wirken. Dabei kommt jedoch jene poetische Dimension Vietnams, die Schwester Phuong und Thay nie verlassen haben, zum Ausdruck, und die Praxis dieser Gesänge offenbart eine sehr tiefe Spiritualität.

## Die Flüchtlinge retten

Der massive politische Wandel in Südvietnam, der mit dem Ende des Vietnamkrieges im April 1975 einhergeht, und die Vereinigung des Landes unter dem kommunistischen Norden, die am 2. Juli 1976 offiziell wird, löst eine Emigrationswelle nach Frankreich und in verschiedene Länder Europas sowie nach Nordamerika und Australien aus. Zwischen 1976 und 1977 organisiert Thich Nhat Hanh im Golf von Thailand Hilfsaktionen für Flüchtlinge, die aus Vietnam, Kambodscha und Laos auf Behelfsbooten vor dem Krieg flüchten – man wird sie die *Boatpeople* nennen.

Als er im Dezember 1976 an einer Konferenz der Asian Conference of Religions for Peace (ACRP) in Singapur teilnimmt, kommen mehrere vietnamesische Frauen auf ihn zu. Sie berichten ihm davon, wie sie versuchen, Flüchtlinge zu retten, indem sie ihnen Fischerboote für ihre Flucht bezahlen und sie anschließend diskret bis zu den französischen und amerikanischen Botschaften geleiten. Aber gerade sollen neun Menschen wieder aufs Meer zurückgeschickt werden, und sie möchten, dass der Zen-Mönch Zeuge davon wird.

Thay ist erschüttert. Auf einer Versammlung der ACRP trägt er daher ein an den Generalsekretär der ACRP adressiertes sehr schönes Gedicht vor, das anschließend auch in den westlichen Medien verbreitet wird. Hier ein Auszug:

»Ihr habt bis spät in die Nacht gewacht, meine Brüder,
weil die Boatpeople
auf hoher See
nicht sicher sind, ob es Menschlichkeit gibt.
Ihre Einsamkeit
ist so tief.
Die Dunkelheit verschmilzt mit dem Ozean zur
Einheit
– und der Ozean ist eine riesige Wüste.«

Beherzt setzt sich Thay mit den Institutionen in Verbindung
und informiert sie über das Schicksal der Boatpeople. Er denkt
daran, ein Schiff zu mieten, um die Überlebenden zu retten –
trotz der abweisenden Haltung von Thailand, Malaysia, Indone-
sien, Singapur und Hongkong, wo die Flüchtlinge zu landen
versuchen. Phuong versucht, die entsprechenden Geldmittel
aufzutreiben. Dies verstimmt wiederum das Flüchtlingshilfs-
werk der Vereinten Nationen (UNHCR), weil hiermit dessen
Politik der Regelungen der Aufnahme von Flüchtlingen in den
betroffenen asiatischen Ländern wie auch in den letztlichen
Zielorten der Flüchtlinge, die häufig in Europa, insbesondere in
Frankreich liegen, infrage gestellt wird.

Die Verhandlungen sind riskant, die Aktionen von Thay und
Phuong bewegen sich häufig am Rande der Legalität, etwa
wenn sie in ihrer Wohnung in Singapur Boatpeople treffen.
Aber Thich Nhat Hanh scheint immer an die grundlegende
Güte geglaubt zu haben, die sich hinter den offiziellen Namen
und Amtstrachten verbirgt. Wenn er eine aufgrund der schwer-
wiegenden politischen Konsequenzen heikle Entscheidung zu
treffen hat, widmen Thich Nhat Hanh und Schwester Phuong
sich manchmal mehrere Tage lang der Gehmeditation, der Ver-
senkung und dem Sammeln von Kraft. Dabei kommen ihnen

neue Gedanken und die rechten Worte für die Fortsetzung ihrer Aktionen. Schließlich gelingt es ihnen, den französischen Botschafter in Singapur für sich zu gewinnen, der sich bereit erklärt, sie zu schützen.

Der Kontakt mit den Boatpeople ist für Thay eine Reminiszenz an die harte Realität, die er vor zehn Jahren im Rahmen des Krieges erlebt hat. Bei der Rettung der Flüchtlinge erfährt er von ihnen, welche Prüfungen und Ängste sie erlebt haben. Wie etwa die Geschichte von dem jungen zwanzigjährigen Mädchen, das, nachdem es von Piraten vergewaltigt worden war, so verzweifelt war, dass es über Bord sprang und ertrank.

Zutiefst von diesem Bericht berührt, unternimmt Thay seine ihm eigene »Arbeit der Transformation«. Er identifiziert sich mit den Piraten ebenso wie mit dem jungen Mädchen. Er versucht zu erspüren, warum es den Männern möglich war, auf diese Weise zu handeln. Ist es das Elend, die mangelnde Erziehung, Unwissenheit, die sie Gewalttaten und Vergewaltigungen begehen lässt? Thay ist sich dessen sicher. Er befragt sich: Wie hätte ich mich verhalten, wenn ich in einem ähnlichen Umfeld aufgewachsen wäre? Er ist schließlich der Gründer des Ordens Intersein. Auch wenn die Gesellschaft indirekt das Verhalten der Menschen vorbereitet, trägt doch ein jeder seine eigene Verantwortung. Manifestationen von Gewalt, die die Welt umtreiben, sind die Spiegelung des kollektiven Bewusstseins.

In dem Gedicht »Nenne mich bei meinen wahren Namen«, das er 1982 verfasst, bezieht er sich auf diese Erfahrung: »Ich bin das zwölfjährige Mädchen, Flüchtling in einem kleinen Boot, das von Piraten vergewaltigt wurde und nur noch den Tod im Ozean sucht; und ich bin auch der Pirat – mein Herz ist noch nicht fähig zu erkennen und zu lieben.«

1977 nimmt der Zustrom der Flüchtlinge dermaßen zu, dass die französische Regierung eine Konferenz in Genf einberuft. Nun, da sich die Aufmerksamkeit der Welt endlich auf die Boatpeople richtet, ist die Mission von Thich Nhat Hanh und seiner Delegation beendet.

# Von Vietnam in die Dordogne –
## die Geschichte einer Sangha

»Ich erinnere mich, dass Dr. King und ich bei unserer letzten Begegnung über die Idee gesprochen haben, eine Gemeinschaft zu gründen. Leider wurde Martin Luther King jr. kurz danach ermordet. Ich habe daraufhin ein Gelübde abgelegt: Ich will selbst im Exil meine Anstrengungen verdoppeln und all meine Energie aufwenden, um diese liebevolle Gemeinschaft zu schaffen«[122], sagt Thich Nhat Hanh, der Exilierte.

Im Laufe der folgenden fünf Jahre, zwischen 1978 und 1982, organisiert Thay von seiner Klause aus, in der er sich vornehmlich der Meditation widmet sowie dem Schreiben und dem Empfangen von Besuchern, die ihn auf seinem Weg des Friedens unterstützen, eine ständige weltweite Hilfe für Kriegsflüchtlinge, die bis 1992 andauern wird. Da ihm ein Aufenthalt in seinem Heimatland verwehrt wird, ist es nun also der Westen, von wo aus Thich Nhat Hanh seinen Kampf für den Frieden in Vietnam und seine Freiheitsrechte führt. Auf diese Weise praktiziert er den Dharma und teilt ihn anderen mit. Hass, Unwissenheit und Wut müssen im Grund des Herzens der Menschen an der Wurzel gepackt und ausgerottet werden, wenn man Frieden in der Welt erreichen will.

Zwischen 1980 und 1990 erarbeiten Thay und seine Mitarbeiter Praktiken und Lehren für westliche Menschen, um bei ihnen das Vermögen zu entwickeln und zu kultivieren, frische, kreative und gewaltfreie Antworten auf ungerechte Situationen anzubieten. Diese sollen sie dazu befähigen, den Herausforderungen der heutigen Welt mit Mitgefühl zu begegnen und Gewalt in Achtsamkeit zu transformieren. Thay gibt immer mehr öffentliche Unterweisungen.

Mit dem Jahr 1982 zeichnet sich ein neuer Lebensabschnitt im Leben des Zen-Mönchs ab, der von nun an internationales Renommee genießt.

# Das Dorf der Pflaumenbäume

Der Bekanntheitsgrad von Thich Nhat Hanh hat der Gemeinschaft der Patates Douces immer mehr Freunde gewonnen, so viele, dass es schwierig geworden ist, all jene zufriedenzustellen, die zenbuddhistische Unterweisungen empfangen oder sich in die Vorzüge der Achtsamkeit einführen lassen wollen. Es ist gerade noch möglich, Gruppen von dreißig Personen zu empfangen, deren Aufenthalt allerdings auf eine Woche beschränkt werden muss, damit Platz für die nächste Gruppe geschaffen werden kann.

Thay, der Phuong stets als treue Assistentin an seiner Seite hat, wird klar, dass er einen größeren Platz finden muss, um den Anfragen nach Seminaren, die aus vielen Ländern eintreffen, entsprechen zu können.

Sein Blick richtet sich natürlich nach Südfrankreich mit seinem warmen Klima, das zur Entwicklung vietnamesischer Pflanzenarten wie etwa bestimmter Duftkräuter oder Bittermelonen geeignet ist. Thay will einen Bauernhof in gutem Zustand finden, der ausreichend Platz für eine größere Gemeinschaft und für Retreats bietet.

Auf dem Weg in die Provence werden Thay und Phuong schon bald von einem starken Mistral entmutigt, den beide nur schwer ertragen können. Daher wenden sie sich nach Westen, in Richtung von Toulouse und Bordeaux, einer Gegend, die weniger den Launen der Winde ausgesetzt ist. Sie durchstreifen das Land, durchsuchen die lokalen Zeitungen auf der Suche nach einem Schnäppchen und besuchen mehrere verlassene Bauernhöfe. Für sie ist entscheidend, dass sie einen Ort finden, der mit ihrer tiefen Inspiration in Einklang steht.

In Thénac im Departement Dordogne scheint Thay gefunden zu haben, wonach er gesucht hat: ein acht Hektar großes Stück Land mit Weinstöcken und umgeben von felsigen Hügeln, auf denen drei jahrhundertealte Gebäude stehen, die einst als Stallungen für das Vieh dienten. Sie sehen sich noch ein Dutzend anderer Bauernhöfe an, aber letztlich wählen Thay und Schwester Phuong, nachdem ein Hagelsturm die Weinstöcke vernichtet hat, jenen von Thénac.

Der erst kürzlich mit seiner Familie in Frankreich angekommene letzte Sekretär der Schule der Jugend für Soziale Dienste, Nguyen Thieu, möchte sich bald diesem Projekt anschließen und überlegt, sich ebenfalls einen Bauernhof in der näheren Umgebung zu kaufen. Er findet einen Hof in der Nähe von Thay und einen weiteren mit 21 Hektar und fünf Gebäuden in nur drei Kilometer Entfernung, den er sofort im Namen der Gemeinschaft Thays kauft. Zahlreiche Freunde und Anhänger unterstützen sie bei der Finanzierung des Grunderwerbs.

Der Bauernhof von Thénac wird von nun an *Hameau d'en haut* (oberer Weiler) und der Bauernhof von Loubès-Bernac *Hameau d'en bas* (unterer Weiler) genannt werden und beide zusammen unter dem gemeinsamen vietnamesischen Namen *Lang Hong*[123] (»Dorf der Kaki-Bäume«) zusammengefasst.

Thich Nhat Hanh möchte aus dem Dorf »einen Hafen des Friedens für die Sozialarbeiter« machen. Es gab freilich noch viel zu tun, um die zweihundert Jahre alten Gebäude wieder instand zu setzen.

1981 lädt Thay einige der zahlreichen Mönche und Laienschüler, die mit ihm im Westen studieren und praktizieren, ein, sich dem Orden anzuschließen, und nimmt eine Zeremonie der Priesterweihe vor. Seit fünfzehn Jahren hatte es keine Ordination mehr gegeben. Schon bald ist das Dorf in der Lage, Neuankömmlinge aufzunehmen, darunter auch Flüchtlinge, die gerade erst in Frankreich eingetroffen sind. Die Gemeinschaft der Patates Douces lässt sich im Herbst 1982 dort nieder, und allen wird sehr schnell klar, wie ideal dieser Platz für den Aufbau eines Dharma-Zentrums und wie angenehm die Natur hier zu allen Jahreszeiten ist. Thay lässt die Weinstöcke herausreißen, um dort 1250 – eine heilige Zahl – Pflaumenbäume zu pflanzen. Die Entwicklung der Produktion und der Verkauf der Pflaumen bietet dem Dorf eine finanzielle Sicherheit; ein Teil der Einkünfte kommt der Sozialarbeit zugute.

## Vietnam verschließt sich wieder

In dem Maße, in dem Thay und die Gemeinschaft in Frankreich Wurzeln schlagen, wird der Traum von einer Rückkehr nach Vietnam unwahrscheinlicher. Ab 1975 erweist sich das siegreiche Regime dort unten als immer autoritärer. Da das Land jahrzehntelang unter ausländischen Invasionen gelitten hat, kapselt es sich nun ab. Doch es ist eine gewaltsam erzwungene Isolation. Die Machthaber führen eine Politik starker

Repression gegen intellektuelle und künstlerische Kreise, aber auch gegen Ingenieure und Ärzte, denen Verhaftung, Folter und Gefängnisstrafe drohen. Angst und Verdächtigungen sind noch nicht aus den Köpfen gewichen, ganz im Gegenteil. Die Intellektuellen werden in »Umerziehungslager« geschickt.

Nach 15 Jahren eines verheerenden Konflikts – auf Vietnam wurden sieben Millionen Tonnen Bomben abgeworfen, das sind dreimal so viele wie in ganz Europa während des Zweiten Weltkriegs – ist die Stunde der Abrechnung gekommen, was Tausende von Vietnamesen dazu veranlasst, das Land zu verlassen. Aufseiten der ausländischen Presse herrscht absolutes Schweigen. Nachdem Vietnam über so viele Jahre Schlagzeilen geliefert hat, ist die Presse nun nicht bereit, über ein neues Kapitel in der Geschichte des Landes zu berichten.

Anfang der 1970er-Jahre schließt sich Joan Baez Amnesty International an. Sie publiziert einen offenen Brief, in dem sie die Verletzung der Menschenrechte durch die vietnamesischen Behörden anprangert. Diese Veröffentlichung provoziert zahlreiche Gegenreaktionen vonseiten der militanten Linken.

Das Gefühl, sich in den Dienst des vietnamesischen Volkes stellen zu müssen, veranlasst die vietnamesische Delegation mit Schwester Phuong und Thich Nhat Hanh an der Spitze, die internationalen Verbände zu alarmieren, deren Aufgabe es ist, die Einhaltung der Menschenrechte zu überwachen. Sie lassen diese wissen, wie rücksichtslos das Regime hinter verschlossenen Türen vorgeht. Thay Man Giac, der Direktor der Vereinigten Buddhistischen Kirche von Vietnam, flüchtet im März 1977 mit einem vom Exekutivkomitee vorbereiteten Brief, in dem es um Hilfe bittet. Der Brief, dem Fotos von Buddha-Statuen beigefügt sind, die von den Kommunisten gesprengt wurden, führt sechsundachtzig Verletzungen des Rechts auf freie Religionsausübung auf.

Schwester Phuong tut alles in ihrer Macht Stehende, um die Regierungen zu alarmieren. Ganz allmählich entsteht internationaler Druck auf die vietnamesischen Autoritäten. Anfang der 1980er-Jahre sind die Einwohner Vietnams, die nicht über das Meer geflohen sind, gezwungen, sich anhand von Lebensmittelmarken mit den notwendigsten Lebensmitteln zu versorgen.

Die Buddhisten unter Thays Einfluss haben immer das Bewusstsein kultiviert, dass der Mensch kein Feind ist. Nur Unwissenheit, Wut und Hass sind der Feind. Während des Krieges sind sie allen ohne Unterschied zur Hilfe gekommen; ein kostbares Bewusstsein in einem übel zugerichteten und traumatisierten Land, wo Kriege und andere Schwierigkeiten zu Zwietracht geführt haben.

Thich Nhat Hanh ist im Grunde niemals von dem Leitbild abgewichen, das ihn als Kind so geprägt hatte: Das Bild des Kraft und Frieden ausstrahlenden Buddha. Sein Gelübde, allen Wesen zu helfen, hat ihn die steilsten Pfade erklimmen lassen.

Im »Dorf der Pflaumenbäume«, das schließlich unter seinem englischen Namen Plum Village international bekannt wird, hat sich das Leben allmählich um Thay und Schwester Phuong organisiert; sie steuern die Gemeinschaft mit fester Hand durch die alltäglichen Widrigkeiten. Vietnamesische Flüchtlingsfamilien, westliche praktizierende Buddhisten, amerikanische Veteranen oder Leser der Bücher Thays kommen, um einige Tage oder mehrere Monate im Dorf zu verbringen. Die Ausbauarbeiten und die Gartenarbeit nehmen einen großen Teil der Zeit der Bewohner in Anspruch. Wenn die »Achtsamkeitsglocke« erklingt, halten alle in Gestik und in dem, was sie gerade tun, inne und wenden ihre Aufmerksamkeit auf den Atem zurück. Das ist eine Rückkehr zum Wesentlichen, zu der sie im Lauf des Tages mehrmals von der Glocke aufgerufen werden. Nach den turbulenten Jahren des Pendelns zwischen den USA und dem Pariser Raum, die Thay im Rhythmus der Kriegsnachrichten aus Vietnam gelebt hat, einer Zeit, die angefüllt war von Demonstrationen und Begegnungen mit Hunderten von Menschen, Hilferufen, Rettungsaktionen und Gebeten, genießt Thay im Kontakt mit der Natur ein wenig Ruhe. Er hat es schon immer geliebt, seine Gartenhandschuhe überzustreifen, und er verrichtet die Gartenarbeit mit großer Freude.

Im Dorf lernt man, sich selbst zu versorgen, »mit seinen zwei Edelsteinen«, wie Thay die Augen nennt, zu schauen, zu leben und sich zu entspannen. Es wird ein »Tag der Faulheit« eingeführt. An diesem Ort wird vegetarisch und immer mit vollkommener Achtsamkeit gegessen. Die kleinste Kirsche, das geringste Stückchen Brot, wird langsam und bewusst gekaut, um es wertzuschätzen und seinen wahren Wert zu würdigen. Allmählich verfeinert diese Übung die Sinne, und eine zufriedene Freude stellt sich ganz natürlich ein. Unter den Bäumen werden geführte Meditationen praktiziert. In dem Wissen zu handeln, dass keine dieser Verrichtungen dem Planeten schadet, sondern ihn schützt, ist ebenfalls eine große Quelle von Glück.

Thay praktiziert Kalligrafie, die beinahe zu einem Markenzeichen seiner Unterweisung wird. Die von ihm in voller Achtsamkeit auf das Papier geworfenen Verse sind eine Augenweide.

In dieser von jeglichem Wettbewerb freien, friedlichen Atmosphäre sind die Freundlichkeit und das Dienen unentgeltlich und uneigennützig, sodass sich auch verhärtete Herzen öffnen, das Lächeln zurückkehrt und man das Glück in seiner strahlenden Schlichtheit genießen kann. Später wird eine Schülerin, die sich oft in Plum Village aufhält, berichten, sie habe »Menschen gesehen, die sich allein dadurch, dass sie so herzlich aufgenommen wurden, grundlegend gewandelt haben«.

Thays Vorstellungen vom Gemeinschaftsleben unterscheiden sich von denen der buddhistischen Traditionen, wie sie in

Vietnam gelehrt werden, auch wenn er es vorzieht, im weiteren Verlauf von einer »Erneuerung in der Kontinuität« zu sprechen. Frauen sind den Männern in der monastischen Hierarchie gleichgestellt. So, wie es in Vietnam im Rahmen der Schule der Jugend für Soziale Dienste bereits erfolgreich erprobt wurde, sollen Beziehungen zwischen den Mitgliedern der Gemeinschaft und den Laien geknüpft werden und sollen sich auch Mönche und Nonnen in den Dienst der Bevölkerung stellen.

Anfangs legte Thay weder Wert darauf, Ordinationen durchzuführen, noch als Meister von Schülern zu agieren. Doch bei einer Reise in die USA sieht er sich veranlasst, seinen Standpunkt zu revidieren.

>  »Wir müssen uns gegenseitig unterstützen, und die Praxis der Gebote ist dafür sehr bedeutsam. Wir praktizieren Meditation nicht allein. Wir üben mit einem Lehrer und mit Freunden. Wenn du eine gute Sangha hast, ist die Praxis leicht, weil du von der Sangha getragen wirst.«[124]

Während der folgenden acht Jahre empfangen mehr als fünftausend Personen in der ganzen Welt die »Fünf Achtsamkeitsübungen« im Rahmen formeller Zeremonien, die von Thay oder von einem von ihm bestellten Lehrer durchgeführt werden. Junge Mönche und Nonnen lernen außerdem im Kontakt mit ihm, indem sie sich um den Zen-Mönch kümmern und ihm dienen.

Thich Nhat Hanh pflegt auch weiterhin die Tradition der Ahnenverehrung. Zeugen der entsprechenden Zeremonien berichten, er sei in solchen Augenblicken ein anderer Mensch. Er ist nicht mehr Lehrer oder Meister, sondern ein Vertreter der Übertragungslinie, vollkommen absorbiert von der Durchführung des Rituals.

In dem Maße, in dem die Gemeinschaft sich weiterentwickelt, setzt Thay seine schriftstellerische Arbeit fort und veröffentlicht regelmäßig neue Werke, die sein Publikum anwachsen lassen. Seine Gedanken werden von Anh-Huong, Mobi Warren und Schwester Annabel Laity aus dem Vietnamesischen ins Englische übertragen und seine Bücher auf dieser Grundlage in dreißig weitere Sprachen übersetzt. In den USA gewinnen sie ein breites Publikum durch zwei Verlagshäuser, Boi Press für Publikationen in Vietnamesisch und Parallax Press für die Publikationen in Englisch. Parallax Press, gegründet von Arnold Kotler und Therese Fitzgerald, wird zu einem von der Gemeinschaft der Achtsamkeit Praktizierenden getragenen Projekt. In diesem Rahmen werden zweimal im Jahr Rundreisen von Thich Nhat Hanh in den USA koordiniert und wird die Zeitschrift des Ordens Intersein, *The Mindfulness Bell*, herausgeben. Darüber hinaus wird Sozialarbeit mit Kriegsveteranen und Strafgefangenen sowie mit Kindern und Familien aus Vietnam organisiert.

# Das Leiden der GIs

Im Jahre 1975 kommt es zum vollkommenen Rückzug der amerikanischen Truppen aus dem verwüsteten Vietnam.

In mehreren Wellen kehren die jungen Soldaten in ihr Land zurück. Jahrelang hat ihnen die Angst permanent im Nacken gesessen. Wenn sie sich nicht gerade zu einer kurzen Erholungspause am »China Beach« von Da Nang aufhielten, wo sie mit Unmengen von Alkohol und anderen Drogen in kürzester Zeit Dampf ablassen konnte, gab es keine einzige Sekunde in ihrem Leben in Vietnam, die nicht von Anspannung bestimmt war. In den letzten Kriegsjahren konnten viele von ihnen nur noch mithilfe dieser Stoffe Schlaf finden. 40.000 GIs sind im Laufe des Krieges heroinabhängig geworden.

Bei ihrer Rückkehr in die USA müssen sie mit Bitterkeit feststellen, dass das Leben dort weitergegangen ist, der Routine folgend, ihnen gegenüber auf schmerzliche Weise gleichgültig und absolut nicht mehr das ihre. Etwas in ihnen ist zerbrochen, nichts wird mehr so sein, wie es einmal war. Die Erinnerungen an die erfahrenen Gräuel tauchen Tag und Nacht immer wieder auf, das Knarren einer Tür lässt sie aufschrecken – all dies Symptome einer posttraumatischen Belastungsstörung (PTBS), hervorgerufen durch die Erfahrungen von Tod und Leiden, die sie weiter verfolgen. Sie haben die Hölle nicht hinter der Grenze von Vietnam zurückgelassen. Durch seine Intensität ist der Krieg zur schlimmsten aller Drogen geworden, und in ihren Halluzinationen kehren sie in ihn zurück.

Es ist schon schlimm genug, dass der Krieg sie an den Rand der Gesellschaft gedrängt hat, aber das Schlimmste für sie ist zu sehen, wie junge Protestler auf ihrer Gitarre schrammeln und sich erlauben, den Krieg abzulehnen, obwohl sie nicht die geringste Ahnung von ihm haben. Die GIs realisieren plötzlich, dass sie niemand mehr unterstützt, sei es ideologisch, moralisch oder physisch. Sie sind keine Helden mehr, ihre stolzen Orden sind nicht mehr viel wert, ihr Engagement, ihr guter Wille und ihr Mut sind aus militärischen und wirtschaftlichen Interessen mit den Füßen getreten worden – um den Stolz einer Nation zu befriedigen, die sich der Illusion hingibt, allmächtig zu sein. Sie leiden in einsamer Agonie, einzig begleitet von einer Ansammlung makabrer Souvenirs und dem zerstörerischen Gefühl, verraten und gedemütigt worden zu sein. Mindestens 60.000 Veteranen setzen ihrem Leben nach der Rückkehr in die USA ein Ende, mehr als Soldaten während der gesamten Dauer des Krieges gefallen sind.[125]

Die GIs sind die traumatisierten Gespenster Amerikas, das sie nicht sieht und sie nicht sehen will. Thays Herz läuft von Mitgefühl über. Er ist sich der gesamten Maschinerie dieses Konflikts bewusst. Er verachtet niemanden und schätzt niemanden gering. Vor allem aber kennt er seine Verantwortung. Als Schüler des Interseins weiß er, dass wir alle Anteil an der Verantwortung für den Krieg haben. Wenn wir wirklichen Fortschritt machen wollen, müssen wir genauso an uns selbst arbeiten wie mit jenen, die wir verurteilen. Wie könnte man diese Männer also in einem solchen Leiden allein lassen? Die Annäherung zwischen Veteranen, die sich dem Marihuana und

Rock 'n' Roll verschreiben und zu Gewaltausbrüchen neigen, und dem Meister, der die Erde mit jedem Schritt umarmt und der die Wut in jedem seiner Atemzüge auflöst, scheint ein ebenso heilsames wie unerwartetes Unterfangen zu sein.

Auch wenn die Geschichte den Veteranen den Rücken zugekehrt hat, wird der Zen-Mönch doch versuchen, ihnen einen Neuanfang zu ermöglichen. 1990 führt Thay einen meditativen Marsch von 400 Personen zum Denkmal der Vietnamkriegs-Veteranen in Washington, D. C., an. Thay bringt spezielle Einkehrtage für Veteranen in den Rahmen der klassischen Retreats ein. Die Veteranen treffen sich mit Thay, teilen ihre Kriegserfahrungen miteinander und legen sie schriftlich nieder. Anschließend tauschen sie sich mit den aus Nicht-Veteranen bestehenden Besuchern des klassischen Retreats über diese schriftlichen Zeugnisse aus.

## Ihr werdet zur Heilung der gesamten Nation

Während eines dieser für die Veteranen organisierten Retreats spricht Thay sie folgendermaßen an:

>»Ihr seid dorthin gesandt worden, um zu kämpfen, zu zerstören, zu töten und zu sterben. Ihr wart nicht die einzigen Verantwortlichen. ... Unser individuelles Bewusstsein ist ein Produkt unserer Gesellschaft, unserer Vorfahren, unserer Erziehung und vieler anderer Faktoren. ... Ihr müsst genau hinschauen, um zu begreifen, was da wirklich geschehen ist. Eure persönliche Heilung wird die Heilung der ganzen Nation, eurer Kinder und von deren Kindern sein.«[126]

Er ruft die Veteranen dazu auf, zu »Bodhisattvas« zu werden, zu diesen in vorangegangenen Kapiteln erwähnten Erleuchteten, die die buddhistischen Tugenden praktizieren, um anderen zur Befreiung zu verhelfen. Lee Thorn ist einer dieser Menschen. Er beschreibt sich selbst als einen »verdammten Alkohol-PTBS-Drogensüchtigen Vietnamveteranen«. Er belud die Flugzeuge, die dann losflogen, um die Halbinsel von Laos pausenlos zu bombardieren. »Ich habe von Thich Nhat Hanh gehört, als ich in die USA zurückkehrte und gegen den Krieg auf die Straße ging«, erzählt Lee Thorn. »Er liebte alle, und wir liebten niemanden. Ich begann, jeden Tag seine Lehren zu lesen und dann seinen Unterweisungen zu folgen. Was ich durch ihn verstanden habe, ist die Notwendigkeit von Mitgefühl. Und das ist der Grund, weshalb ich diese Arbeit in Laos begonnen habe.«[127] Der Zen-Mönch hat den Dialog mit den amerikanischen Veteranen, die in Vietnam gedient haben, eröffnet. Er ermutigt jene, die sich durch den Konflikt physisch oder psychisch verletzt fühlen, sich in den Dienst der Versöhnung zu stellen.

Sein eigener Weg der Versöhnung führt Lee Thorn dazu, eine konkrete Arbeit auszuführen. Laos, das als Rückzugsraum für die kommunistische Guerilla diente, wurde von der amerikanischen Luftwaffe heftig bombardiert. Das Land hält den traurigen Rekord, das am stärksten bombardierte Land in der Geschichte zu sein. Lee Thorn war an vielen Bombardierungseinsätzen über Laos beteiligt und will sich nun mit dem Land und seinen durch die Kriegsjahre zerstrittenen Einwohnern versöhnen, indem er dort Kooperativen für den Kaffeeanbau aufbaut. Auch wenn Lee Thorn das Leiden erlebt hat, so gelingt es ihm doch, es auf positive Weise zu transformieren.

Thich Nhat Hanh, der nun von seinen engen Schülern »Ehrwürdiger« genannt wird, gibt in ganz Europa, Russland, Australien, Neuseeland, Indien, China, Taiwan, Korea, Japan und

Israel Unterweisungen. Diese Retreats führen dazu, dass sich mehr als 350 kleine Praxisgruppen oder Sanghas in der ganzen Welt bilden. Die Rahmenbedingungen seiner Reisen sind immer äußerst schlicht, wenn nicht gar rustikal zu nennen.

Thay lehrt gewöhnlich, es sei eines der Hauptziele der Meditation, die Dualität zwischen dem Ich und der Umgebung – den Wesen, aus denen sie sich zusammensetzt – verschwinden zu lassen, damit so Mitgefühl entstehen könne. Die Verwirklichung dieser wechselseitigen Verbundenheit aller Wesen müsse unter allen Umständen des Lebens gepflegt werden.

Im Januar 1991, als der zweite Golfkrieg zu eskalieren droht, befindet sich Thay in Frankreich. Als er hört, Präsident Bush habe Anweisungen gegeben, die Operation *Desert Storm* im Irak zu starten, findet er keinen Schlaf mehr. Er spürt Wut in sich aufsteigen. Daher versucht er, zu seiner Atmung zurückzukehren und tief in sich selbst hineinzuspüren; er versetzt sich an die Stelle des US-Präsidenten.

»In unserem kollektiven Bewusstsein gibt es Samen der Gewaltlosigkeit, die der Präsident Bush mit seinen Sanktionen in die Tat umgesetzt hat. Doch wir haben ihn nicht genügend ermutigt und unterstützt, und deshalb ist er jetzt zu einer gewalttätigeren Lösung übergegangen. Wir können nicht ihm allein die Schuld geben. Der Präsident handelt auf diese Weise, weil wir auf diese Weise gehandelt hätten.«[128]

Am 3. März 1991 wird Rodney King, ein afroamerikanischer US-Bürger, von einer Polizeieinheit in Los Angeles nach einer Verfolgungsjagd zusammengeschlagen. Die Filmaufnahme dieser Verhaftung, die neun Minuten und zwanzig Sekunden dauert, geht um die Welt. Der Mann kommt noch einmal davon – mit gebrochenem Kiefer und gebrochenem rechten Knöchel sowie mit zwanzig Wunden, die genäht werden mussten, allein fünf davon im Inneren des Mundes.

Im März 1992 endet der Prozess gegen die vier angeklagten Polizisten mit einem Freispruch. Weniger als zwei Stunden nach Bekanntwerden des Urteils beginnen Unruhen in Los Angeles und dauern sechs Tage lang an. Man registrierte mehr als 3.500 Brandstiftungen, und 53 Menschen sterben im Verlauf der Unruhen, mindestens 2.000 weitere werden verletzt.

Als Thay im französischen Fernsehen die Bilder der Gewalt sieht, versetzt er sich in die Lage des Opfers Rodney King. Er empfindet, was der Mann durchgemacht hat. »Wir wurden alle in diesem Moment zusammengeschlagen. Wir sind alle Opfer von Gewalt, Wut, Unverständnis und mangelndem Respekt vor unserer Menschenwürde. Aber wenn ich genauer hinsehe, erkenne ich, dass die prügelnden Polizisten nicht anders sind als mein eigenes Ich. Sie haben dies getan, weil unsere Gesellschaft voller Hass und Gewalt ist. Die Dinge sind wie eine Bombe, die jeden Moment explodieren kann, und wir alle sind ein Teil dieser Bombe, wir sind mitverantwortlich. Wir alle sind die Polizisten und das Opfer«[129], erklärt er.

Diese Worte mögen für jemanden, der in einem Land in Frieden aufgewachsen ist und weder Hass noch Wut empfindet, schwer anzunehmen sein. In unserer Unwissenheit sehen wir nur die Vielfalt und halten uns für jemanden, der vom Rest der Welt getrennt ist. Doch die Gleichgültigkeit oder einfach Unwissenheit gegenüber anderen, die außerhalb unseres Blickfeldes Leid erfahren, ist an sich bereits eine Gewalt, ohne dass wir uns dessen überhaupt bewusst sind. Armut, Gewalt, Ausgrenzung, das Schicksal von Tieren betrifft uns, wir sind Teilhaber an allen Ereignissen auf dieser Erde. Ökonomisch, politisch, sozial und einfach menschlich sind wir alle miteinander verbunden.

Aus diesem Grunde gehen die Maßnahmen Thays, wie zum Beispiel seine Erfahrungen mit den Boatpeople zeigen, über den politischen und institutionellen Rahmen hinaus. Seine Aktionen setzen vielmehr eine Bewusstseinstransformation in Gang.

Die Vision, die ihn umtreibt, beschreibt Thay mit folgenden Worten:

> »Wir denken, wir bräuchten einen Feind. Es ist nicht rechtens zu glauben, es sei Angelegenheit einer Regierung, mit der Lage der Welt umzugehen, und dass Frieden sich einstellen werde, wenn der Präsident nur eine gerechte Politik verfolgte. Unser Alltagsleben hat mit der Weltlage zu tun. Wenn es uns gelingt, unser alltägliches Leben zu verändern, dann können wir unsere Regierungen verändern und die Welt verändern. Unsere Präsidenten und unsere Regierungen sind wir selbst. Sie sind die Widerspiegelung unserer Lebensweise und unserer Denkweise. Die Art und Weise, wie man eine Tasse Tee trinkt, die Zeitung aufnimmt und sogar wie man Toilettenpapier benutzt, hat etwas mit Frieden zu tun.«[130]

## Die inneren Dämonen vertreiben

Wer hat nicht schon einmal das plötzliche Bedürfnis verspürt, zu helfen, zu heilen, eine uns unbekannte Person oder einen Angehörigen zu unterstützen oder die Lebensumstände seiner Mitmenschen zu verbessern? Dieses spontane Gefühl ist eine Manifestation unserer grundlegenden Buddha-Natur. Der Drang zu dienen ist ein Kennzeichen von *Bodhicitta*, dem »Geist der Erleuchtung«. Aber aus einem Mangel an Fertigkeit und

Methode tut sich zwischen dem Bedürfnis und seiner Umsetzung nicht selten eine nur schwer zu überbrückende Kluft auf. Findet dieses reine Gefühl keinen Weg der Umsetzung, kann das zu einer frustrierenden inneren Leere führen.

Thay ist ein Lehrer, ein Meister, weil seine bloße Präsenz unterstützend und heilend wirkt. Wenn Helfen und Unterstützen lediglich dem persönlichen Willen entspringen, so genügt dies nicht. Die Liebe muss vom ganzen Wesen ausstrahlen. Thay lehrt seine Schüler, insbesondere die Mönche und Nonnen des Klosters, wie man zu dieser Präsenz wird, zu diesem liebenswürdigen und sanften Ausdruck aus der Tiefe des Seins. Die Voraussetzung hierfür ist, dass man selbst glücklich ist, selbst Frieden, Freude und Glück ist. Thay lädt jeden ein, das Beste seines Inneren zu offenbaren, angenehm, aufmerksam und voll von dieser belebenden Frische zu sein, die er sich all der Jahre zum Trotz bewahrt hat. Diese Haltung ist keine maskenhafte Fassade, sie ist die Frucht einer tief gehenden Transformation, einer Schulung dazu, das Sein in seinem reinen und edlen Sinne zu verstehen. Die Entfaltung dieser Eigenschaften wird mit der Entfaltung der reinen Blüte des Lotos verglichen, der in Schlamm und Erde wurzelt, das heißt in den Tiefen des Seins und der Psyche. Die Wurzeln geben der Blüte in ihrer strahlenden Reinheit Kraft. Thay warnt außerdem vor der Macht der Emotionen, die uns empfänglich für bestimmte Situationen, Bilder oder Klänge machen können. Häufig identifizieren wir uns ohne Weiteres mit dem Opfer, wo doch unser Ziel darin besteht, stets wir selbst zu bleiben.

Das achtsame Zuhören, die Bereitschaft zu dienen und das Mitgefühl, die die Mönche und Nonnen der Gemeinschaft an den Tag legen, haben vielen Menschen einen neuen Horizont eröffnet. Die Leiden auszutreiben, die wir in uns tragen, ist ein wesentliches Ziel von Thich Nhat Hanh geworden. Da die

Wurzeln der Kriege in den Herzen der Krieg führenden Menschen zu finden sind, bei Amerikanern, Russen, Franzosen, leistet der buddhistische Führer Versöhnungsarbeit im Westen. Die aufeinanderfolgenden Weltkriege kanalisierten eine latente Gewalt, die von Demütigung, Hass und Unwissenheit genährt wurde. Heutzutage manifestiert sich die Energie des Leidens nicht mehr durch die Gewalt einer Armee oder körperliche Verletzungen, sondern auf psychologische Weise: unangebrachte Worte, Engstirnigkeit, Mobbing, Suchtverhalten, Perversion oder, schlimmer noch, sexueller Missbrauch oder Misshandlung, die innerhalb derselben Familie, unter Ehepartnern, zwischen Eltern und Kindern, zwischen Mitgliedern desselben Arbeitsteams beginnen können. Letztlich wird der Mangel an Liebe zu einer Gewalt, die man zuerst sich selbst und dann anderen antut, und damit den Kreislauf des Leidens aufrechterhält.

Auch die ständig wachsende Zahl der Besucher im Dorf führt nicht dazu, dass die Bemühungen, Wohltaten zu verbreiten, abnehmen. Im Jahre 1982 kommen einhundert Personen, im Folgejahr verdoppelt sich diese Zahl, und innerhalb weniger Jahre sind es eintausend Menschen aus aller Welt, die jeden Sommer in Plum Village und den umliegenden Ferienwohnungen aufgenommen werden. Sie kommen, um an Festivals oder Retreats teilzunehmen, Sitzmeditation, Gehmeditation, Teemeditation und Arbeitsmeditation zu praktizieren oder um Thich Nhat Hanhs Unterweisungen auf Vietnamesisch, Englisch oder Französisch zu empfangen, die aber auch ins Deutsche und Italienische übersetzt werden. Zahlreiche kulturelle Aktivitäten werden zudem angeboten, besonders für Kinder, die sich als besonders empfänglich für die Achtsamkeitspraxis erweisen.

Wie lässt sich ein solcher Erfolg erklären? Thay ist ein Meister, der zugleich kraftvoll und schlicht, unerschütterlich und von ergreifender Freundlichkeit ist. Seine Unterweisungen stehen im Einklang mit der Zeit, sie sind auf persönliche Entwicklung und Selbsterkenntnis ausgerichtet. Zu erkennen, dass wir selbst die Hauptakteure im Szenario unseres Lebens sind, dass uns ein Bewusstseinswandel ein neues Feld an Möglichkeiten eröffnen kann, darin besteht einer der wesentlichen Fortschritte der letzten Jahrzehnte im Westen. Seit den 1960er-Jahren nimmt die Anzahl der Menschen stetig zu, die begreifen, dass ihr Glück nicht von äußeren Bedingungen abhängig ist, sondern, dass sie selbst für ihr Leben verantwortlich sind und schöpferisch wirken können. Es ist so, als würde man ganz sanft die Macht über das eigene Leben zurückgewinnen. In diesem Zusammenhang empfiehlt die Lehre Thich Nhat Hanhs, sich gewisser Gewohnheiten zu entledigen und die Emotionen durch Selbsterforschung zu verstehen. Die Kraft dieses von dem Zen-Meister unterbreiteten Weges ist dennoch nicht auf einfache Übungen zur persönlichen Entwicklung zu reduzieren; sie schöpft aus der Quelle des Buddhismus und initiiert die Adepten bis zu einem gewissen Grad in die tiefen Konzepte der Lehren Buddhas. Thay zeigt, wie man in einer vom Materialismus durchdrungenen Gesellschaft lebendig bleiben kann.

Schwester Gina gehört zu dem engeren Kreis der Nonnen des Dorfes. Wenn man sie fragt, wie sie ihr Engagement versteht, antwortet sie: »Das ist für jeden unterschiedlich. Was mich angeht, so spricht mich das Gemeinschaftsleben noch mehr an als beispielsweise die Studien. Es ist eine Praxis in jeder Minute, denn ich sehe mich jede Minute herausgefordert, das zu lieben, was ich habe oder was mir fehlt. Ich spüre, ich weiß, wann ich diese Liebesfähigkeit besitze und wann nicht, und ich weiß, dass mein Weg darin besteht, sie zu erlangen. Ich bin für die hier Lebenden verantwortlich, aber auch für jene, die nur auf der Durchreise sind. Ich muss erkennen, was diese Menschen benötigen, um diese Liebe entwickeln und manifestieren zu können. Ich muss ihnen helfen, an ihren Stärken zu arbeiten und ihre Schwächen zu transformieren. Genauso wie ich mit meiner Stärke und meiner Schwäche konfrontiert werde.«[131]

Als Thay 1949 noch ein junger Mönch war, war ihm die volle Tiefe und Bedeutung des Mönchsnamens Phung Xuan (»Begegnung mit dem Frühling«), der ihm verliehen worden war, noch nicht bewusst. »*Phung Xuan* steht im Gegensatz zur Meditation *Kho Moc*, dem ›verdorrten, toten Baum‹, einer rigiden, seelenlosen und freudlosen Praxis, die jegliches Verlangen abtöten soll, selbst das Verlangen eines Bodhisattva, in den leidvollen Kreislauf des Samsara zurückzukehren. Man möchte sich von allem lösen und man entwurzelt alle Freuden und alles Verlangen. *Phung Xuan* ist das genaue Gegenteil davon. In einem Gedicht heißt es: ›Ein Tautropfen, der von dem von einem Bodhisattva gehaltenen Zweig eines Weidenbaums fällt, schenkt einem verdorrten Baum neues Leben.‹ Den verdorrten Baum zu wässern, das ist so, als würde man den Frühling zurückbringen. Ich verstehe (meinen Mönchsnamen) daher als Aufforderung meines Meisters, die Menschen durch meine Praxis ins satte Grün, zur Freude zu führen. Nhat Hanh bedeutet ›eine Handlung, eine Praxis‹.«[132] Thay hat realisiert, dass seine Mission seit dem stürmischen Abschied von seinem Kloster vor vielen Jahren darin besteht, dem Toten neues Leben einzuhauchen.


# Alfreds Abschied

Anfang der 1990er-Jahre stirbt Thich Nhat Hanhs alter und geschätzter Freund Alfred Hassler, der bereits seit vielen Monaten an einer Krebserkrankung litt, im Good-Samaritan-Krankenhaus von New York. Nach Ansicht von Thay gehörte Alfred Hassler zu den wahren Helden, jenen, die ihr Leben dem Dienst an den anderen widmen. Er pries seinen Idealismus, seinen Mut, aber auch seinen Realitätssinn und sein Organisationstalent. Er sei ein Bodhisattva gewesen.

Als Thay Alfred in Begleitung von Schwester Chan Khong im Krankenhaus besucht, sind dessen Tage schon bald gezählt. Trotz des Ernstes der Lage ist die Begegnung mit der Familie Hassler, mit Laura, seiner Schwester Dorothy und der Mutter, sehr herzlich. Thay ergreift die Hände von Laura und wechselt einige Worte mit ihr. Vielleicht ist es die völlige und umfassende Präsenz der beiden Besucher, die ihren Besuch so wohltuend macht. Alfred liegt seit einigen Tagen im Koma in seinem Bett. Zärtlich flüstert Thay ihm einige Sätze ins Ohr: »Erinnerst du dich noch, mein Freund, wie wir uns begegnet sind?« Dann bittet er Schwester Chan Khong, ein Lied zu singen, in dem es heißt: »Ich bin das grenzenlose Leben. Ich bin niemals geboren und werde niemals sterben.« Sie singt diesen Vers mehrmals hintereinander und am Ende der dritten Wiederholung wacht Alfred auf. Er vermag den Mund nicht zu öffnen, aber Schwester Chan Khong spricht weiter zu ihm und erinnert ihn dieses Mal an ihre gemeinsam in Vietnam oder Rom verbrachten Zeiten im Eifer des Gefechts für einen Sieg des Friedens. Thay massiert ihm sanft die Füße. Plötzlich öffnet Alfred den Mund und ruft aus: »Wundervoll, wundervoll!«, bevor er endgültig zurück ins Koma fällt. Thay begleitet Alfred an die Pforte des Todes. Einige Stunden nachdem Thay und Schwester Chan Khong ihn verlassen haben, stirbt er friedlich am 5. Juni 1991. Später wird Thay ein Gedicht im Gedenken an seinen Friedensgefährten verfassen:

»Du bist nicht dieser Körper.
Du bist das grenzenlose Leben.
Du bist niemals geboren, du wirst niemals sterben.

Wir waren immer in Freude beisammen und werden es immer sein.«

Es gibt weder Tod noch Angst, lehrt der vietnamesische Mönch. Wenn das Bewusstsein in die Wirklichkeit eintaucht, die der Welt der Formen zugrunde liegt, erscheint die Wahrheit. Diese Wirklichkeit entstammt der tiefen Sicht und der inneren Bereitschaft im Hier und Jetzt. Geburt und Tod sind Übergänge. Während unserer Zeit auf der Erde wird uns Gelegenheit gegeben, das Leben zu erfahren, um die Essenz der Wirklichkeit zu berühren. So kann man unter Beweis stellen, dass das Sein wirklich lebendig ist und der Tod nur Materie im Prozess der Transformation ist. Nichts wird geschaffen, nichts geht verloren, alles transformiert sich.

# Die Führer inspirieren

Während des letzten Jahrzehnts des 20. Jahrhunderts erhalten die Bemühungen von Thich Nhat Hanh und seiner Organisation für das Aussäen positiver Samen endlich internationale Anerkennung.

Im September 1995 lädt ihn Michail Gorbatschow, Träger des Friedensnobelpreises von 1990, ein, am ersten von der Gorbatschow Foundation organisierten jährlichen State of the World Forum in San Francisco teilzunehmen.[133] Dieses Forum versammelt mehr als fünfhundert Führungspersönlichkeiten aus dem Bereich von Politik, Spiritualität, Wirtschaft und Wissenschaft sowie Intellektuelle und Künstler aus fünfzig Ländern, darunter Margaret Thatcher, George Bush, Zbigniew Brzeziński, Ruud Lubbers, Deepak Chopra, Jacques Delors, Bill Gates, Ted Turner, Carl Sagan, Sonia Gandhi und außerdem Repräsentanten des Buddhismus aus Vietnam, der Mongolei und Kambodscha.

Das Ziel des Forums ist, aus einer dezidiert universellen Perspektive auf ein neues Paradigma für das 21. Jahrhundert aufmerksam zu machen. Die Teilnehmer sollen zudem über Konsequenzen des Kalten Krieges sowie die Prioritäten nachdenken, die gesetzt werden müssen, um Unterdrückung und Armut

ausmerzen und die moderne Welt in eine Dynamik des Gleichgewichts und des Respekts für Wissenschaft, Ökonomie, Sicherheit, Religion und Künste einbinden zu können.[134] Krönen-
der Abschluss soll die Bekundung des gemeinsamen Willens
sein, die wechselseitige Abhängigkeit auf allen Ebenen – der
menschlichen, sozialen, ökologischen usw. – anzuerkennen und
dazu beizutragen, die Menschheit in eine neue Entwicklungs-
phase zu führen, in der sich die Umrisse und die Werte einer
neuen Welt abzeichnen. Die State-of-the-World-Foren sollen
von nun an jedes Jahr stattfinden und zum internationalen Austausch auf höchstem Niveau beitragen, um die Arbeiten an den
Erfordernissen und Herausforderungen der »Globalisierung«,
mit der sich die Welt Anfang des 21. Jahrhunderts konfrontiert
sieht, nachhaltig zu etablieren.

Diese internationale Anerkennung reiht Thich Nhat Hanh in
die erste Liga der großen spirituellen Führer seiner Zeit ein,
und er nutzt die Gelegenheit, seine Friedensbotschaft und seine
Lehren über die Achtsamkeit so weit wie möglich zu verbreiten.

In darauf folgenden zehn Jahren, von 1995 bis 2005, erhöht
der Zen-Mönch die Anzahl seiner Reisen und Vorträge in aller
Welt, wie zum Beispiel in China, wo er die Flamme des Buddhismus neu anfacht. Gleichzeitig trägt er zur Entstehung neuer Gemeinschaften bei, die sich an den Prinzipien des Zen-
Buddhismus sowie dem Lebensstil von Plum Village orientieren.

In den USA macht 1997 eine Spende die Gründung des
Maple Forest Monastery (Ahornwaldkloster) in Woodstock,
Vermont, unter der Schirmherrschaft der von Thich Nhat Hanh
1969 in Frankreich gegründeten Vereinigten Buddhistischen
Kirche und im Rahmen des Ordens Intersein möglich. War das
Kloster anfangs nur Männern vorbehalten, nahm es später auch
Nonnen auf und empfing weibliche und männliche Laien für
regelmäßige Praktiken und Klausuren.

Im selben Jahr gründet Thay, ebenfalls in Vermont, das Green Mountain Dharma Center in Hartland-Four-Corners, wo Mönche und Nonnen wohnen, das aber auch als Rückzugsort für Laien geöffnet ist.

Darüber hinaus gibt er vor einem ständig wachsenden Publikum in den USA und verschiedenen anderen Ländern immer wieder Unterweisungen zur buddhistischen Philosophie, etwa während einer Reise nach Israel oder während eines Retreats in Key West in Florida.

1998 wird die Gemeinschaft von Plum Village zu einem Übungszentrum für das Klosterleben, das sich auf fünf Weiler verteilt. Ungefähr einhundert Menschen leben ständig dort, und zu ihnen gesellen sich jene, die sich während verschiedener Übungsperioden mit der Meditation des Weges von Thich Nhat Hanh vertraut machen wollen. Von da an bietet Plum Village alljährlich im Sommer das einmonatige »Summer Opening Retreat« an sowie ein dreimonatiges Retreat im Winter und alle zwei Jahre Klausuren von 21 Tagen und kürzere Perioden des Rückzugs im Frühling.

Im Jahr 1998 arbeitet Thich Nhat Hanh mit Friedensnobelpreisträgern bei der Erstellung eines Appells an die Vereinten Nationen zusammen, der zum Schutz der Kinder aller Welt aufruft und die UNO auffordert, die Jahre 2000 bis 2010 zu einer Dekade einer gewaltfreien Kultur zu erklären.


## Das Feuer löschen


Für den Westen ist der Eintritt in das 21. Jahrhundert brutal. Im Jahre 2001 erschüttern die Attentate auf das World Trade Center in New York die Welt. Die daraus entstehenden Konsequenzen werden dramatisch sein. Die Repressalien unter den beiden Bush-Regierungen werden bereits instabile Regionen im Nahen Osten und deren gesamte Bevölkerung destabilisieren. Am Folgetag des Attentats wird die Stellungnahme Thays sein Publikum in den USA drastisch vergrößern und ihn zu einem der am meisten respektierten buddhistischen Führer in den USA machen; das geht so weit, dass er von einigen amerikanischen Journalisten »der andere Dalai Lama« genannt wird.

Die Beziehungen zwischen dem Zen-Mönch und New York gehen auf die 1960er-Jahre zurück. Die Stadt hatte den jungen Mönch mit seinem damals noch stockenden Englisch aufgenommen. Vierzig Jahre später eilt der Zen-Mönch zu Hilfe, als die Bevölkerung aufgrund der Gewalt der Ereignisse, die sie gerade miterlebt hat, unter Schock steht.

Die Attentate vom 11. September 2001, als zwei Flugzeuge in die Türme des World Trade Centers rasen, erschüttern Amerika und allen voran die New Yorker. Kaum vierundzwanzig Stunden zuvor, am 10. September, erscheint – wie als ein Zeichen des Himmels – Thich Nhat Hanhs Buch *Anger*[135], was wörtlich übersetzt »Wut« bedeutet. Unmittelbar nach den Attentaten wird das Buch zu einem Phänomen. Die erste Auflage von 37.000 Exemplaren ist nach acht Tagen vergriffen und das Buch erscheint auf der Bestsellerliste der *New York Times*.

Am 12. September finden sich 3.000 Menschen, die über Mundpropaganda von der Veranstaltung gehört haben, in der Riverside Church in der Upper West Side von Manhattan ein, um den Worten des Meisters zu lauschen. Mehr als 1.500 weitere müssen draußen vor der Tür bleiben. Nach einigen hektischen Tagen kommen immer mehr New Yorker, um den beruhigenden Worten Thays zu lauschen. Die Leute drängeln sich vor den Vortragssälen, um einen Platz zu ergattern. Viele Zuhörer, die gestresst in den Saal vorgedrungen sind, finden dank der unbeweglichen und stillen Präsenz des Meisters nach und nach zu innerer Ruhe. Die Vorträge beginnen in einer Art Aufruhr und enden ohne das leiseste Rascheln – mit einer Ausnahme, als das Publikum, begeistert und gestärkt durch die Ermutigung Thays, den Schmerz und die Wut in Bewusstsein zu transformieren, anfängt »*I love you!*« zu skandieren.

Die Ereignisse von »9/11« erinnern an eine andere schmerzliche Epoche in der amerikanischen Geschichte: den Vietnamkrieg, der ebenfalls das Vertrauen der Amerikaner in ihre Werte untergraben hatte. Thay bietet den Amerikanern erneut die Option des Friedens an. Er ermutigt sie, diese Wut zu nutzen, um sich individuell in Friedensaktivisten zu verwandeln, die die Minen des Terrorismus räumen.

»Was würden Sie zu Osama bin Laden sagen, wenn Sie die Gelegenheit hätten, ihm zu begegnen?« In dem Buch *Calming the Fearful Mind*[136] wird Thays Antwort auf eine Frage zitiert, die ihm ein Journalist nach dem 11. September 2001 stellt. Wenn sich ihm eine solche Gelegenheit böte, so sagt er, würde er ihm erst einmal zuhören. Er würde sich bemühen zu begreifen, warum bin Laden auf diese Weise gehandelt habe, und das Leiden zu verstehen, das hinter seinen Gewaltstrategien stehe. Er fügt hinzu, dass es ihm wahrscheinlich nicht leichtfallen würde, ihm auf diese Weise zuzuhören und dabei ruhig und durchlässig zu bleiben. Er erkennt schließlich an, dass er wohl einige Freunde an seiner Seite bräuchte, die ebenfalls in der Praxis des tiefen Zuhörens geschult sind, um in der Lage zu sein zuzuhören, ohne zu reagieren, ohne zu urteilen und ohne Vorwürfe zu machen.

Trotz seiner Popularität lässt Thich Nhat Hanh sich nicht von seinem Erfolg verleiten. Seine Vorträge sind sehr überlaufen, doch es sind die Ereignisse und die Leiden der Menschen, die den Rhythmus seiner Interventionen und Vorträge bestimmen. Tief verankert in seiner Praxis, bleibt er der einzige Meister seiner selbst, und seine spirituelle Praxis bildet den Rahmen, innerhalb dessen er agiert, immer im Dienst der anderen.

# Vietnam heilen

Wie wir im ersten Kapitel aufgezeigt haben, reist Thay 2005 und 2006 endlich wieder nach Vietnam. Bei seiner Rückkehr nach Frankreich hält er in Paris im Rahmen der UNESCO einen viel beachteten Vortrag, in dem er dazu aufruft, den Kreislauf von Gewalt und Krieg zu durchbrechen. Im Jahr 2006 zeichnet ihn die asiatische Ausgabe des *Time*-Magazins dadurch aus, dass sie ihn zusammen mit Persönlichkeiten wie Mahatma Gandhi, dem Dalai Lama und Aung San Suu Kyi unter die »Sechzig Helden Asiens« einreiht.

Was jedoch in seinen Augen mehr zählt, ist der Umstand, dass die Zahl der Besucher des Klosters Bat Nha in den Monaten nach seinem Besuch im heimatlichen Vietnam sprunghaft angestiegen ist. Das Kloster bietet Retreats an sowie jeden Monat einige Tage, die der Praxis von Achtsamkeit gewidmet sind und die Tausende von Menschen anziehen, vor allem junge. Diese beiden Aufenthalte in Vietnam haben Thay Stoff zum Nachdenken über die wahre Natur von Macht geliefert.

Im Jahr 2005 üben die Funktionäre der regierenden kommunistischen Partei ihre Macht streng diktatorisch aus. Sie misstrauen allem und fürchten alles, was ihre Macht gefährden könnte. Bei seinem ersten Vortrag wimmelt es von alarmbereiten Polizisten, die bereit sind für eine Machtdemonstration. Sie begrenzen die Zahl der Zuhörer auf achtzehn Personen – in einem Saal, der Platz für Hunderte böte.

»Ich ging nach vorn und gab diesen achtzehn Personen freudig einen Lehrvortrag, so als würde ich zu Tausenden sprechen. Die Funktionäre waren überrascht von dieser Reaktion und von dem Vortrag bewegt. Sie schämten sich ein wenig und gewährten zum nächsten Vortrag mehr als tausend Menschen den Zutritt. Tag für Tag nahm ihre Angst immer mehr ab.«[137]

Die große Begeisterung in Vietnam für die Lehren des Gründers von Plum Village veranlasst ihn dazu, 2007 erneut in sein Heimatland zu reisen. Dieses Mal leitet er selbst vor immer größerem Publikum Retreats und Tage der Achtsamkeit. In den drei größten Städten Vietnams führt er zudem für alle Opfer des Krieges, sowohl im Norden als auch im Süden des Landes, lange Gebetssitzungen mit Tausenden von Teilnehmern durch.

2008 wird eine weitere Reise nach Vietnam organisiert. Thich Nhat Hanh und seine Unterstützer in Vietnam möchten drei große Gebetszeremonien zur »Auflösung der Knoten der Ungerechtigkeit« durchführen und damit nach diesen Jahrzehnten des Krieges zu Versöhnung beitragen. Sie beabsichtigen, für die Heilung aller Verletzten und für die Toten aller Nationalitäten zu beten. Die Regierungsvertreter wollen diese Zeremonien nicht erlauben, weil sie der Ansicht sind, es habe keinerlei Ungerechtigkeit gegeben – wozu also eine solche Gebetszeremonie abhalten? Letztlich gestatten sie die Durchführung der Gebetszeremonien unter der Bedingung, dass in diesem Zusammenhang nicht davon die Rede ist, »Knoten der Ungerechtigkeit aufzulösen«.

In Ho-Chi-Minh-Stadt machen sich 10.000 Menschen auf den Weg. Die Funktionäre haben große Vorbehalte gegen die Organisation des Ereignisses, denn unter ihnen gibt es einige, die für bestimmte Massaker verantwortlich sind. Sie fürchten,

vom Publikum angeklagt zu werden und dass es zu einem Aufstand kommen könnte. Die Mönche geben also Unterweisungen über die Notwendigkeit von Güte in Gedanken, Worten
und Taten. Sie führen aus, dass diese Energie die geliebten hin-
übergegangenen Wesen ebenso befreit wie einen selbst. Das beruhigt die Funktionäre. Mehrere Tausend Menschen kommen
zu der Zeremonie in Hanoi. Einige von ihnen wurden im Traum
von ihren verstorbenen Angehörigen gebeten, an der Zeremonie teilzunehmen und für ihre Befreiung zu beten. Die ganze
Nacht hindurch kommen Studenten auf Mopeds an; sie haben
nur einige Cents als Spende für den Tempel und zehn Cent für
einen Schlafplatz. Selbst die Ärmsten der Armen geben, was sie
können. Die Spenden kommen der Hilfe für die behinderten
Opfer von Agent Orange zugute.

> »All diese Dinge zeigen die Macht der Menschen; die
> Macht der Menschheit, die Macht der Liebe. In Vietnam
> haben wir deutlich gesehen, wie wahre spirituelle Kraft
> sanft und friedlich eine ganze Nation, ja sogar die ganze
> Welt verändern kann.«[138]

Hätte sich Thay eine schönere von einer solchen Absicht getra-
gene Zeremonie wünschen können? Auch wenn die Behörden
ihm schon bald keine Einreiseerlaubnis mehr gewähren, ist der
Heilungsprozess Vietnams doch in Gang gekommen. Nach den
hohen Erwartungen, die sich mit seiner Rückkehr in sein Heimatland verbunden hatten, machen die Ereignisse nun deutlich,
dass er seine Botschaft, den Geist für ein achtsames Dasein und
das Herz für die Weisheit Buddhas zu öffnen, von jetzt an außerhalb von Vietnam verbreiten muss.

Für Thay ist es zudem eine Frage der Ehre, dem vietnamesischen Präsidenten Nguyen Minh Triet zu begegnen. Er

unterbreitet ihm einige Vorschläge zur Umgestaltung und Abmilderung der Kontrolle der buddhistischen Kirche durch die Regierung. Außerdem empfiehlt er die Auflösung der Religiösen Polizei, die schon seit langer Zeit korrumpiert ist, um deren illegalen und missliebigen Ausschreitungen ein Ende zu setzen.

Was einige Beobachter in Hinsicht auf die Positionierung der höheren Sphären der Politik bereits vermutet und zu betonen nicht versäumt haben, tritt im kommenden Jahr dann tatsächlich ein. Auch wenn Thich Nhat Hanh von nun an als *die* charismatische und religiöse Persönlichkeit des Landes angesehen wird, bringt das Jahr 2008 doch eine neue Wende im Leben Thays, der nicht im Geringsten geneigt ist, seinem langjährigen Einsatz für einen Engagierten Buddhismus abzuschwören.

Im Januar publiziert er die dem Präsidenten unterbreiteten Vorschläge, was aufseiten der Religiösen Polizei einige Beunruhigung hervorruft und ihm deren Feindseligkeit einträgt. Zwei Monate später bringt Thay im Verlauf einer Pressekonferenz in Italien offen seine Unterstützung für den Dalai Lama und das tibetische Volk zum Ausdruck, womit er sich sofort den Zorn der chinesischen Regierung zuzieht, die von ihm verlangt, seine Aussagen öffentlich zu widerrufen, was er natürlich verweigert.

Während der Vesak-Zeremonien[139] in Hanoi im Mai 2008 unternimmt er eine vierte Reise nach Vietnam und begreift bald, dass sich die Atmosphäre verändert hat. Tatsächlich hat die Regierung einige Wochen vor seiner Ankunft begonnen, Maßnahmen zur Einschränkung der Aktivitäten und des Einflusses des Klosters Bat Nha zu ergreifen.

# Bat Nha

Die Machthaber in Hanoi sind sehr bemüht, die Gesellschaft und den Handel Vietnams für die Weltwirtschaft zu öffnen, fühlen sich jedoch immer mehr von der seit Jahrzehnten zunehmenden Popularität des vom Westen verehrten und geehrten Zen-Mönchs bedroht, insbesondere durch seinen Einfluss auf eine beträchtliche Zahl junger Menschen, die an Übungen zur Achtsamkeit und Retreats im Geiste von Plum Village teilgenommen haben. Nachdem Thay sich in seinen Empfehlungen offen für die Auflösung der Religiösen Polizei ausgesprochen hat, sieht diese ihr Image und ihre Legitimität in der Bevölkerung noch stärker beschädigt.

In den sechzehn Monaten nach Thich Nhat Hanhs Besuch verstärkt die Regierungspolizei mit vielfältigen Schikanen den Druck auf das Kloster Bat Nha. Sie lanciert zudem eine Hetzkampagne in der Bevölkerung, schränkt das Kommen und Gehen der Nonnen und Mönche ein und verbietet die für die Öffentlichkeit zugänglichen Retreats und Sitzungen in Achtsamkeit.

Obwohl die Nonnen und Mönche des Klosters sich sehr wohl hüten, mit Hass oder Gewalt auf diese Provokationen zu reagieren, und sich im Gegenteil in eine von Frieden und Mitgefühl geprägte Haltung zurückziehen, leiten die Behörden im Juni 2009 eine neue Phase ein. Sie sorgen für Einschränkungen, die das Funktionieren des Klosters offen bedrohen: Elektrizität, Telefon und Wasserversorgung werden abgestellt, bevor von der Regierung bezahlte Schlägertrupps die Mönche angreifen, einige verhaften und die anderen verjagen. Jene, die sich retten können, sind weiterhin der Repression der Machthaber unterworfen und flüchten sich in einen Nachbartempel.

Zwar erheben sich zahlreiche Stimmen gegen die Ausschreitungen, unter denen die Schüler von Thich Nhat Hanh zu leiden haben, sei es in einer nationalen Petition, die von Hunderten von Intellektuellen, Juristen und sogar Mitgliedern der Kommunistischen Partei unterzeichnet wurde, oder sei es in einer öffentlichen Stellungnahme des amerikanischen Botschafters – Stimmen, die sich im Interesse der jungen Generation für die Praxis von Achtsamkeit und die Einführung von Religionsfreiheit einsetzen –, aber Ende 2009 sind schließlich sämtliche Mönche und Nonnen des Klosters Bat Nha in alle Winde zerstreut. Eine junge Nonne schreibt: »Wir haben die Brüderlichkeit entdeckt und widmeten unsere Energie gemeinsam dem Dienst am Nächsten. Das war unser größtes Glück. Doch Bat Nha wurde zu einem Albtraum. Aber niemand kann das zerstören, was wir gefunden haben. Wir haben jetzt einen Weg, und ob Bat Nha nun existiert oder nicht, wir haben nichts mehr zu befürchten. Bat Nha ist zu einem Regen geworden, einem Regen, der die Erde befeuchtet und die Samen der Erleuchtung zum Keimen gebracht hat. Auch wenn es Bat Nha nicht mehr gibt und wir aus dem Phuoc Hue vertrieben wurden, diese Samen der Erleuchtung tragen wir immer in uns und sie werden niemals verloren sein. Thay hat uns gelehrt, dass jeder von uns, seinen Schülern, zu einem Bat Nha, einem Phuong Boi werden muss. Wir sind die Fortsetzung von Thay, und wir werden in der Zukunft neue Bat Nha, neue Phuong Boi errichten.«

Einige flüchten sich nach Thailand oder in den Tempel Tu Hieu von Hue. Andere praktizieren den Buddhismus in kleinen Gruppen unter strengster Geheimhaltung, um nicht denunziert und von der Regierungspolizei verfolgt zu werden.

In Plum Village nimmt im Lauf der Jahre die Zahl der Besucher zu, seien es Friedensaktivisten oder vietnamesische Flüchtlinge. Viele kommen mit ihrer Familie und können mit einem großherzigen Empfang rechnen. Wenn eine Mutter mit einem kleinen Kind an einer Dharma-Unterweisung teilnehmen möchte, bieten sich Nonnen oder auch Laienmitglieder der Sangha an, sich um das Kind zu kümmern. Thay freut sich über die Anwesenheit der Kinder und ihre Spontanität. Diese sind ihrerseits von dem Mönch beeindruckt; sie empfinden einen natürlichen Respekt vor ihm und zögern auch nicht, ihn während der Gehmeditationen an der Hand zu halten. Seine liebevolle Präsenz hat eine transformierende Wirkung auf die ihn umgebenden Wesen. Diese Kinder sind zu Jugendlichen und schließlich zu jungen Erwachsenen herangewachsen.

Damit sie ihren Platz in der Gemeinschaft finden und in Übereinstimmung mit deren spirituellen Werten leben, aber auch mit den für ihre Generation spezifischen Vorlieben und Problemen umgehen können, wurde die Bewegung »Wake Up!« ins Leben gerufen. Dies ist eine Gemeinschaft von Praktizierenden im durchschnittlichen Alter von achtzehn bis fünfunddreißig Jahren. Ihr Ziel ist, ein eigenes Bewusstsein zu entwickeln und zu einer größeren Gelassenheit zu gelangen, aber auch eine gesündere und harmonischere Gesellschaft aufzubauen, die frei von Intoleranz, Diskriminierung und Wut ist, sodass das Mitgefühl in ihrem Rahmen eine wichtigere Rolle spielen kann. Die Initiative stößt auf ein großes Medienecho, und schon bald versammeln sich Tausende junger Menschen in vielen Ländern zu solchen Gruppen. Die Praxis der Achtsamkeit bietet im Alltag einen Weg des inneren Gleichgewichts und der mentalen Stabilität, wertvolle Hilfsmittel zum Fällen richtiger Entscheidungen und zur Unterscheidung des Richtigen vom Falschen. Alle Praktizierenden folgen eifrig den »Fünf Achtsamkeitsübungen«, die dem Geist der Lehren der Vier Edlen Wahrheiten und des Achtfachen Wegs, die der Buddha seinen Jüngern übermittelt hat, getreu sind und sie in die Praxis umsetzen.

In den 1990er-Jahren ersetzt Thich Nhat Hanh den Begriff »Gebote« durch den Begriff »Übungen«, wodurch die praktische und innere Dimension dieser Prinzipien stärker betont wird. Dies geschieht mit der Absicht, sie den westlichen Menschen, insbesondere den jungen, leichter zugänglich zu machen, da »Gebote« für viele westliche Ohren zu religiös vorbelastet klingt.

Auf diese Weise verleiht Thich Nhat Hanh der Praxis des Buddhismus im Westen neue Ausdrucksformen. Die Praxis der »Erdberührung« zum Beispiel, die darin besteht, sich zu Ehren der Erde auf den Boden niederzuwerfen, und die es somit ermöglicht, sich mit allen Wesen, aus denen sich die Erde zusammensetzt, zu verbinden, wurde von dem Meister, Schwester Chan Khong und Schwester Annabel Laity entwickelt, nachdem sie den Widerstand vieler westlicher Menschen beobachtet hatten, die traditionellen buddhistischen Riten anzunehmen und zu praktizieren. In dieser aktualisierten »Erdberührung« gibt Thich Nhat Hanh der Praxis eine universelle Dimension.

Im Juni 2011 werden in London öffentliche Meditationsversammlungen, auch »Flashmob« genannt, veranstaltet. Schon seit einigen Jahren wurden während der Weltfriedenstage, für die Umwelt, während der Tage der Erde und während der Winter- und Sommer-Sonnenwende rund um die Welt Meditationen und Gebete organisiert, ohne jedoch die Menschen auf physische Weise zusammenzubringen.

Zu dem Flashmob werden die Teilnehmer aufgerufen, sich an einem sehr belebten Platz, in diesem Fall dem Trafalgar Square, für eine Meditation einzufinden, die nicht länger als eine Stunde dauern wird. Hunderte von Menschen versammeln sich also, um zu meditieren. Die moderne Informationstechnologie trägt zur Beschleunigung der Informationsverbreitung bei, und schon bald werden ähnliche Flashmobs in den Großstädten auf der ganzen Welt abgehalten, etwa in Barcelona, Montreal oder New York.

# Zur Rettung des Planeten

Mehr als dreißig Jahre sind seit dem Ende des Vietnam-kriegs vergangen. Im Jahre 2007 ist die Lage der ameri-kanischen Armee in Afghanistan festgefahren, während im Irak seit dem zweiten Golfkrieg das durch die Intervention der Ame-rikaner und ihrer Verbündeten verursachte Klima von Gewalt noch beträchtlich zugenommen hat. Seit Dai Dong und dem Appell von Menton folgte eine große internationale Konferenz auf die andere, und die Klimaerwärmung wurde zu einem we-sentlichen Problem für das Überleben der Spezies Mensch er-klärt. Schließlich revoltieren in diesem Jahr auch noch die bir-manischen Mönche gegen die Diktatur in ihrem Land.

Thays Worte machen weiterhin großen Eindruck auf seine Gesprächspartner, seien sie nun Schüler, Journalisten oder gar Politiker. Im selben Jahr interviewt ihn das *Time*-Magazin zu den Hauptproblemen, denen die Menschheit gegenübersteht. Was den Krieg angeht, antwortet er: »Auf der ganzen Welt er-wartet man, dass die spirituellen Führer der USA Stellung be-ziehen und eine spirituelle Ausrichtung anbieten, damit das Leiden und die Verluste von Menschenleben im Irak schnellst-möglich ein Ende haben. Die spirituellen Führer müssten ge-meinsam aufstehen und eine deutliche Sprache sprechen, um den Menschen zu helfen aufzuwachen und ihnen den Weg zu weisen. Wenn die Menschen eine klare Vision haben und eindeutig Stellung beziehen, dann hat die Regierung keine andere Wahl, als ihnen zu folgen. Der Vietnamkrieg ist damals auch dank des Erwachens des amerikanischen Volkes beendet worden.«[140] Diese Worte machen deutlich, für wie wichtig er es hält, dass jeder Einzelne unter der Anleitung von spirituellen Führern, die es wagen, sich gegen die Macht von Geld und Rüstungsindustrie zu stellen, seine Verantwortung übernimmt.

Zum Thema der Erderwärmung zitiert er das Sutra über das Fleisch des Sohnes, das die Geschichte von Eltern erzählt, die das Fleisch ihres Kindes aßen. Thay stellt eine Verbindung her zum Verhalten der Menschheit und weist auf die Verantwortlichkeit der Viehzucht und ihre Rolle bei der Klimaerwärmung hin. »Wenn wir voller Achtsamkeit Fleisch essen und Alkohol trinken, wird uns bewusst werden, dass wir das Fleisch unserer eigenen Kinder essen«, sagt er. Auf sehr pragmatische Weise ermuntert er die Laiengemeinschaften zu einer vegetarischen, quasi veganen Ernährung, da sie ohne Eier und Milchprodukte aus Massentierhaltung auskommt.

Thay wahrt jedoch hinsichtlich der Frage der Klimaerwärmung eine gewisse Zurückhaltung, da er um die Vergänglichkeit der Wesen und Dinge weiß.

> »Es gibt Geburt und also auch Tod. Mit unserer Zivilisation ist es ebenso. Im Verlauf der Erdgeschichte sind viele Zivilisationen verschwunden. Wenn auch unsere moderne Zivilisation zerstört wird, dann entspricht das ebenfalls dem Gesetz der Vergänglichkeit. Sollte die menschliche Rasse weiterhin so voller Ignoranz und bodenloser Gier leben wie im Moment, dann ist die Zerstörung dieser Zivilisation nicht mehr weit entfernt. Wir

müssen diese Wahrheit annehmen, so wie wir auch unseren eigenen Tod annehmen müssen. Gelingt uns das,
werden wir nicht mehr mit Wut, Verleugnung und Verzweiflung reagieren. Wir werden in Frieden leben.«[141]

# Die materialistische Illusion
# der Welt zerstreuen

Die Sonne Kaliforniens sah die Gegenkultur der 1960er-Jahre
entstehen. Während der 1990er-Jahre und 2000 wird die Region zum Epizentrum technologischer Forschung. Das westame-
rikanische Gebiet ist für Innovationen offen, die sich nicht nur
auf wissenschaftliche Forschung beschränken, sondern auch auf
viele andere Bereiche erstrecken. Die persönliche Entwicklung
und das Studium des menschlichen Geistes nehmen einen be-
deutenden Platz ein.

Die Lehre von Thay erfreut sich im Milieu der Hochtechnologie großer Popularität. In San Francisco entsteht eine starke
Affinität zwischen dem Universum der Gegenkultur und dem
der Cyberkultur. Beide fühlen sich durch ihre Kreativität und
ihre Distanzierung von staatlichen Institutionen miteinander
verwandt. Der kreative Geist, der der Meditation entspringt, ist
eine kostbare Ressource für die Unternehmen, die versuchen,
die Welt der Zukunft vorwegzunehmen.

Am 23. Oktober 2011 wird Thay auf den Google-Campus in
Kalifornien zu einer Veranstaltung zu dem Thema »Intention,
tiefes Schauen, Innovation« eingeladen. Das Video wird an die
Angestellten in sechsunddreißig Ländern, in denen das Unternehmen angesiedelt ist, weitergeleitet. Auf der Tagesordnung
stehen ein Frühstück in Achtsamkeit, eine Gehmeditation, ein
Mittagessen, eine Sitzung der Tiefenentspannung gefolgt von

einer Zeit für Fragen und Antworten. Außerdem unterhält sich der Zen-Mönch mit jungen Führungskräften von Google über das Thema »Wie kann man helfen, das Leiden zu verringern?«.

Thich Nhat Hanhs Interventionen bei den großen Internetunternehmen wie auch der Weltbank rufen Reaktionen und Debatten unter einigen seiner Schüler hervor. Man wirft ihm seine Nähe zur wirtschaftlichen und politischen Elite vor, insbesondere unter Anhängern des Engagierten Buddhismus. Ist darin nicht der Versuch einer Instrumentalisierung seiner Lehre durch die großen Unternehmen zu sehen, die davon einen dreifachen Vorteil haben? Polieren sie nicht etwa ihr Image auf, indem sie etwas für das Wohlergehen ihrer Mitarbeiter tun, und wollen sie nicht dank der Achtsamkeitstechniken ihren Erfolg optimieren, indem sie dadurch die Leistungsfähigkeit ihrer Mitarbeiter steigern? Einige befürchten hier eine Irreleitung der Achtsamkeitspraxis. Andere fürchten, der Buddhismus würde seine Fähigkeit zur Opposition verlieren, da es durch das Vorschlagen von Alternativen keine Gegenmacht mehr gibt. Wie kann man die Ziele eines Unternehmens wie Google, das ausdrücklich danach strebt, dass möglichst viele Menschen so viel Zeit wie möglich am Computer verbringen, unter einen Hut bringen mit der Einladung des buddhistischen Mönchs, der uns umgebenden Natur Aufmerksamkeit zu schenken?

Thich Nhat Hanh antwortete einige Jahre später in der Internet-Ausgabe des *Guardian* vom 28. März 2014 auf diese Fragen: »Es ist nicht so wichtig, ob die ursprüngliche Absicht von dem Willen motiviert ist, effektiver in der Arbeit zu sein oder daraus Profit zu schlagen. Diese Praxis wird nämlich die Sicht dieser Menschen auf das Leben grundlegend verändern, denn sie öffnet auf natürliche Weise das Herz, schafft Zugang zu mehr Mitgefühl und entwickelt das Verlangen, dem Leiden anderer ein Ende zu setzen.«[142]

Natürlich machen sich diese Unternehmen Gedanken um ihr Image. Das heimliche geistige Einverständnis zwischen dem Umfeld des World Wide Web und den Geisteswissenschaften ist nicht zu unterschätzen, besonders seitdem die Psychologie aufgezeigt hat, dass es einen Menschen glücklich macht, »mit anderen verbunden zu sein«. Um das Herstellen solcher Verbindungen geht es ja gerade in den sozialen Netzwerken, deren Vertreter sich gern auf Psychologen besonders aus dem Bereich der Positiven Psychologie berufen.

In der Begegnung mit diesen jungen Führungskräften hat Thich Nhat Hanh nichts von seiner Unbeugsamkeit verloren, genauso wie einige Jahrzehnte zuvor während seiner Rundreisen zur Sensibilisierung für die Situation Vietnams. Er senkt seinen weichen, konzentrierten Blick beinahe unnachgiebig in die Augen seiner Gesprächspartner und fragt sie, getreu seiner Lehre: »Welchen Beitrag können Sie leisten, damit die Welt weniger leidet?«, »Wie können Sie Menschen dabei helfen, zu sich selbst zurückzukehren, zu ihren Empfindungen und ihren Gefühlen?« Er schlägt ihnen einige hilfreiche Innovationen für die Entwicklung von Achtsamkeit vor, wie etwa Geräte, die in der Lage sind, Herzfrequenz und Emotionen aufzuzeichnen, und empfiehlt ihnen Lösungen, wie etwa die Rückkehr zum Atem, die Praxis des bewussten Gehens oder die Rezitation eines Mantra.

Ein Thema eines von Google organisierten Programms lautet: »Welche Ausrichtung sollten Sie Ihrem Unternehmen geben?« Thay schlägt die Einübung in den Geist von Bodhicitta, den Geist der Erleuchtung, vor. Er empfiehlt sogar, ein Online-Kloster einzurichten, das den Angestellten bei der Bewältigung von Problemen helfen kann. Im Alter von 87 Jahren ist der junge Dichter, den manche einen »Verrückten« nennen, noch immer sehr lebendig; er bewahrt sich einen neuen und frischen

Geist und steht in Kontakt mit den Problemen und Leiden der Menschen. Die Lehren des Buddha sind zeitlos, warum sollten sie also nicht auch jetzt aktuell sein?

Seither veranstaltet Google regelmäßig Programme zur Achtsamkeit für seine Angestellten. In den USA wird die Unterscheidung zwischen Achtsamkeit und Buddhismus wichtig für das Verständnis der neuen spirituellen Strömungen. Im Jahre 1979 haben die Arbeiten des Molekularbiologen Dr. Jon Kabat-Zinn der Tausende Jahre alten Praxis der Achtsamkeit einen laizistischen Rahmen gegeben. Er hat ein auf Achtsamkeit beruhendes therapeutisches Protokoll zur Stressreduktion entworfen, das sich nicht mehr auf religiöse Konzepte bezieht. Diese »Achtsamkeitsbasierte Stressreduktion« verbreitete sich mit großem Erfolg in den USA und anderen Ländern. Die Achtsamkeit ist nun nicht mehr allein den Buddhisten eigen, ihre Popularisierung hat dazu beigetragen, Begriffe wie »Bewusstsein« und »Mitgefühl« bekannter zu machen und die Bedeutung der Atmung zu betonen.

## Ein erfülltes und freudiges Leben feiern

In den USA werden immer mehr Stimmen laut. »Mitgefühl« ist zum gesellschaftlichen Thema geworden. Die Stanford University in Kalifornien hat eine besondere Abteilung gegründet, die dem Thema Mitgefühl gewidmet ist, das Center for Compassion and Altruism Research and Education (CCARE), das von James Doty[143], einem Professor für Neurochirurgie, geleitet wird. Er hat einen Thementag über Mitgefühl an der Stanford-Universität organisiert und Thich Nhat Hanh und seine Mönche dazu eingeladen. Über seine Begegnung mit Thich Nhat Hanh sagt er später, er habe sich »sofort in bedingungslose

Liebe getaucht gefühlt. In seiner Gegenwart zu sein hat mir eine unmittelbare Freude bereitet«.

Thay beschäftigt sich weiter mit der Zukunft der Welt, so wie er es bei der Problematik mit dem Vietnamkrieg getan hat. Seiner Ansicht nach ist die Zivilisation durch die Gier nach ökonomischem Wachstum bedroht, die die Umwelt und das soziale Leben gefährdet. Dieses Wachstum wird von den internationalen Großmächten in Verbindung mit Finanzinstituten wie der Weltbank gesteuert. Im Jahre 2013 wird Thay von dem neuen Präsidenten der Weltbank, Jim Yong Kim, eingeladen, dem ersten Direktor, der weder Ökonom noch Diplomat, sondern Arzt ist. Während der Konferenz unterbreitet Thay einen alternativen Weg, der das Glück der Menschen fördern soll, wie es in Plum Village ausprobiert worden ist. Das ist eine seiner Herausforderungen: zu zeigen, dass ein schlichtes Leben im Dharma, in der Ausübung von Achtsamkeit, eine Feier des Lebens ist, die erfüllt und freudig sein kann. Er widerspricht der Auffassung, dass man ohne Geld und höhere gesellschaftliche Stellung nicht wirklich glücklich sein könne. Mit seinen Worten stellt er die auf der ganzen Welt verbreitete materialistische Illusion infrage.

Während er seine karitative Arbeit fortsetzt und Benachteiligten hilft und sie begleitet, führt seine Popularität in Amerika dazu, dass er sich auch für die Reichsten des Planeten einsetzt, die in seiner Lehre Nahrung für ihre Seele finden. »Die Nummer eins werden oder glücklich werden – Sie haben die Wahl«, sagt er ihnen. Im Rahmen seiner Intervention bei der Weltbank setzt er ein klares Ziel: »Den Wunsch loslassen, die Nummer eins zu werden.«

Der Zen-Mönch macht keinen Unterschied zwischen den Menschen. Zu Zeiten Buddhas waren einige seiner Anhänger, bevor sie Jünger wurden und die Vier Edlen Wahrheiten

praktizierten, selbst Könige oder Schwerreiche, wie Anatha-
pindika, ein Geschäftsmann mit großem Mitgefühl, dessen
Name bedeutet »Jener, der sich um die Armen kümmert«. Seine
Interventionen ermöglichten es ihm, Samen der Liebe und des
gegenseitigen Verständnisses zwischen den Menschen zu pflanzen.

# Dritter Teil

# DER LOTOS
## ENTFALTET SICH

Natürlich sind es seine Schriften, die Thich Nhat Hanhs Ansichten am besten zum Ausdruck bringen. Der Zen-Mönch besitzt ein großes schriftstellerisches Talent. Gedichte, Manifeste, Erzählungen, Märchen, Reden – in all diesen Genres hat er sich gleichermaßen erfolgreich versucht. Er schöpfte aus dem unermesslichen Schatz der vom Buddha übermittelten Erkenntnisse, um die Kriegsjahre zu ertragen, und vor allem, um über dessen Opfer – denn letztlich gab es in diesem Krieg nur Opfer – einen Balsam aus Liebe und Frieden auszubreiten. Sein Vorbild hat Tausende von Menschen in der ganzen Welt inspiriert.

Um eine klarere Vorstellung zu vermitteln, auf welche Weise sich der Weg Thich Nhat Hanhs entfaltet hat, sollen im Folgenden nun die wesentlichen Züge seiner Lehre aufgezeigt und dann einige praktische Hinweise geben werden. Dieser dritte Teil handelt von der Verantwortlichkeit, die eine solche Lehre anspricht. Thich Nhat Hanh gibt Begriffen wie »sehen«, »lieben« oder »leben« einen neuen lebendigen Sinn. Im Jahre 2010 revidierte der Zen-Meister den Begriff »Engagierter Buddhismus« und entschied sich für den Ausdruck »Angewandter Buddhismus«.

Letztlich hat Thich Nhat Hanh niemals aufgehört, auf einem Punkt zu beharren: Nichts ist wichtiger als die Praxis der Fünf Achtsamkeitsübungen. Aus ihnen entsteht die Erfahrung, das heißt die Vereinigung von Erkenntnis und deren praktischer Umsetzung, die die Kraft einer wirklich gelebten Spiritualität ausmacht.

# Ein Weg des Friedens, ein Weg der Heilung

Für den Frieden zu wirken ist untrennbar mit einer inneren positiven Transformation verbunden, einer Transformation von niederen Neigungen zu nützlichen Tugenden. Der Frieden ist unsere wahre Natur, heißt es in den Lehren des Buddha. Man braucht ihn nicht im Außen zu suchen, denn er hängt allein von uns selbst ab. Gewalt, Spaltung und die Heimsuchungen, die die Menschen kennen, haben ihre Wurzeln in der Angst, der Unwissenheit, der Wut, dem Hass und im Egoismus, ebenso wie in vielen subtilen und unsichtbaren Übeln und Empfindungen mit unschönen Erscheinungsformen. Kriege sind die physische Manifestation eines Mangels an kollektivem Bewusstsein. Diese Übel zu überwinden, indem man sie – ähnlich einer alchemistischen Umwandlung – in wahres Mitgefühl für alle Wesen transformiert, gleicht einem Heilungsprozess. Eine solche innere Transformation bringt sowohl eine körperliche als auch eine spirituelle Heilung mit sich. Wenn ein Mensch Mitgefühl und Liebe ausstrahlt, hat er die vollkommene innere Gesundheit erreicht.

# Wenn Freude die Gesellschaft verändert

Freude ist in jeder Sekunde gegenwärtig und zugänglich. Ein winziger Augenblick des Alltags enthält die Möglichkeit, lebendiger zu werden. Am frühen Morgen die Augen zu öffnen oder einzuschlafen, ein Glas Wasser zu trinken und zu spüren, wie es die Kehle hinabfließt, dem Gesang der Vögel an einem Nachmittag zu lauschen oder sogar die Zähne zu putzen, auf dem Bürgersteig zu gehen, sind unerschöpfliche Quellen der Erleuchtung. Man kultiviert Achtsamkeit wie ein Gärtner, dessen Arbeit darin besteht, das Feld des Geistes zu lichten, damit das Sonnenlicht oder das Licht des Bewusstseins hindurchdringen kann. Dieses Licht erhellt jeden seiner Akte oder Gedanken. Achtsam zu leben ist daher die Frucht von Einübung.

In dem Buch *Das Wunder der Achtsamkeit*[144] gibt Thay alle nötigen Erläuterungen zur Verwirklichung dieses Zustands.

Mithilfe der Achtsamkeit offenbart Thich Nhat Hanh die Perle, das Wesen der Verwirklichung des Buddha Shakyamuni. Auf der Suche nach Befreiung zwang sich der Buddha, der zu jener Zeit noch unter dem Namen Gautama bekannt war, zu strikter Askese und langen Fastenperioden sowie zur Anwendung bestimmter Methoden und Übungen – doch vergeblich. Während er in tiefe Meditation versunken im Lotossitz am Ufer eines Flusses saß, war sein Körper nun völlig ausgemergelt und die Kasteiungen hatten ihm nur wenig Linderung gebracht.

Einige Zeit später setzt er sich in Bodhgaya in Nordindien unter einem Baum in Meditation nieder und gelobt, sich nicht mehr von der Stelle zu rühren, bis er Erleuchtung erlangt habe. Nach verschiedenen Prüfungen erfährt er das große Erwachen. Er berührt den Boden mit der Hand und ist sich in vollkommener Sammlung all dessen voll bewusst, was ihn umgibt – in Interaktion mit der Natur und den verschiedenen Lebensformen und -stufen, den Tieren, den Pflanzen, den Menschen und der Gesamtheit der Schöpfung, im unendlich Kleinen und im unendlich Großen. Es ist nämlich das Leben selbst, das ihn befreit. Er findet seine Befreiung im Leben und nicht jenseits davon. Indem er das Leben voll anerkennt, gewährt es ihm seine Gnade. Er muss nicht woanders suchen, in den Windungen des Geistes oder in der Einsamkeit einer Grotte, indem er sich Kasteiungen und andere quälende Praktiken auferlegt. Die Gnade offenbart sich in jedem Augenblick, sie ist in der reifen Frucht, die man vom Zweig pflückt, in der sanften und aufmerksamen Gegenwart jeden Dings. Das ist der Weg der Mitte.

»Achtsam zu leben, seine Schritte zu verlangsamen und jede Sekunde und jeden Atemzug zu genießen, das genügt«[145], sagt Thich Nhat Hanh.

Diese Arbeit führt zu einer großen Entspannung, aus der Glück und echte Freude entstehen. Wenn jeder Mensch ein wenig von dieser Entspannung und diesem Glück kosten könnte, würde sich der Lauf der Gesellschaft in eine andere Richtung entwickeln.

> »Sie sind in der Gegenwart mit Ihrem Leben verabredet. Wenn Sie diese Verabredung versäumen, laufen Sie Gefahr, Ihr Leben zu versäumen. Wenn wir uns im gegenwärtigen Augenblick befinden, können wir aller Schönheit und Wunder, die uns umgeben, gewahr werden. Wir können glücklich sein, indem wir uns einfach dessen bewusst sind, was wir vor Augen haben.«[146]

## Milliarden von Faktoren verbinden uns

Im Jahre 1966 gründete Thich Nhat Hanh den Orden Intersein und erneuerte damit einen der Hauptgedanken des Buddhismus: die wechselseitige Abhängigkeit (Interdependenz). Wir existieren nicht unabhängig von den anderen. Wir sind nichts als Beziehungen zu unseren Vorfahren, unseren Kindern und jenen, die uns umgeben. Im Gegensatz zur Interdependenz, deren begrenzende Bedeutung der Zen-Meister unterstreicht, als stelle diese für seine Zeitgenossen eine Art Schicksal dar, ist das Intersein eine kollektive Intelligenz, eine Öffnung des Geistes. Intersein bedeutet, dass wir nicht ohne die anderen existieren können: Milliarden von Faktoren verbinden uns mit den anderen. Thich Nhat Hanh zufolge, der sich von den Lehren des Buddha inspirieren lässt, gibt es keinen Himmel ohne Wolken, kein Papier ohne Bäume, keine Menschheit ohne Natur, und ein Säugling kann nicht wachsen ohne die liebevolle Aufmerksamkeit seiner Mutter.

In unseren Gesellschaften wirkt alles darauf hin, die Vorstellung zu erzeugen, dass wir von anderen und von der Natur getrennt sind, dass wir »anders« sind. Materialismus, Konsumrausch, besessener Individualismus, Überbewertung der äußeren Erscheinung aufgrund der Faszination vom Diktat der Mode sowie der soziale Wettbewerb sorgen auf ihre Weise mit Nachdruck dafür, dass jede Person Anrecht auf ihren Teil persönlichen Ruhms und persönlicher Macht hat. Infolgedessen trennen wir uns immer mehr von den anderen ab, je mehr wir uns von ihnen zu unterscheiden glauben. Das äußere Erscheinungsbild wird zu einem Werkzeug der Beherrschung, wir streben danach, Bewunderung und Anerkennung bei unseresgleichen hervorzurufen, aber wir wissen weder, wie man liebenswürdig noch liebend ist, und wir nähren die Maschine der Illusionen und das durch unsere Unwissenheit verursachte Leiden. Ohne uns dessen bewusst zu sein, suchen wir nach Liebe, nach einem Sinn, isolieren uns dabei jedoch immer mehr und setzen damit unser Gleichgewicht aufs Spiel. Tief in unserem Inneren tun sich Klüfte auf, aus denen negative Emotionen wie Gier, Neid, Eifersucht, Traurigkeit und so weiter aufsteigen.

»Wir intersind«, unterstreicht Thich Nhat Hanh. Er trägt uns auf, über diesen Begriff zu meditieren, unseren Geist zu benutzen und die Verbindungen und Beziehungen zwischen jeder Komponente unseres Universums zu erkennen. Das Wort »Intersein« sollte in die Wörterbücher aufgenommen werden, meint der Meister. Der Begriff öffnet nämlich ein neues Fenster zu einer tieferen, nicht dualistischen und wohltuenden Sichtweise auf die Welt. Die Kette der Verbindungen zu erkennen und die Vorstellung wertzuschätzen, dass wir mit der Gesamtheit des Kosmos verbunden sind, bringt eine wohltuende Kraft hervor. In allen Lebenslagen wird die Bedeutung der Kette der Kausalität sichtbar. Diese Wahrnehmung lässt ganz natürlich eine immense Dankbarkeit entstehen: Ja, wir gehören dieser Welt an!

Einige der Übel, die das Denken in Kategorien der Getrenntheit auf der kollektiven Ebene hervorbringt, sind die Zurückweisung des anderen, die Isolierung der schwächsten und alten Menschen, die Auflösung sozialer Bindung und die Gleichgültigkeit gegenüber der Zerstörung der Umwelt, die Ausrottung vieler Spezies, die bewaffneten Konflikte und die schwelenden Konflikte, die in kollektiven Organisationen so verbreitet sind. Letztlich schwächt sich derjenige, der sich von der den Phänomenen zugrunde liegenden Einheit abtrennt.

Eines Tages begreift man, dass die Versprechen falsch sind und nur den Interessen der Händler von Illusionen dienen. Das Geld macht ohne Bewusstsein nicht glücklich, mit den Jahren vergeht die Schönheit und der berufliche Ruhm verblasst aus dem Gedächtnis – so will es das Gesetz der Zeit. Man findet sich allein, hat wieder ein Leiden mehr. Die äußeren Erscheinungen sind trügerisch, doch dies bietet tatsächlich eine Gelegenheit, sich in sich selbst zu vertiefen; zu erkennen, dass wir mehr als bloße den Phänomenen hilflos preisgegebene Spielzeuge sind. In dieser Situation das eigene Innere zu kultivieren ist eine unserer Möglichkeiten. Mit etwas Energie, so lehrt Thich Nhat Hanh, können wir dieses Leiden transformieren. Indem wir uns darin schulen, unsere mit allem, was die Schöpfung ausmacht, wechselseitig verbundene Natur zu sehen und zu spüren, haben wir die Chance, in Kontakt mit der Ewigkeit zu kommen.

Auf eine ganz prosaische Weise hat der Kaffee, der mir in dieser schmalen weißen Tasse auf dem Tisch eines Cafés vorgesetzt wird, eine lange Geschichte hinter sich, eine Verflechtung von vielerlei Know-how, von Austausch, von wirtschaftlichen und sogar politischen Verhandlungen. Von der Erde, die den Regen aufgesogen hat, über die Kaffeebohne und den Röster sowie das Netzwerk des Handels und des Vertriebs bis hin zu dem Kellner, der mir in dieser Großstadt den Kaffee serviert, ist »meine Tasse Kaffee« aus einem Zusammenspiel von Faktoren entstanden, wovon mein Wunsch, sie zu bestellen, das letzte Glied in der Kette bildet. Aus wirtschaftlicher und politischer Sicht bin ich mit all dem verbunden.

Und würde unsere körperliche Gestalt dem Zen-Mönch auch recht geben? »Unser Auge ist aus derselben Materie entstanden wie die Sonne. Zwischen dem Auge und der Sonne besteht ein andauernder und intimer Kontakt. Gleiches spricht zu Gleichem. Das Atom des Sterns spricht zum Atom unseres Auges in der Sprache des Lichts.«[147] Und die Geschichte des Kosmos ist ebenfalls die unsrige. »Wie unendlich unsere Person auch sein mag, sie ist doch ein Teil des Ganzen: Wir sind Kinder des Himmels ... Sternenstaub.«[148]

Jeden Morgen wird in Plum Village bewusst die »Erdberührung« praktiziert, eine besondere Übung, die ganz und gar der Anerkennung und Dankbarkeit für die Erde gewidmet ist. Seit seiner Jugend praktiziert Thich Nhat Hanh Zeremonien der Dankbarkeit. Im gleichen Geiste werden auch in den Dharma-Zentren Tage zum Thema Dankbarkeit veranstaltet.

# Tiefes Schauen ausbilden

Was brauchen wir in unseren Gesellschaften mehr, wenn nicht Menschen, die sich aus tiefstem Herzen für das Wohl anderer einsetzen – kurzum, Bodhisattvas? Menschen, die von einer Energie der Liebe beseelt sind, welche Hindernisse auszuräumen und den Frieden zu verbreiten vermag, Wesen, die die Realität in ihrer Einheit gleichzeitig auf globale, systemische und multidimensionale Weise erfassen können, Dichter, deren Herz für jeden in selbstlosem Mitgefühl schlägt. Wenn wir uns auf den Weg der Bodhisattvas begeben wollen, verstrickt sich unser guter Wille nur allzu oft in die Diskrepanzen zwischen Klassen, Interessengruppen oder Kasten. Und doch befinden wir uns alle auf dem Weg des Bodhisattva, denn wir alle streben nach Glück, nach Liebe und Geliebtwerden. Diese Energie des Erwachens wird Bodhicitta genannt. Die Mittel sind unterschiedlich, doch die ursprüngliche Absicht ist immer »eine Besserung«.

»Versöhnung bedeutet nicht, mit Doppelzüngigkeit und Unmenschlichkeit eine Übereinkunft zu unterzeichnen. Versöhnung widersetzt sich allen Formen von Ehrgeiz, ohne Partei zu ergreifen. Die meisten von uns versuchen sich bei jeder Begegnung oder jedem Konflikt auf die eine oder andere Seite zu schlagen. [...] Was wir benötigen, sind Menschen, die zu lieben vermögen, die nicht Partei ergreifen, damit sie die Gesamtheit der Wirklichkeit umfassen können, wie eine alte Glucke auf all ihre Küken aufpasst, indem sie beide Flügel weit über sie ausspannt.«[149]

Damit wir das Ziel der Wahrheit im nebligen Wirbel der Welt im Auge behalten können, empfiehlt uns Thich Nhat Hanh die Praxis des tiefen Schauens. Tief zu schauen heißt, tief aus unserem Inneren, aus unserem intimsten, geheimsten Bereich heraus zu sehen.

Sich in unseren Beziehungen den Zustand, die Gefühle und die Qualen des anderen zu eigen zu machen erfordert eine intellektuelle, emotionale und persönliche Anstrengung: sehen, beobachten, anschauen. Das ist eine Meditation, die ins Herz der Dinge vordringt. So hat zum Beispiel ein Freund gerade mit Schwierigkeiten zu kämpfen und ist deswegen schlecht gelaunt. Wie kann ich ihm helfen? Indem ich über die bloße Erscheinungsform hinausblicke und seine Güte und das Licht in ihm erfasse. Ohne einen solchen fürsorglichen Blick jedoch bleiben mir die Probleme, die mein Freund zu bewältigen hat, ein Rätsel. Dann würde es mir auch schwerfallen, Empathie zu zeigen, denn wenn sich mein Geist dem Wust von Urteilen, Weisungen und Gleichgültigkeit anschließt, hält er mich davon ab, das Leiden wahrzunehmen und zu verstehen. Deshalb erfordert Verständnis, sich von vorschnellen Urteilen, Voreingenommenheit, Konzepten und Ideologien zu lösen und zu erkennen, wie man die Fallen der Erscheinungen und Wahrnehmungen umgeht. Es geht darum, sich die Zeit zu nehmen, genau hinzuschauen.

Was haben wir davon? Verständnis und Liebe. Indem wir uns von oberflächlichen Erwägungen loslösen, befreit sich unser

Herz und wird weiter. Es wird möglich, sich eine stimmigere Vorstellung von der Realität zu machen und immer bedingungsloser zu lieben. Es gibt verschiedene Grade des tiefen Verständnisses; es handelt sich hierbei um eine echte Schulung, aus der gleichermaßen ein klares Verständnis der zu treffenden Wahlmöglichkeiten und Entscheidungen entsteht. Praktiziert man Achtsamkeit, kann sich ein solcher Blick entwickeln.

Am 3. April 1996 antwortete Thich Nhat Hanh für die Webseite Buddhaline.net auf die Fragen von Vincent Bardet. Er erläuterte seine Auffassung vom tiefen Schauen, indem er sie direkt auf die politische Szene in Frankreich anwendete:

> »Wenn man im täglichen Leben Aufmerksamkeit übt, kann man die Dinge auf tiefere Weise wahrnehmen und man muss diese tiefe Sichtweise den ganzen Tag aufrechterhalten. Gestern Abend habe ich von politischen Formationen gesprochen, wie etwa der RPR (Sammlungsbewegung für die Republik) und der UDF (Union für die französische Demokratie) und dabei weder die PS (Sozialistische Partei), die PC (Kommunistische Partei), noch den Front National (FN) erwähnt. Ich glaube, aufgrund der wechselseitigen Verbundenheit aller Wesen muss man gegenüber allem, was man sieht, allem, was man berührt, eine nicht dualistische Haltung einnehmen. Wenn man tief in die Natur des Front National schaut, setzt sich der FN aus Nicht-FN-Elementen zusammen, wie Elementen der PC, der PS und der UDF. Es geht nicht so sehr darum, sich gegen den FN zu stellen, sondern darum, ihm zu helfen, die Dinge auf eine tiefere und korrektere Weise zu sehen. Er hat eine irregeleitete Wahrnehmung der Realität, des authentischen Strebens der Nation und des Volkes. Ihn zu beschimpfen oder sich

gegen ihn zu stellen würde nicht wirklich helfen; vielmehr müssen geschickte Mittel des Mitgefühls und der Brüderlichkeit eingesetzt werden. Ich habe den Schmerz und das Mitgefühl zur Sprache gebracht; das Mitgefühl muss den Schmerz umarmen, um ihn zu transformieren. Wenn ein Mensch aufgrund einer falschen Wahrnehmung der Dinge leidet, muss man ihm helfen: Die jungen Delinquenten, die ins Gefängnis gesteckt werden, müssen nicht nur bestraft werden, es sind unsere Kinder und Enkel. Die nicht dualistische Sichtweise ist sehr wichtig; sie hat die Realität zum Gegenstand, sie ist Sache der Meditierenden, aber auch der ganzen Welt. Man muss das Prinzip der Interdependenz verstehen, um die Situation zu verändern.«

Die wahre Liebe ist vom tiefen Schauen durchtränkt. Nur Liebe und Verständnis können die Welt auf nachhaltige Weise in eine große Bruderschaft verwandeln. Um diese Liebe lebendig werden zu lassen, beginnt die Transformation zunächst in uns selbst.

»Nehmen wir uns Zeit innezuhalten, um genau diese Person oder jene Gruppe zu betrachten? Wenn wir von all unseren Projekten überfordert und mitgerissen werden, von unseren Ängsten vor der Zukunft, unserer Unsicherheit, unserer Gier davongetragen werden, wie können wir dann noch Zeit finden innezuhalten, um die Situation zutiefst zu betrachten – die Lage unserer Geliebten, unserer Familie, unserer Gemeinde, unseres Landes und die anderer Länder? Durch tiefes Schauen erkennen wir, dass wir leiden, aber auch, dass der andere leidet. Nicht allein unsere Gruppe leidet, sondern auch die anderen Gruppen. Sobald sich diese Art von Bewusstsein entwickelt hat, wissen wir, dass Bestrafung keine Lösung ist.«

# Die Werkzeuge des Gärtners

*Ein Unkraut ist eine Pflanze,*
*deren Vorzüge man noch nicht entdeckt hat.*
Ralph Waldo Emerson

Uns wieder mit unserem inneren Wesen zu verbinden, das ist die Empfehlung des Buddhismus und jeder authentischen Religion oder Spiritualität.

In unseren ersten Lebensjahren stehen wir in Beziehung zu unserer Mutter und unserem Vater sowie zu unseren Vorfahren. Wir bedürfen ihrer Blicke, um groß zu werden, ebenso wie die Prüfungen, durch die wir in dieser Zeit hindurchgehen, unsere Psyche formen. Der Rahmen, in dem sich unsere Kindheit abspielt, konditioniert die Art und Weise, Beziehungen zur Welt herzustellen, und legt somit die Grundlage für zukünftige Orientierungen und Drangsale. Die Erforschung des Geistes nimmt im Buddhismus einen besonders wichtigen Platz ein. In seinem Buch *Aus Angst wird Mut*[150] legt Thich Nhat Hanh ausführlich die Mechanismen des Bewusstseins dar.

## Das innere Kind in uns erwecken

Wir sind mehr oder minder stark mit unserer Kindheit und den dazugehörigen Personen verbunden und erinnern uns auf unbewusste Weise an unsere Kindheit. Das innere Kind ist dieser innige Anteil in uns, dieser Aspekt im Grunde unseres Ichs, der unter den Leiden und Verletzungen vergraben ist. Die Anhäufung dieser Schichten führt dazu, dass wir die Realität deformiert wahrnehmen und sie durch diesen Filter interpretieren – all dies ist ein unbewusster Prozess.

> »Achtsamkeit hilft uns, die geistigen Ausformungen zu erkennen, die sich in unserem alltäglichen Leben manifestieren.«[151]

Thich Nhat Hanh ruft uns dazu auf, das Leiden ins Licht des Bewusstseins zu heben, um wieder in Kontakt mit dieser Tiefendimension zu kommen.

> »Kehren Sie in sich selbst zurück und kümmern Sie sich um sich. Ihr Körper braucht Sie, Ihre Gefühle brauchen Sie, Ihre Wahrnehmungen brauchen Sie. Das verwundete Kind in Ihnen braucht Sie. Ihr Schmerz, die Blockaden durch Ihre Leiden brauchen Sie [...] Seien Sie achtsam in allem, was Sie tun, dann können Sie wirklich da sein, können Sie wirklich lieben.«[152]

Thich Nhat Hanh spricht davon, das Leiden zu »umarmen«, denn dieser Akt erfordert Zärtlichkeit, so wie eine Umarmung zur Linderung des Leidens eines verletzten Kindes nötig ist. Dann kann es zur Versöhnung mit allen Anteilen unserer selbst kommen. Unser Wert liegt nicht im Blick der anderen, sondern in der Fürsorge uns selbst gegenüber, in einer Zärtlichkeit uns selbst gegenüber, die weder von Erfolg noch Misserfolg abhängig ist. Ein zartes Mitgefühl für uns selbst zu empfinden lässt sich kultivieren und verpflichtet uns, gegen den Strom einer Gesellschaft zu schwimmen, in der es vor allem um Leistung geht und die Sanftheit aufgrund ihres Anspruchs- und Leistungsdenkens für eine Form von Selbstgefälligkeit und Nachlässigkeit hält. Doch eine solche Fürsorge erlaubt es, uns selbst zu erkunden, in unserem Inneren zu suchen und mit unserem inneren Kind in Kontakt zu treten.

Die Sanftheit verstärkt in der Tat unser Vermögen, uns selbst zu hinterfragen. Sie führt nämlich zu einer größeren Öffnung für das, was ist, und bekräftigt so unsere Fähigkeiten. Der erste Schritt besteht darin, eine vollkommene Aufmerksamkeit ohne Ablehnung oder Vermeidung zu entwickeln. Gelingt es uns nicht, uns wieder mit unserem inneren Kind zu verbinden und Wege der Transformation zu finden, dann besteht die Gefahr, dass die Unterdrückung unseres Leidens dieses nur noch verschlimmert. Unser Herz und unseren Geist zu ergründen, um zu beobachten, was das Leiden verursacht, und dies nicht mehr zu wiederholen, ist eine Möglichkeit, die eine aufrichtige Meditation bieten kann.

> »Von dem Moment an, da ich meine Verletzung vollkommen annehmen kann und bereit bin, sie zu empfinden, kann sie mich nicht mehr beeinträchtigen. Ich spüre dann, dass ich völlig in der Lage bin, mit meinem Leiden umzugehen und mit ihm zu leben, weil seine Belastung förderlich ist und, wie die Bittermelone, sogar heilsam sein kann. Erlauben wir dem Leiden daher, in uns zu sein. Lasst es uns ganz und gar annehmen, lasst uns bereit sein, ein wenig zu leiden, damit wir erfahren, was es uns zu lehren hat.«[153]

Unsere Dämonen verbergen sich tief in uns; sie zu erkennen, sie anzunehmen und sie zu lieben, das ist der Weg, sich völlig von ihnen zu befreien.

> »So ist das Zen. In den Tiefen unseres Bewusstseins finden sich die Samen all unserer erdenklichen Gespenster, die Giftschlangen und andere wenig sympathische Geschöpfe eingeschlossen. Auch wenn sie verborgen sind, kontrollieren sie doch unsere Impulse und Handlungen. Wenn wir frei sein wollen, müssen wir diese Gespenster einladen, in unser Bewusstsein aufzusteigen. Wir dürfen sie nicht bekämpfen, wie der alte Mann, der die Schlangen fing, sondern müssen sie zu Freunden machen. Tun wir das nicht, werden sie niemals aufhören, uns zu quälen. Wissen wir jedoch den rechten Moment abzuwarten, um sie zum Erscheinen einzuladen, dann werden wir bereit sein, sie zu empfangen, und sie werden unter Umständen harmlos.«[154]

## Rückkehr zum ewigen Rhythmus

Am 25. September 2001 legt Thich Nhat Hanh in der Riverside Church in New York dem amerikanischen Publikum seine ketzerische Sichtweise der Attentate vom 11. September, die die Stadt erschüttert haben, dar:

> »Während des Vietnamkriegs wurden Tausende von Menschen, darunter Freunde und Schüler von mir, getötet. Ich war von Hass erfüllt, aber zu handeln oder zu reden, wenn man wütend ist, kann nur noch mehr Zerstörung hervorbringen. Ich habe begriffen, dass es nicht nur

die Vietnamesen waren, die zu leiden hatten, sondern auch die jungen Amerikaner, die zum Töten und Getötetwerden nach Vietnam entsandt wurden. Da habe ich keinen Hass mehr auf das amerikanische Volk empfunden. Heute fühle ich mich als New Yorker. Wir müssen unsere Ruhe und Klarheit bewahren.«[155]

Und er fährt fort:

»Der Sitz des Terrorismus liegt im Herzen der Menschen. Je mehr Sie töten, desto mehr Terroristen erzeugen Sie. Der Terrorist wurde vom Virus des Hasses angesteckt. Er ist davon überzeugt, gegen das Böse zu kämpfen. Man muss die Krankheit bekämpfen, nicht den Kranken.«[156]

Der letzte Satz trifft auf die Geschichte aller Kriege, Rivalitäten und Konflikte zu. Glücklicherweise gibt es ein Gegenmittel. Die Rückkehr zum ewigen Rhythmus. Wie findet man diesen?

In einem Abschnitt der Thora heißt es, es gäbe zwei Wege, den des Lebens und den des Todes, und dass der Mensch das Leben wählen möge.[157] Wir sind lebendige Wesen, deshalb müssen wir in unserem Herzen, in unserem Atem, in dieser Atmung suchen, die das Schlagen des Herzens und die Sauerstoffversorgung des Körpers ermöglicht, der sich auf dem ewigen Pfad befindet.

Indem man sich regelmäßig darin übt, den eintretenden und austretenden Atem achtsam wahrzunehmen, wird die bewusste Rückkehr zum Rhythmus des Atems ein natürlicher Reflex. Und so kehrt in einer schwierigen oder auch banalen Situation, bei einem Satz, einem Schmerz, der uns in Emotionen wie Wut oder Hass mitreißen könnte, das Bewusstsein auf natürliche Weise zum Atem zurück, wie zu einer Zuflucht. Reagiert man emotional, dann beschleunigt sich der Herzrhythmus. Dieser Bruchteil einer Sekunde, in dem eine Reaktion auftritt, ist ein Wendepunkt. An dieser Stelle kommt unser Bewusstsein ins Spiel, das uns zu unserer Essenz zurückführt, der Atmung. Auf diese Weise vermeiden wir nicht nur einfach ein negatives Gefühl, sondern wir bleiben in dem Weg des Lebens verankert. Achtsamkeit in der Atmung vereitelt negative Gefühle, indem sie ein Gefühl tiefen Wohlbefindens entstehen lässt. Das ist ein Weg in die Freiheit, der einer Einübung bedarf; doch im Laufe der Zeit wird so ein jeder zu einem Samen des Friedens.

»Die Wut keimt in uns wie ein Samen, das Gleiche gilt für die Liebe und das Mitgefühl. In unserem Bewusstsein schlummern zahlreiche negative Samen, aber auch viele positive. Die Praxis besteht darin, das Wässern jener, die negativ sind, zu vermeiden, und jene jeden Tag zu wässern, die positiv sind. Dies ist die Praxis der Liebe.«[158]

# Entschleunigen

Der Atmosphäre von Gewalt zu entkommen wird nicht möglich sein, ohne dass wir unsere Beziehung zur Zeit hinterfragen. Der Leistungskult geht einher mit Gewalt, die unserem Körper und unserem Geist angetan wird. Einer der Hauptfaktoren ist die Angst. Die Angst, Zeit zu verlieren, nicht den Anforderungen zu entsprechen, die Angst vor dem Blick der anderen, die Angst, nicht zu genügen. Diese Gewalt ist zu einem Übel namens Stress geworden, dem Ursprung verschiedener physischer und mentaler Störungen.[159] Nun ist die Zeit aber die Gegenwart. Und genau in eine andere Raum-Zeit lädt Thich Nhat Hanh seine Leser oder die Besucher von Plum Village ein.

Bücher oder Artikel, die Ratschläge für ein angenehmeres Leben enthalten, gibt es im Überfluss. Sie sprechen von einer Verbesserung der Qualität unserer Beziehungen zu den Kindern, dem Lebenspartner, dem Chef und zu uns selbst. Doch wenn man tiefer blickt, scheint letztlich zwischen den Zeilen immer wieder ein Thema auf: Man muss sich mehr Zeit zugestehen.

In diesem Sinne ist die Zeit das Fundament, auf dem man eine befriedigende Beziehung zu der Welt aufbauen und gestalten kann. Sich einfach nur Zeit zu nehmen ist bereits eine Erleichterung. Einige Minuten beim Aufwachen, um dem vor uns liegenden Tag eine Richtung zu geben, sich Zeit für Meditation zu nehmen – das genügt, um das innere Wesen zu entwickeln. Sich die Zeit zu nehmen zu *sein*, und nicht zu *tun*, eröffnet uns einen Raum, gibt uns Nahrung für ein erfülltes Leben. Der Reichtum der Achtsamkeitspraxis liegt darin, uns zu offenbaren, dass es genügt zu »sein«, um den Geschmack des Lebens zu kosten, und dass dieses Glück für jedermann erreichbar ist. Sich Zeit für die Dinge zu nehmen ist ein Akt des Vertrauens dem Leben gegenüber. Für Thich Nhat Hanh bedeutet »lieben, präsent zu sein«. Die Aufmerksamkeit auf die Gegenwart ist ein Schatz für denjenigen, der sie praktiziert. Wer die Gegenwart zu erkennen vermag, braucht keinen Besitz, keinerlei Kontrolle über andere noch über Objekte oder Formen; er erfreut sich an dem, was ist, was kommt, während sich ein Weg der Dankbarkeit abzeichnet.

»Vielleicht glauben Sie, Glück sei nur in der Zukunft möglich, aber wenn Sie lernen würden, nicht mehr zu rennen, würden Sie erkennen, dass es mehr als genug Möglichkeiten gibt, glücklich zu sein, ohne auf etwas warten zu müssen. Der einzige Augenblick, in dem wir lebendig sein können, ist der gegenwärtige. Die Vergangenheit ist

vorbei, die Zukunft noch nicht da. Nur in dem gegenwärtigen Moment können Sie das Leben berühren und zutiefst lebendig sein. Unser wahres Zuhause ist das Hier
und Jetzt. [...] Im gegenwärtigen Augenblick gibt es Leiden, aber auch Frieden, Stabilität und Freiheit.«[160]

# Die Macht des Mitgefühls

Mitgefühl als wahres Gegenmittel zu Zwietracht zu realisieren
erfordert einen leidenschaftslosen Zustand von Stabilität. Der
buddhistischen Philosophie zufolge ist das Mitgefühl die Frucht
des Erkennens der wechselseitigen Abhängigkeit der Dinge
und der Einheit der Welt. Weit entfernt davon, sich mit persönlichen, momentanen, subjektiven und egoistischen Gefühlen zu
verbinden, entsteht Mitgefühl durch lange Meditationen und
Sitzungen der Introspektion. Wenn wahres Mitgefühl erscheint,
wird die sakrale Dimension eines jeden Menschen, die über alle
verschiedenen Formen von Identität, Nationalität, Religion
oder sozialem Stand hinausgeht, deutlich. Es lädt dann jeden
dazu ein, einen anderen Blick auf die Welt zu wagen, auf ihre
Probleme wie auf ihre Bewohner.

In unseren Tagen bedeutet Mitgefühl mehr als eine bloße
Möglichkeit. Betrachten wir die Welt weiterhin nur unter dem
Blickwinkel unserer kurzfristigen persönlichen Interessen, so
wird es immer schwieriger werden, uns aus der Sackgasse, in der
wir uns befinden, herauszumanövrieren. Unser Planet ist extrem
polarisiert, immer stärker werdende Ungleichheiten liegen dicht
beieinander und erzeugen Ressentiments und Demütigungen,
die einen Nährboden für fundamentalistische Auswüchse und
andere Formen der Gewalt bilden. Das Mitgefühl verlangt nicht,
die anderen zu lieben, sondern einfach, sie zu respektieren, ihnen

zuzuhören, ihre Qualen und Sorgen zu verstehen. Andernfalls werden wir nicht mehr in dieser Welt leben können.

>Ein einziger Satz kann Zuspruch und Zutrauen bringen, Zweifel zerstreuen, jemanden davor bewahren, einen Fehler zu begehen, die Parteien in einem Konflikt versöhnen oder eine Tür zur Befreiung öffnen. Eine einzige Geste kann ausreichen, um das Leben eines Menschen zu retten, oder ihm helfen, eine seltene Gelegenheit beim Schopfe zu fassen. Ein einziger Gedanke kann dieselbe Wirkung haben, denn die Worte und die Taten folgen immer den Gedanken. Mit Mitgefühl in unserem Herzen kann jeder Gedanke, jeder Satz und jede Handlung ein Wunder hervorbringen.«[161]

# Auf dem Weg des Friedens

»Was bedeutet ›zähmen‹?«, fragte der Kleine Prinz.

»Das ist eine in Vergessenheit geratene Sache«, sagte der Fuchs. »Es bedeutet ›sich vertraut machen‹.« [...]

»Du bist zeitlebens für das verantwortlich, was du dir vertraut gemacht hast.«[162]

Der sogenannte »Schmetterlingseffekt« besagt, dass der Flügelschlag eines Schmetterlings hier bei uns einen Orkan am anderen Ende der Welt auslösen kann. Ebenso wenig ist das Denken neutral, es sendet Schwingungen in den Raum aus. In einem Zimmer schafft der Fluss der Gedanken eine Energie, die häufig als »Atmosphäre« wahrgenommen wird. Wir sind Wesen, die aus Schwingungen bestehen und deren Gesamtheit von Handlungen, Gedanken und Worten einen Einfluss auf die Welt haben. Ein chinesisches Sprichwort besagt: »Wenn du eine Blume betrachtest, vergiss nicht, dass auch sie dich betrachtet.« Zwischen dem Beobachter und dem Beobachteten gibt es ein Phänomen der Rückkoppelung. Was hat das für unsere Zukunft zu bedeuten? Wenn wir uns dessen bewusst sind, bringt das eine große Verantwortung mit sich. So wie der Kleine Prinz den Fuchs zähmt, lernen wir, die Welt zu zähmen, die zu der unsrigen wird. Wir werden größer und reifer, und in dem Maße, in dem wir unsere Perspektive ausdehnen, sind wir für sie verantwortlich.

Das Bewusstsein um seine völlige Teilhabe am Spiel der Schöpfung hat Thich Nhat Hanh dazu veranlasst, sich mit verschiedenen Kreisen auseinanderzusetzen, wie etwa denen der Hochtechnologie, Ökologie oder Politik, wobei er immer im Auge behalten hat, die Samen des Friedens zu säen. Einen großen Teil seiner Aktivitäten widmet er der Schaffung von Gemeinschaften.

# Die Kunst des Zuhörens, eine Inspiration für Führungskräfte

Kann man alles hören? Alle Worte, all die Geschichten, kann man sie hören? Das Vermögen zuzuhören ist eine Kunst, deren Entfaltung Jahre benötigt. Die Erfahrung zeigt, dass die Fähigkeit zum Zuhören nicht jedem gegeben ist, dass sie eher selten ist, denn das Zuhören erfordert eine Präsenz, eine Art stiller Affinität, wenn nicht gar ein hohes Niveau an spiritueller Reife. Das Zuhören entsteht gleichzeitig aus dem tiefen Schauen, das mit der Kraft des Wohlwollens und dem Mitgefühl verbunden ist, was Thich Nhat Hanh »tiefes Zuhören« nennt – Qualitäten, die es ermöglichen, den anderen sehr viel tiefer zu verstehen und seine Geschichte und seine Botschaft zu begreifen.

Ein Beispiel zeigt, wie ungemein wichtig die richtig angewandte Praxis des Zuhörens ist. Der Schriftsteller Primo Levi feierte bei seiner Rückkehr aus dem in Polen gelegenen Konzentrationslager Auschwitz in seinem Geburtsland Italien ein Freudenfest des Wiedersehens im Kreise seiner Familie. Während des Mahls beginnt er zu erzählen. Und da »schloss sich

eine eisige Welt um mich«[163], schrieb er. Das Grauen seiner Er-
zählung ruft Beklemmung und Schweigen hervor. Es erscheint
ihm unmöglich, dieses Grauen mitzuteilen. Er schreibt ein
Buch darüber, doch der Erfolg bleibt aus. Niemand scheint in
der Lage zu sein, sich etwas derart Belastendes anzuhören. Er
ist zwar wieder frei, aber zugleich zu einer Art mentaler Isolation verdammt, er ist ein Gefangener seiner schmerzlichen Erinnerungen. Die Gesellschaft bietet keinen Raum für das Zeugnis
über etwas derart Absurdes. Zu jener Zeit mangelte es an der
Fähigkeit des tiefen Zuhörens.

> »Das Zuhören hat nur ein einziges Ziel: dem anderen die
> Möglichkeit zu geben, sein Herz auszuschütten. Wenn
> Sie auf diese Weise praktizieren, wird immer Mitgefühl
> vorhanden sein. Wenn das Bewusstsein vorhanden ist, da
> bin ich mir sicher, wissen Sie alle, dass Hass, Gewalt und
> Wut nur durch eine einzige Substanz neutralisiert und
> geheilt werden können: das Mitgefühl. Das Gegenmittel
> zu Hass und Gewalt ist das Mitgefühl.«[164]

Seit Ende der 1990er-Jahre hat sich die Zahl der Kommunika-
tionsmittel um ein Vielfaches erhöht. Doch verstehen wir uns
heute besser? Kommunizieren ist eine Kunst, die eine Qualität,
die Präsenz erfordert, das Bewusstsein für die rechten Worte
und eine angemessene Raum-Zeit. Thich Nhat Hanh ermutigt
auch die politischen und wirtschaftlichen Eliten der Welt durch
seine Fünf Achtsamkeitsübungen zur Praxis des tiefen Zuhörens. Das Zuhören ist der Schlüssel, um die Menschen zu verstehen. Der Rückzug in die Meditation lädt zum Zuhören ein.
Wahres Zuhören entsteht in der Stille und beginnt damit, sich
selbst zu lauschen. Sich mit unseren innersten Anteilen und unserer Tiefe zu verbinden ist ein Versprechen an denjenigen, der

eines Tages kommen wird, sich ein wenig unserer Wahrhaftigkeit anzuvertrauen. Aus diesem Grunde kommt das Zuhören vor der Kommunikation.

In Plum Village und in Israel werden mit großem Erfolg Versöhnungsprogramme durchgeführt, wie etwa zwischen Israelis und Palästinensern. Das Zuhören ist eine Form von Mitgefühl. Denn in der Tat hat das Erzählen der eigenen Geschichte einen therapeutischen Nutzen.

> »Wenn Sie sich an den Verhandlungstisch setzen, wollen Sie Frieden, hoffen Sie auf Frieden. Doch wenn Sie die Kunst des mitfühlenden Zuhörens und des liebevollen Wortes nicht beherrschen, werden Sie sich schwertun, konkrete Ergebnisse zu erzielen, weil Hass und Wut immer noch da sind und unser Vermögen, Frieden herbeizuführen, untergraben. Unsere Regierungen sollten wissen, dass die Praxis der Wiederherstellung echter Kommunikation ein ganz wesentlicher Faktor für den Erfolg ist. Der einfache Umstand zuzuhören mag ein oder zwei Monate in Anspruch nehmen. Wenn es uns jedoch nicht drängt, voreilige Schlüsse zu ziehen, dann wird der Frieden möglich.«[165]

## Eine Gemeinschaft der Liebe aufbauen

Mehr als jede andere Spezies sind wir Menschen von der Liebe abhängig. Unser Gehirn hat sich dahin gehend entwickelt, Aufmerksamkeit und Fürsorge zu schenken und diese auch zu empfangen. In einem solchen Maße, dass es Schaden nimmt, wenn ihm diese Nahrung fehlt. So erfordert die mütterliche Liebe einen hingebungsvollen Einsatz, selbstlos und ohne

Rücksicht auf eigene Bedürfnisse. Weiten wir diese Intelligenz auch auf andere aus und nicht nur auf jene Menschen, mit denen wir genetisch verbunden sind, so tragen wir damit zu unserem Überleben bei. Dies läuft auf das Konzept hinaus, dass das persönliche Interesse und das der Gruppe dieselben sind, und dies ist wesentlich für die Lebensfähigkeit einer Gemeinschaft.

Die Qualität der Beziehungen zwischen den Mitgliedern einer Gesellschaft ist ein Indiz für deren innere Gesundheit. Dasselbe gilt für die Bindungen, die wir mit anderen eingehen, die uns glücklich machen. Thay zufolge müssen die Menschen den Gemeinschaftssinn wiederentdecken, insbesondere in den reichen Ländern, wo der Individualismus regiert. Aus der Qualität der Beziehungen erwächst die kollektive Intelligenz und Kreativität. Thich Nhat Hanh und Martin Luther King jr. waren bestrebt, eine große Gemeinschaft zu schaffen, die sich auf die menschliche Brüderlichkeit gründet. Die Gemeinschaft bietet eine Gelegenheit, dem anderen wirklich zu begegnen, sie ist ein Feld kostenloser und selbstloser Beziehungen, deren Mitglieder die gleichen humanistischen Bestrebungen teilen.

> »In Plum Village stehen die Kinder im Mittelpunkt der Aufmerksamkeit. Jeder Erwachsene ist angehalten, den Kindern zu helfen, sich glücklich und geborgen zu fühlen. Außerdem wissen wir: Wenn die Kinder glücklich sind, sind es auch die Erwachsenen.«[166]

Seinen Schülern empfahl der Buddha, Zuflucht zu den »Drei Kostbarkeiten« zu nehmen: dem Buddha, dem Dharma und der Sangha.

> »Wir wissen, wie wichtig es ist, dass jede Gesellschaft, jede Nation in der Lage ist, jedem ein Dach über dem

Kopf bieten zu können. Es gibt so viele Obdachlose. Aus spiritueller Sicht haben wir keinen Ort, wohin wir zurückkehren können. Aus diesem Grund ist die Praxis der Zufluchtnahme so bedeutsam. Wir müssen lernen, ›nach Hause zu kommen‹.«[167]

»Die Grundlage für die Liebe ist die Achtsamkeit. Man kann nicht lieben, ohne ›präsent zu sein‹. Zu lernen, präsent zu sein, scheint einfach zu sein, aber sofern man sich nicht darin geschult hat, ist es schwierig. Wir leben seit Jahrtausenden im Vergessen, und man ändert seine Gewohnheiten nicht so ohne Weiteres. Unsere tiefe Begegnung mit dem Leben ist nur im gegenwärtigen Augenblick möglich. Um dies zu erreichen, benötigt man Unterstützung, und diese Unterstützung findet sich in der Sangha.«[168]

In Plum Village verwenden die Bewohner bei Beziehungskonflikten drei kurze Sätze, um eine Versöhnungsarbeit einzuleiten: einen, um die Anerkennung des emotionalen Zustands des anderen zu bezeugen; einen, um zu bekunden, dass man sein Bestes tut; und einen, um das eigene Leiden mitzuteilen.

»Wenn Sie einen schwierigen Bruder oder eine schwierige Schwester haben, helfen Sie ihm oder ihr, weil Sie mit ihm oder ihr eins sind. Wenn Sie ihr oder ihm nicht zur Hilfe kommen können, wird Ihre Praxis zu nichts Positivem führen. Wenn Sie darauf beharren, sich selbst als ein getrenntes Individuum anzusehen, und glauben, das Glück sei etwas Individuelles, dann scheitern Sie. Wenn Sie allerdings, einer im anderen, Wurzeln gebildet haben, werden die Gefühle von Isolation und Einsamkeit, die

Sie beherrschen, transformiert werden. Sie sind dann nicht mehr nur ein Individuum. Sie tragen dann all Ihre Brüder, Schwestern und Mitmenschen im Herzen.«[169]

Thich Nhat Hanh gibt gern konkrete Beispiele für Erfahrungs-situationen. Seine Lehre ist von seinen jahrzehntelangen per-sönlichen Erfahrungen mit den verschiedensten Menschen aus den unterschiedlichsten Bereichen geprägt. Was die Liebe an-geht, so könnte sie sich folgendermaßen inkarnieren – das The-ma des Zitats ist die Mutter.

»Vielleicht möchten Sie mit einem leisen Lächeln ihr Zimmer betreten und sich neben sie setzen. Bitten Sie sie ohne ein Wort, ihre Arbeit zu unterbrechen. Schauen Sie sie dann lange und genau an, um sie gut zu sehen, um zu sehen, dass sie wirklich da, lebendig an Ihrer Seite ist. Nehmen Sie ihre Hand und stellen Sie ihr eine kurze Frage, um ihre Aufmerksamkeit zu gewinnen: »Mama, weißt du was?« Etwas überrascht wird sie wahrscheinlich lächelnd fragen: »Was denn?« Während Sie ihr weiter mit einem stillen Lächeln in die Augen blicken, sagen Sie ihr: »Weißt du, dass ich dich liebe?«[170]

## Jesus ist der Buddha des Westens

Von Vietnam unter dem Joch der Diktatur von Diem bis zu den USA während der Bewegungen gegen den Vietnamkrieg sind die Bande zwischen Buddhismus und Christentum stetig enger geworden. Thich Nhat Hanh unterhielt einen regen Briefwech-sel mit sehr engagierten Christen. In den USA hat ihn sein In-teresse an der Botschaft Jesu dazu geführt, freundschaftliche

Bande zu Thomas Merton und Daniel Berrigan zu knüpfen. Mit Berrigan nahm er an einer Eucharistiefeier teil. In Europa fand die Arbeit der vietnamesischen Delegation für den Frieden große Unterstützung in christlichen Vereinigungen, sodass er deren Mitglieder als wahre Bodhisattvas ansah. In seinem ganzen Werk weist der Zen-Mönch auf die starke Ähnlichkeit von Buddhismus und Christentum hin, wie zum Beispiel in *Dialog der Liebe – Jesus und Buddha als Brüder*[171]. Ganz gleich, welche Tradition, er besteht auf der Notwendigkeit einer mit ganzem Einsatz gelebten Spiritualität, die nicht aufhört, sobald man über die Schwelle der Kirche oder des Tempels wieder ins Freie tritt.

> »Wenn Christus der Körper Gottes ist, was er tatsächlich ist, dann ist das Brot, das er uns schenkt, ebenfalls der Körper des Kosmos. Schauen Sie tief und Sie werden die Sonne, den blauen Himmel, die Wolke und die Erde im Brot sehen. Können Sie mir sagen, ob es etwas gibt, das nicht in einem Stück Brot enthalten ist? Und Sie essen es auf eine Weise, um lebendig, vollkommen lebendig zu werden. In Plum Village lernen Sie, Ihr Müsli in vollkommener Achtsamkeit zu essen, denn das Müsli ist der Körper des Kosmos. Essen Sie es auf eine Weise, dass Glaube, Liebe und Erwachen möglich sind.«[172]

Thich Nhat Hanh zufolge muss man lernen, die Buddha-Natur nicht nur als bloße Vorstellung, sondern als Realität zu erfassen. Buddha lässt sich weder auf eine jahrtausendealte Geschichte reduzieren noch auf eine Raum-Zeit, die zwangsläufig relativ ist. Indem man sich dem höchsten Bewusstsein annähert und in vollkommener Achtsamkeit lebt, verwirklicht ein jeder die Lehren des Buddha.

»Wenn Sie gut üben, werden Sie eines Tages begreifen, dass Buddha nicht jemand anders ist. Der Buddha ist in uns, weil die Substanz eines Buddha Achtsamkeit, Verständnis und Mitgefühl ist. Wenn Sie gut praktizieren und dem Buddha zuhören, werden Sie erkennen, dass Sie die Buddha-Natur in sich tragen.« [...]

»Achtsamkeit heißt, sich dessen bewusst zu sein, was Sie jeden Tag tun. Achtsamkeit ist wie eine Lampe, die all Ihre Gedanken, Ihre Gefühle, Ihre Taten und Ihre Worte beleuchtet. Achtsamkeit ist der Buddha. Achtsamkeit ist das Äquivalent des Heiligen Geistes, der Energie Gottes.«[173]

Thich Nhat Hanh ermutigt jeden, sich mit seinen Wurzeln zu verbinden, seien es familiäre, religiöse oder spirituelle Wurzeln. Die Rahmenbedingungen und Strukturen der Gesellschaft neu zu befeuern, ihnen neuen Schwung und neues Leben zu verleihen, sie mit einer erneuerten Energie erfüllen, die von Mitgefühl und Bewusstheit gespeist ist. Andere mögen dies das göttliche Feuer, das Licht, die Energie der »Gnade« nennen.

# Es gibt weder Tod noch Angst

Anfang September 2014 scheint sich der Gesundheitszustand von Thich Nhat Hanh, nun im Alter von 88 Jahren, zu verschlechtern. Einige Wochen lang zeigt er bis dahin ungewöhnliche Zeichen von Schwäche, die zu einer Verschlechterung seiner Verfassung führen und am 1. November schließlich in einen Aufenthalt im Krankenhaus von Bordeaux münden.

Bei bester medizinischer Versorgung und von einigen seiner Klosterschüler umgeben, kommt der charismatische Leiter von Plum Village in den folgenden Tagen allmählich wieder zu Kräften, was auf eine schnelle Genesung hinweist.

Doch entgegen allen Erwartungen erleidet Thay am 11. November eine schwere Hirnblutung, die eine Verlegung auf die Intensivstation erfordert. Während die ganze Sangha von der Nachricht, die sich in alle Welt verbreitet, erschüttert ist, merken die ihn behandelnden Neurologen vorsichtig an, dass der Umstand, dass er bei Bewusstsein ist, seine Füße, Hände und Augen bewegen kann, Hoffnung auf die Möglichkeit einer völligen Genesung machen könnte.

Im Laufe der folgenden Tage zeigen die Untersuchungen, dass die Hirnblutung sich nicht ausgebreitet hat und die lebenswichtigen Zentren keine Anomalie aufweisen, was annehmen lässt, dass der Zustand des Kranken stabil bleibt. Am Morgen des 15. November gelingt es ihm, einen kurzen Moment die Augen zu öffnen, in völligem Bewusstsein dessen, was ihn umgibt, und dann hebt er langsam einen Arm, um einen seiner Schüler zu berühren, der an seinem Bett steht. Alle anwesenden Personen sind erleichtert und sehen darin ein Zeichen für eine positive Entwicklung.

Zwischen langen Schlafphasen öffnet Thich Nhat Hanh in den darauffolgenden Tagen mehrmals die Augen und antwortet auch bald auf Fragen, indem er mit dem Kopf nickt; ein unzweifelhaftes Zeichen, dass er sich seiner Umgebung vollkommen bewusst ist.

Die Ärzte verhehlen nichtsdestoweniger nicht ihre Besorgnis, da sie seinen Zustand angesichts seines hohen Alters weiterhin als kritisch einschätzen und damit rechnen, dass er sich jeden Tag ändern kann. Mit anderen Worten, es ist noch zu früh, um etwas über die Folgen der Hirnblutung verlauten zu lassen.

Ende November, während Thay sich noch unter ständiger Beobachtung befindet und von seinen engsten Schülern begleitet wird, bestätigen neue Computertomografie-Aufnahmen, dass die Hirnblutung nicht weiter fortgeschritten ist, ja, dass sie sogar begonnen hat, zurückzugehen, wenngleich das Ödem noch immer groß ist. Die ihn behandelnden Ärzte sind von der Regelmäßigkeit seines Atems und dem konstant bleibenden Sauerstoffgehalt in seinem Blut beeindruckt, was die ihm Nahestehenden mit der Tatsache erklären, dass es ihm trotz seines Zustands gelingt, seine Atmung zu kontrollieren und auf diese Weise einen Teil seines Stoffwechsels. Man darf schließlich nicht vergessen, dass er sein Leben lang die Vorzüge von Achtsamkeit mit einer tiefen Atmung praktiziert und vermittelt hat, die imstande ist, Körper und Geist in einen Zustand von Ruhe und Gleichgewicht zu bringen.

Die Wochen gehen dahin und Thich Nhat Hanhs Zustand entwickelt sich allmählich zunehmend positiv. Er ist bei Bewusstsein, öffnet die Augen länger und häufiger, was die Ärzte zu der Annahme veranlasst, dass er definitiv aus dem Koma herausgetreten ist.

Anfang Januar 2015 erkennt er die Menschen, die ihn umgeben, antwortet mit dem Kopf auf Fragen, die man ihm stellt, und sein Gesicht wird von einem ersten Lächeln erhellt, dann von einem kleinen Lachen; doch sprechen kann er noch nicht. Sein allgemeiner Zustand ist stabil, aber sein Grad an Aphasie ist immer noch hoch und bedarf permanenter Behandlung. Besonders die Physiotherapie-Sitzungen, denen er sich mit unermüdlichem Eifer unterzieht, zeigen seinen Wunsch nach Fortschritt; das geht so weit, dass er die Übungen, die er im Rahmen der Rehabilitationsstunde ausgeführt hat, während des Tages allein wiederholt.

Schließlich wird er in eine Rehabilitationsklinik überwiesen, die auf Menschen mit Hirnblutung spezialisiert ist und in der Spezialtherapeuten ihm genau die Behandlungen zukommen lassen, die seinem Zustand entsprechen.

Die Massagen, Akupunkturbehandlungen, Wellnessprogramme und regelmäßigen Körperübungen lassen ihn schon bald zu Kräften kommen und verleihen seinen Muskeln einen gewissen Tonus. So lernt er wieder, sich hinzusetzen, sich zu erheben und stehen zu bleiben und seine Glieder zu bewegen. Dabei legt er eine Konzentration an den Tag, die die Pflegekräfte beeindruckt, nicht aber die ihm Nahestehenden. Sie erkennen darin, wie er auf elementarste Weise die Prinzipien von Achtsamkeit, für die er sich so oft leidenschaftlich eingesetzt hat, in die Praxis umsetzt.

Im Laufe der Monate verbessert sich der körperliche Zustand von Thich Nhat Hanh allmählich, doch es zeigt sich auch deutlich, dass eine Heilung lange dauern wird. Auch wenn er wieder anfängt, Laute zu bilden, kann er immer noch nicht sprechen, aber er kommuniziert leichter, andauernd und auf stille Weise mit den Menschen, die ihn umgeben. Nach mehreren Monaten im Krankenhaus äußert Thay klar und deutlich seinen Wunsch, nach Plum Village zurückzukehren.

Nach Beendigung der Untersuchungen, deren Ergebnisse als positiv genug erachtet werden, um ihm grünes Licht zu geben, tritt das von allen Mitgliedern der Sangha lang erwartete Ereignis am 3. April 2015 ein.

In einem Augenblick überwältigenden Gefühls und großer spiritueller Inbrunst findet sich Thich Nhat Hanh wieder in seiner Klause und bei den Mitgliedern seiner Gemeinschaft ein, die sich von nun an, flankiert von Ärzten und Krankenschwestern, Tag und Nacht um ihn kümmern werden. Mehrere Therapeuten begleiten ihn außerdem, um ihm wieder das Schlucken beizubringen, seine Sprache wiederzufinden, seine allgemeinen Funktionen zu stimulieren und um dazu beizutragen, die Auswirkungen der halbseitigen Lähmung zu reduzieren.

Hellwach mit allen Sinnen genießt er auch wieder die Natur – Mutter Erde –, die Magnolien in voller Blüte, diese schönen Bäume, die er so liebt, unter denen er im Rollstuhl spazieren gefahren wird und die zu seiner langsamen Genesung beitragen.

Im Juli zeichnet sich ein neuer Abschnitt im langen Rehabilitationsprogramm ab, das weiterhin umgesetzt werden muss.

Thay zeigt nun den sehr klaren Willen, seine Sitzungen und die Bedingungen zu intensivieren, die ihm erlauben, eine normale Sprechtechnik sowie die vollkommene Beherrschung seiner motorischen Fähigkeiten zurückzugewinnen. Dies erfordert noch konsequentere Mittel, um seine momentanen Handicaps zu überwinden und einen Zustand wiederzuerlangen, der dem vor dem Hirnvorfall am Nächsten kommt.

Mit seinem Einverständnis wird die Entscheidung getroffen, seinen Fall einem Team prominenter amerikanischer Neurologen vom medizinischen Zentrum der University of California in San Francisco (UCSF) anzuvertrauen, die anerkannte Spezialisten für die kognitive und neurologische Rehabilitation von Patienten mit einem schweren Hirnschlag sind. Mit Rücksicht auf seinen Gesundheitszustand wird ein fünf- bis sechsmonatiges Therapieprogramm ausgearbeitet, das ihm ermöglicht, von den jüngsten Innovationen der Robotertechnik bei der Rehabilitation zu profitieren und ein noch anspruchsvolleres Körpertraining zu absolvieren, immer in Begleitung von Therapeuten und Spezialisten, sowohl als ambulanter Patient im Krankenhaus als auch bei ihm zu Hause.

Im Privatjet, den ein großzügiger Spender eigens für diesen Zweck reserviert hat, macht es Thich Nhat Hanh während des Fluges in die USA großes Vergnügen, eine kurze Gehmeditation zu unternehmen. Ebenso beruhigt er jene, die gekommen sind, um ihm am Flughafen einen herzlichen Empfang zu bereiten, indem er es sich zur Ehrensache macht, das Flugzeug aufrecht und zu Fuß mit einem strahlenden Lächeln zu verlassen.

Zwei Monate später, während er noch immer von der Energie der Gebete seiner Sangha in der ganzen Welt unterstützt wird, hat Thay das Privileg, von den besten westlichen wie östlichen sowohl konventionellen als auch alternativen medizinischen Techniken zu profitieren, wobei die allopathische Behandlung mit Akupunktur, Logopädie, Krankengymnastik, Osteopathie und sogar Neurofeedback kombiniert wird.

Dieses Programm ist zwar gelegentlich sehr ermüdend, weshalb Ruhephasen eingelegt werden müssen, aber es bringt auch substanzielle Fortschritte mit sich, sodass er schon bald erste Worte zu sprechen und wieder anfangen zu gehen vermag.

Diese ersten langsamen und ermutigenden Besserungen lassen aber auch erkennen, dass seine völlige Genesung noch lang dauern wird.

Der Weg in Thich Nhat Hanhs Begleitung geht weiter. Aus allen Teilen der Welt senden Männer, Frauen und Kinder ihm Energie, damit er diese Prüfung überwinden kann – nach dem Vorbild der Mitglieder der Sangha, deren Präsenz und Botschaft unerschütterlich lautet: »Unsere Praxis der Stabilität und des Friedens ist in diesem besonderen Augenblick die beste Unterstützung, die wir Thay geben können. Lasst uns gemeinsam, in der ganzen Welt, Zuflucht zu dieser Praxis nehmen und zu einem Fluss zusammenfließen, um Thay unsere kollektive und mächtige Energie zu geben. Wir alle sind die Körperzellen dieser großen Sangha, die Thay im Laufe seines Lebens hat entstehen lassen.«

Bei allem, was er durchmacht, behält Thay ein leises Lächeln auf den Lippen, trotz der Leiden, die ihn plagen, trotz der Behinderungen, die er zu überwinden hat. Der große spirituelle Meister, der er ist, zeigt, welch ein Vorbild er war und bleiben wird. Auch wenn sein Körper erschöpft und geschwächt ist, bleibt er das lebendige Beispiel für die Wohltaten der Achtsamkeit im Alltag, ganz gleich wie die Umstände aussehen und ohne dass es jemals Grenzen gäbe.

## Unendliche Resonanz

Man erkennt den Meister an seinen Schülern. In den Augen eines wahrhaftigen Weisen besitzen Ehrentitel als Lohn nur wenig Wert. Die Inspiration, die seine Lehre in den Herzen von Millionen von Männern und Frauen erblühen lässt, sowie deren praktische Umsetzung sind für die Erde und ihre Bewohner unendlich viel wertvoller. In Frankreich gehören zu seinen Schülern Ha Vinh Tho, Direktor des Programms des *Centre national pour le bonheur* (»Nationales Zentrum für Glück«), der renommierte Ökologe Philippe Desbrosses, oder aber Christiana Figueres, Exekutivsekretärin der UN-Rahmenkonvention zum Klimawandel, die berichtet, welch große Unterstützung die Lehren Thays für sie waren, inmitten einer persönlichen Krise ihre Arbeit für die Organisation der Klimadebatten aufrechtzuerhalten. Lassen wir nun einige Menschen zu Wort kommen, die Thay auf seinem Weg begegnet sind.

Im Jahre 2016 bringt der Amerikaner Gregory Kennedy-Salemi den Film *The 5 Powers* heraus, einen Dokumentarfilm über die Geschichte von Thich Nhat Hanh, Martin Luther King jr., Schwester Chan Khong und Alfred Hassler während der entscheidenden Zeit der 1960er-Jahre.

> »Die Entscheidung, diesen Film zu drehen, hat ihre Wurzeln in meiner Familiengeschichte. Nachdem ich mich mit mehreren Regisseuren getroffen habe, begriff ich, dass es im Grunde nicht du bist, der beginnt einen Film zu drehen, sondern der Film kommt zu dir. Meine Eltern und meine Großmutter gingen während des großen Marsches 1965 an der Seite von Martin Luther King jr. Meine Großmutter stammte aus Louisiana und bereitete für King gern die Südstaaten-Spezialität Gumbo zu. Ihr Haus in Louisiana war für ihn ein Hafen des Friedens. Denn er befand sich in einer schwierigen Situation, schließlich war er noch ein junger Mann, trug aber bereits die ungeheure Verantwortung für die Bürgerrechtsbewegung auf seinen Schultern. Die Geschichte meiner Familie gab mir den Elan, mich sozial zu engagieren.

Einige Jahre später, als ich an der Universität war, habe ich ein Buch über Gewaltlosigkeit gelesen, das die Beziehungen zwischen Thich Nhat Hanh, Alfred Hassler und Martin Luther King jr. hervorhob. Das hat meine Neugier erregt. Im Jahre 2001 bot sich mir die Gelegenheit, nach Genf an die Universität zu reisen, wo ich eine entscheidende Begegnung mit einer Österreicherin hatte. Zufällig hatte ich für den Versöhnungsbund (IFOR) in Österreich gearbeitet und war dann in die Niederlande geschickt worden. Bei meiner Ankunft erwartete mich ein kleines Empfangskomitee. Eine Frau stellte sich mit dem Namen Laura Hassler vor; ich wollte nicht so recht daran glauben, fragte aber dennoch, ob sie den Namen Alfred Hassler kenne. ›Ja, das ist mein Vater‹, sagte sie. Es war unglaublich. Ich erzählte ihr von meiner Begeisterung für die Gewaltlosigkeit. Sie lud mich zu sich nach Hause ein und zeigte mir Fotos über die Beziehung von Thich Nhat Hanh, den Hasslers und Dr. King. Ich erfuhr von diesem berühmten Comic-Buch. Ohne groß nachzudenken, meinte ich zu Laura, dass es doch toll wäre, einen Film über diese Geschichte zu machen. Das war vor über zehn Jahren.«[174]

Die Arbeit an dem Film bringt ihn zur Praxis der Achtsamkeitsmeditation. Und dazu, Thich Nhat Hanh besser kennenzulernen.

»Achtsamkeit ist ein kontinuierlicher Prozess, der mein Leben verändert hat. Sie ist ein Weg und kein Ziel; sie lehrt mich ununterbrochen; dieser Prozess hat mich dahin geführt, wunderbare menschliche Beziehungen zu entwickeln; ich habe durch das Intersein und die interdependente Natur der Dinge sowie tiefes Mitgefühl, Verständnis und tiefes Zuhören gelernt, wie eng wir mit anderen verbunden sind. Thich Nhat Hanh bricht durch seinen gewaltfreien Aktivismus mit der Tradition des Buddhismus. Ich stelle Thich Nhat Hanh auf die gleiche Stufe wie den Dalai Lama; ihre Geschichten weisen Ähnlichkeiten auf, sie leben beide im Exil, sie haben sich inmitten der Gesellschaft für den Weg der Gewaltlosigkeit eingesetzt und für den Schutz des Planeten engagiert. Thich Nhat Hanh ist eine Persönlichkeit ersten Ranges. Das sind ›heilige‹ Menschen, die leben, um uns zu helfen, in uns die innere und äußere Wirklichkeit zu erwecken.«[175]

Am Abend des 13. November 2015 werden mehrere Attentate gleichzeitig in Paris und in der Vorstadt Saint-Denis begangen, deren Ziel die Terrassen von Restaurants und ein Konzertveranstaltungsort sind. 130 Personen werden getötet. Der »Islamische Staat« bekennt sich zu den Angriffen, die von mehreren Franzosen begangen wurden. Ihre Abruptheit und Brutalität versetzen das Land in einen Schockzustand.

Seit einem Jahr hat Thay seine Sprachfähigkeit verloren. Seitdem sind es die Menschen, die er in all den Jahren beflügelt hat, die die Aufgabe übernehmen, durch ihre Haltung die vom Meister vermittelte Lehre von der Gewaltfreiheit zu verbreiten.

Mehr als tausend Gemeinschaften auf der Welt erkennen sich in den von ihm übermittelten Lehren wieder; über 600 Mönche und Nonnen sind direkt mit Plum Village verbunden; Tausende junger Laienanhänger nehmen an den Retreats teil, sind mit seinem Twitter-Account und seiner Facebook-Seite vernetzt. Mehr als eine Million Menschen folgen seiner Lehre und setzen sie in die Praxis um.

Als Beweis dafür, dass die von Thay ausgesäten Samen Früchte getragen haben, sei hier der von Frieden geprägte Brief von Alexis-Michel Schmitt-Cadet zitiert. Er ist ein achtundzwanzigjähriger in Montreal lebender Franzose, der seinen Cousin Éric im Konzertsaal des Bataclan verloren hat. Er deckt die Fallen von Gewalt auf und öffnet sich stattdessen für Wege, die zur Heilung führen.

»Liebe Freunde überall,

ich schreibe euch aus Montreal. Am Freitag habe ich meinen Cousin durch die in Frankreich verübten Attentate verloren. Angesichts dieser schrecklichen Nachricht habe ich geweint. Éric war der Vater eines kleinen Mädchens, und seine Partnerin soll in zwei Monaten niederkommen. So viele Dinge schwirren mir im Kopf herum. Ich atme ein, ich atme aus.

Éric, du warst (und du bist in meinem Herzen) ein von Freude beseeltes Wesen. Ich werde dir meine Reverenz erweisen, indem ich fröhlich bin und dafür sorge, die Freude zu anderen zu tragen. Heute will ich diese Freude in diese Gewalt, in dieses namenlose Leiden tragen. Du bist ein Vorbild, und ich werde dich ehren, indem ich deinem Weg der Freude und der Offenheit des Geistes folge.

Ich atme ein, ich atme aus.

Ich habe mich nicht von der Wut und vom Verlangen nach Rache hinreißen lassen. Denn es sind die Wut und die Rache, die diese abscheuliche Tat gespeist haben. Heute will ich nur meine Nächsten sowie Unbekannte in die Arme nehmen und ihnen sagen, dass ich sie liebe. Nur die Liebe kann uns aus diesem Kreislauf von Leiden herausführen.

Ich atme ein, ich atme aus.

Beim Verlust eines Angehörigen werde ich mir bewusst, wie es den Menschen auf der Welt im Alltag geht, seien sie im Irak, in Syrien, in Afghanistan, aber auch in den USA. Jeden Tag werden in der ganzen Welt Menschen erschossen. Heute bietet sich mir die Gelegenheit, mich ihnen und ihren Angehörigen anzuschließen und ihnen mein Mitgefühl zum Ausdruck zu bringen.

Ich atme ein, ich atme aus.

Zu dem Hass, zu Mara und zu allen, die ihnen anheimfallen, sage ich: Ich erkenne euch. Ihr seid nur eine Illusion, und ich werde mich nicht mit euch identifizieren. Auf meinem Weg des Friedens gibt es keine Ausnahme. Im Angesicht des Leidens beobachte ich und lasse es vorüberziehen. Ich widersetze mich nicht. Ich identifiziere mich nicht. Ich schenke meine Liebe auch denen, die töten. Auch wenn ich ihre Tat zutiefst verurteile, kann ich doch nicht vergessen, dass dies ein Teil des kollektiven Leidens ist, das sie beherrscht. Ich gelobe, an meinen eigenen Leiden zu arbeiten, damit ich auf meinem bescheidenen Niveau helfen kann, das kollektive Leiden zu mindern.

Ich atme ein, ich atme aus.

Heute sprechen die Menschen miteinander, öffnen zuvor verschlossenen Türen, sind solidarisch. Auch wenn diese Welle nur einige Zeit anhalten wird, will ich auch diese Präsenz sehen, diese Unterstützung, diese Liebe des anderen. Es macht mich traurig, dass so etwas nur in Momenten der Verzweiflung geschieht, und zugleich glücklich, mir sagen zu können, dass es so etwas immer noch gibt. Ich gelobe, diesen Geist der Offenheit in mir zu pflegen und andere zu begleiten, damit sie sich öffnen können.

Ich atme ein, ich atme aus.

Ich atme ein, ich atme aus.

Ich atme ein, ich atme aus.«

So wird die von Thay entzündete Flamme des Friedens weiter-
getragen. Diese Geschichte hat kein Ende und wird keines haben. Der Geist dieses erleuchteten Menschen, der so viele
Schriften, Kommentare zu alten buddhistischen Texten, Dut-
zende Werke über die Meditation, Achtsamkeit und den Frieden, Hunderte von Gedichten und Gebeten verfasst hat, wird
immer präsent bleiben.

## Würde der Same nicht vergehen, würde er seine Aufgabe nicht erfüllen

Es gab eine gesegnete Zeit in Vietnam, zu der es eine Gemein-
samkeit zwischen den Göttern und den Königen gab. Ihr Leben
war vollkommen dem Dienst an den Menschen und ihrem Volk
gewidmet. Dieser Bewusstseinszustand war jenen eigen, die realisiert hatten, dass die Freiheit in erster Linie eine innere ist.
Diesen Wenigen muss man noch jene hinzufügen, die im Orient »Weise« genannt werden, und jene, die man im Okzident als
Heilige betrachtet. Es gibt ihrer nur wenige, doch auch nach
ihrem Hinübergehen klingen ihre Leben leuchtend und unendlich nach. Vielleicht gehört Thich Nhat Hanh zu ihnen. Als
würdiger Nachfolger des Buddha hat der junge, in sein Land
und die Weisheit verliebte Vietnamese den Dharma, den rechten Weg, fortgesetzt und ihn furchtlos aktualisiert, um ihn für
seine Zeitgenossen zugänglich zu machen.

So, wie er es 2009 ausdrückte: »Die Präsenz der Sangha trägt
die Präsenz von Thay. Bitte erlaubt mir, mit euren intakten

Füßen zu gehen, mit euren gesunden Lungen zu atmen und mit eurem schönen Lächeln zu lächeln.«[176]

Und als etwas, das niemals ein Ende haben wird, sagt er mit einem breiten Lächeln und dann lachend: »Ich werde nicht sterben … Wenn ihr euch umschaut, könnt ihr mich in den Mönchen und Nonnen sehen.«[177]

Man sagt, ein erleuchtetes Wesen würde diese Welt niemals, selbst bei seinem Tod nicht, verlassen, weil seine Energie weiter durch die Wesen, mit denen es in Berührung gekommen ist, und durch die Natur, die seine Schwingungen von Frieden und Liebe empfangen hat, hindurch strahlt. Sein Wesen wird fortfahren zu helfen und zu unterstützen, genauso wie eine Lampe, die das erhellt, was sie umgibt. Es gibt weder Tod noch Angst.

# Anhang I

# Die Vierzehn Achtsamkeitsübungen des Ordens Intersein[178]

### Einführende Worte

Die Vierzehn Achtsamkeitsübungen sind die Essenz des Ordens Intersein. Sie sind das Licht, das unseren Weg erhellt, das Boot, das uns trägt, der Lehrer, der uns führt. Sie erlauben uns, die Natur des Interseins zu berühren in allem, was ist, und zu sehen, dass unser Glück nicht getrennt ist vom Glück anderer. Intersein ist keine Theorie; es ist eine Realität, die direkt erfahrbar ist für jeden von uns, in jedem Moment unseres Lebens. Die Vierzehn Achtsamkeitsübungen helfen uns, Konzentration und Einsicht zu kultivieren, die uns von Furcht und der Illusion eines getrennten Selbst befreien.

### Die erste Übung der Achtsamkeit:
### Offenheit

Im Bewusstsein des Leidens, das durch Fanatismus und Intoleranz entsteht, sind wir entschlossen, Lehrmeinungen, Theorien oder Ideologien, einschließlich der buddhistischen, nicht zu verherrlichen und uns nicht an sie zu binden. Wir sind entschlossen, buddhistische Lehren als Orientierungshilfen zu sehen, um Verstehen und Mitgefühl zu entwickeln. Sie sind keine Dogmen, für die gekämpft, getötet oder gestorben werden sollte. Wir verstehen, dass Fanatismus in seinen vielen Ausprägungen das Ergebnis einer dualistischen, diskriminierenden Sichtweise ist. Wir werden uns darin üben, alles mit Offenheit und der Einsicht des Interseins zu betrachten, um Dogmatismus und Gewalt in uns selbst und in der Welt zu transformieren.

### Die zweite Übung der Achtsamkeit:
### Nicht-Haften an Ansichten

Im Bewusstsein des Leidens, das durch das Festhalten an Ansichten und falschen Wahrnehmungen entsteht, sind wir entschlossen, Engstirnigkeit zu vermeiden und uns nicht an unsere gegenwärtigen Ansichten zu binden. Wir sind entschlossen, das Nicht-Festhalten an Ansichten zu lernen und zu praktizieren sowie offen für die Erfahrungen und Einsichten anderer zu sein, um von der kollektiven Weisheit zu profitieren. Wir sind uns bewusst, dass unser derzeitiges Wissen keine unveränderliche, absolute Wahrheit ist. Einsicht zeigt sich in der Praxis mitfühlenden Zuhörens, tiefen Schauens und Loslassens von Vorstellungen und nicht in der Anhäufung intellektuellen Wissens. Die Wahrheit ist im Leben selbst zu finden, und wir werden das Leben in uns und um uns herum in jedem Augenblick achtsam wahrnehmen und sind bereit, ein Leben lang zu lernen.

### Die dritte Übung der Achtsamkeit:
### Freiheit des Denkens

Im Bewusstsein des Leidens, das entsteht, wenn wir anderen unsere Meinung aufzwingen, sind wir entschlossen, niemanden – auch nicht unsere Kinder – in irgendeiner Weise zu zwingen, unsere Meinungen anzunehmen, sei es durch Autorität, Drohung, Geld, Propaganda oder Indoktrination. Wir sind entschlossen, das Recht anderer zu respektieren, anders zu sein und selbst zu wählen, woran sie glauben und wofür sie sich entscheiden. Jedoch werden wir lernen, anderen durch liebevolles Sprechen und im mitfühlenden Dialog dabei zu helfen, Fanatismus und Engstirnigkeit loszulassen und zu transformieren.

### Die vierte Übung der Achtsamkeit:
### Bewusstheit für das Leiden

Im Bewusstsein, dass tiefes Schauen in die Natur des Leidens uns helfen kann, Verstehen und Mitgefühl zu entwickeln, sind wir entschlossen, immer wieder zu uns selbst zurückzukehren, um mit der Energie der Achtsamkeit das Leiden zu erkennen, anzunehmen, zu umarmen und ihm zuzuhören. Wir werden unser Möglichstes tun, um nicht vor unserem Leiden davonzulaufen oder es durch Konsumieren zu verdecken, sondern werden bewusstes Atmen und Gehen praktizieren, um tief in die Wurzeln unseres Leidens zu schauen. Wir wissen, dass wir den Weg zur Transformation des Leidens nur verwirklichen können, wenn wir die Wurzeln des Leidens tief verstehen. Erst wenn wir unser eigenes Leiden verstanden haben, werden wir fähig sein, das Leiden anderer zu verstehen. Wir sind entschlossen, Wege zu finden, um mit denen zu sein, die leiden, zum Beispiel durch direkte Kontakte, durch das Telefon, durch elektronische, audiovisuelle und andere Mittel, sodass wir ihnen helfen können, ihr Leiden in Mitgefühl, Frieden und Freude zu verwandeln.

### Die fünfte Übung der Achtsamkeit:
### Mitfühlendes, gesundes Leben

Im Bewusstsein, dass wahres Glück in Frieden, Festigkeit, Freiheit und Mitgefühl wurzelt, sind wir entschlossen, keine Reichtümer anzusammeln, während Millionen Menschen hungern und sterben, und unser Leben nicht auf Ruhm, Macht,

Reichtum oder sinnliches Vergnügen auszurichten, was viel Leiden und Verzweiflung mit sich bringen kann. Wir üben uns in tiefem Schauen, um zu erkennen, wie wir unseren Körper und Geist nähren mit essbarer Nahrung, Sinneseindrücken, Willenskraft und Bewusstsein. Wir sind entschlossen, keinen Alkohol, keine Drogen oder andere Produkte zu uns zu nehmen, die unserem eigenen und dem kollektiven Körper und Bewusstsein Gifte zuführen, wie bestimmte Internetseiten, elektronische Spiele, Fernsehsendungen, Glücksspiele, Filme, Zeitschriften, Bücher und Gespräche. Wir werden so konsumieren, dass Mitgefühl, Wohlergehen und Freude in unserem Körper und Bewusstsein sowie im kollektiven Körper und Bewusstsein unserer Familien, unserer Gesellschaft und der Erde bewahrt werden.

## Die sechste Übung der Achtsamkeit:
### Sich um Ärger kümmern

Im Bewusstsein, dass Ärger Kommunikation verhindert und Leiden hervorbringt, sind wir entschlossen, uns gut um die Energie unseres Ärgers zu kümmern, sobald sie sich zeigt, und die Samen des Ärgers, die tief in unserem Bewusstsein liegen, zu erkennen und zu transformieren. Wenn sich Ärger manifestiert, sind wir entschlossen, nichts zu tun oder zu sagen, sondern achtsames Atmen oder achtsames Gehen zu praktizieren, um den Ärger zu erkennen, zu umarmen und ihn tief zu betrachten. Wir wissen, dass die Wurzeln des Ärgers nicht außerhalb von uns liegen, sondern in unseren falschen Wahrnehmungen und unserem mangelnden Verständnis für unser eigenes Leiden und das der anderen Person. Wenn wir über Unbeständigkeit kontemplieren, werden wir fähig sein, mit den Augen des Mitgefühls auf uns und auf jene zu schauen, die wir für die Verursacher unseres Ärgers halten, und die Kostbarkeit unserer

Beziehungen erkennen. Wir werden uns in Rechtem Bemühen üben, um unsere Fähigkeit des Verstehens, der Liebe, der Freude und der Unvoreingenommenheit zu nähren, um unseren Ärger, unsere Gewalttätigkeit und Angst nach und nach zu transformieren und anderen zu helfen, dasselbe zu tun.

### Die siebte Übung der Achtsamkeit:
### Glücklich im gegenwärtigen Augenblick verweilen

Im Bewusstsein, dass Leben nur im gegenwärtigen Augenblick stattfindet, sind wir entschlossen, uns darin zu üben, jeden Augenblick unseres täglichen Lebens in tiefer Bewusstheit zu leben. Wir wollen uns nicht in Zerstreuungen verlieren und uns weder von Bedauern über die Vergangenheit und Sorgen über die Zukunft noch von Begehren, Ärger oder Eifersucht aus der Gegenwart davontragen lassen. Wir werden achtsames Atmen üben, um uns bewusst zu sein, was im Hier und Jetzt geschieht. Wir sind entschlossen, die Kunst des achtsamen Lebens zu erlernen, indem wir in jeder Situation die wunderbaren, erfrischenden und heilenden Elemente berühren, die in uns und um uns herum vorhanden sind. Auf diese Weise werden wir die Samen der Freude, des Friedens, der Liebe und des Verstehens in uns selbst kultivieren und dadurch die Arbeit der Transformation und Heilung in unserem Bewusstsein fördern. Wir sind uns bewusst, dass wahres Glück in erster Linie von unserer geistigen Haltung und nicht von äußeren Umständen abhängig ist und dass wir glücklich im gegenwärtigen Augenblick leben können, indem wir uns einfach daran erinnern, dass wir bereits mehr als genug Bedingungen haben, um glücklich zu sein.

## Die achte Übung der Achtsamkeit:
## Wahre Gemeinschaft und Kommunikation

Im Bewusstsein, dass ein Mangel an Kommunikation stets Trennung bewirkt und Leiden hervorruft, sind wir entschlossen, mitfühlendes Zuhören und liebevolles Sprechen zu üben. Im Wissen, dass wahre Gemeinschaft in Unvoreingenommenheit und in der konkreten Praxis der Harmonie von Ansichten, Denken und Reden gründet, werden wir uns darin üben, unser Verstehen und unsere Erfahrungen mit den Mitgliedern unserer Gemeinschaft zu teilen, um zu kollektiver Einsicht zu gelangen.

Wir sind entschlossen, tiefes Zuhören zu erlernen, ohne zu bewerten oder zu reagieren, und werden es unterlassen, Worte zu äußern, die Zwietracht säen oder zu einem Bruch in der Gemeinschaft führen können. Wann immer Schwierigkeiten aufkommen, werden wir in unserer Sangha bleiben und üben, tief in uns und andere zu schauen, um all die Bedingungen und Ursachen zu erkennen, die zu den Schwierigkeiten geführt haben, einschließlich unserer eigenen Gewohnheitsenergien. Wir werden die Verantwortung für unsere Anteile an dem Konflikt übernehmen und gesprächsbereit bleiben. Wir werden uns nicht als Opfer verhalten, sondern aktiv darum bemüht sein, Wege der Versöhnung zu finden und alle Konflikte zu lösen, so klein sie auch sein mögen.

## Die neunte Übung der Achtsamkeit:
## Ehrliches, aufrichtiges und liebevolles Sprechen

Im Bewusstsein, dass Worte sowohl Glück als auch Leiden hervorrufen können, sind wir entschlossen, uns in ehrlicher, liebevoller und konstruktiver Rede zu üben. Wir werden nur Worte gebrauchen, die Freude, Vertrauen und Hoffnung wecken und Versöhnung und Frieden in uns und in anderen fördern. Wir werden auf eine Weise sprechen und zuhören, die uns und anderen helfen kann, Leiden zu transformieren und Auswege aus schwierigen Situationen zu finden. Wir sind entschlossen, nichts Unwahres zu sagen, weder aus Eigeninteresse noch um andere zu beeindrucken, noch Worte zu gebrauchen, die Trennung oder Hass hervorrufen können. Wir wollen das Glück und die Harmonie in unserer Sangha schützen, indem wir nicht über die Fehler anderer Personen in deren Abwesenheit reden und indem wir uns stets fragen, ob unsere Wahrnehmungen richtig sind. Wir werden allein aus der Absicht heraus sprechen, die Situation tief zu verstehen und dazu beizutragen, sie zu transformieren. Wir wollen keine Gerüchte verbreiten noch Dinge kritisieren oder beurteilen, über die wir nichts Genaues wissen. Wir werden unser Möglichstes tun, Unrecht beim Namen zu nennen, selbst dann, wenn wir dadurch in Schwierigkeiten geraten oder unsere eigene Sicherheit gefährden.

### Die zehnte Übung der Achtsamkeit:
### Die Sangha schützen und nähren

Im Bewusstsein, dass Sinn und Ziel einer Sangha die Verwirklichung von Verstehen und Mitgefühl sind, sind wir entschlossen, die buddhistische Gemeinschaft weder zum Zwecke persönlichen Vorteils oder Gewinns zu benutzen noch sie in ein politisches Instrument zu verwandeln. Als Mitglieder einer spirituellen Gemeinschaft sollten wir jedoch einen klaren Standpunkt gegen Unterdrückung und Unrecht einnehmen. Wir sollten darum bemüht sein, entsprechende Zustände zu verändern, ohne in einem Konflikt Partei zu ergreifen. Wir sind entschlossen, uns darin zu üben, mit dem Verständnis von Intersein zu schauen und uns selbst und andere als Zellen in einem Sanghakörper zu sehen.

Als wahre Zelle im Sanghakörper bringen wir Achtsamkeit, Konzentration und Einsicht hervor, um uns selbst und die ganze Gemeinschaft zu nähren, und sind zugleich auch eine Zelle im Buddhakörper. Wir werden aktiv an der Verwirklichung von Brüderlichkeit und Schwesterlichkeit mitwirken, als ein Fluss fließen und uns darin üben, die drei wahren Kräfte – Liebe, Verstehen und das Loslassen von Anhaftungen – zu entwickeln, um kollektives Erwachen zu verwirklichen.

### Die elfte Übung der Achtsamkeit:
### Rechter Lebenserwerb

Im Bewusstsein, dass unserer Umwelt und Gesellschaft Gewalt und großes Unrecht angetan worden sind, sind wir entschlossen, mit unserem Lebenserwerb den Menschen und der Natur nicht zu schaden. Wir werden unser Möglichstes tun, um einen Lebenserwerb zu wählen, der zum Wohlergehen aller Wesen auf der Erde beiträgt und hilft, unser Ideal von Verstehen und Mitgefühl zu verwirklichen. Wir sind uns der wirtschaftlichen, politischen und sozialen Verhältnisse in der Welt sowie unserer Wechselwirkung mit dem Ökosystem bewusst und sind entschlossen, uns als Konsumentinnen und Konsumenten und Bürgerinnen und Bürger verantwortungsbewusst zu verhalten. Wir werden in keine Unternehmen investieren oder solche unterstützen, die zum Raubbau an den natürlichen Ressourcen beitragen, der Erde schaden und andere ihrer Lebensmöglichkeiten berauben.

### Die zwölfte Übung der Achtsamkeit:
### Ehrfurcht vor dem Leben

Im Bewusstsein, dass Kriege und Konflikte großes Leid verursachen, sind wir entschlossen, in unserem täglichen Leben Gewaltfreiheit, Mitgefühl und die Einsicht des Interseins zu entwickeln sowie Friedensbildung, achtsame Mediation und Versöhnung in Familien, Gemeinschaften, ethnischen und religiösen Gruppen, Nationen und in der Welt zu fördern. Wir sind entschlossen, nicht zu töten und es nicht zuzulassen, dass andere töten. Wir werden keine Art des Tötens unterstützen, weder in der Welt noch in unserem Denken oder in unserer Lebensweise. Zusammen mit unserer Sangha wollen wir uns in tiefem Schauen üben, um bessere Wege zum Schutz des Lebens und zur Verhinderung von Kriegen zu finden und um Frieden zu schaffen.

### Die dreizehnte Übung der Achtsamkeit:
### Großzügigkeit

Im Bewusstsein des Leidens, das durch Ausbeutung, soziale Ungerechtigkeit, Diebstahl und Unterdrückung entsteht, sind wir entschlossen, in unserem Denken, Reden und Handeln Großzügigkeit zu entwickeln. Wir wollen uns in liebender Güte üben, indem wir für das Glück von Menschen, Tieren, Pflanzen und Mineralien arbeiten und unsere Zeit, Energie und materiellen Güter mit denen teilen, die sie brauchen. Wir sind entschlossen, nicht zu stehlen und nichts zu besitzen, was anderen zusteht. Wir wollen das Eigentum anderer achten, doch werden wir versuchen, andere davon abzuhalten, sich an menschlichem Leiden und am Leiden anderer Wesen zu bereichern.

### Die vierzehnte Übung der Achtsamkeit:
### Wahre Liebe (für Laienübende)

Im Bewusstsein, dass sexuelles Begehren keine Liebe ist und dass sexuelle Beziehungen, die auf Begierde beruhen, das Gefühl der Einsamkeit nicht auflösen können, sondern nur noch mehr Leiden, Frustration und Getrenntsein hervorrufen, sind wir entschlossen, eine sexuelle Beziehung nur auf der Basis von gegenseitigem Verstehen, Liebe und der Bereitschaft zu einer langfristigen Bindung einzugehen, von der unsere Familie und

Freunde wissen. Im Wissen, dass Körper und Geist eins sind, sind wir entschlossen, angemessene Wege zu erlernen, um gut mit unserer sexuellen Energie umzugehen und liebende Güte, Mitgefühl, Freude und Unvoreingenommenheit für unser eigenes Glück und das Glück anderer zu entwickeln. Wir müssen uns des zukünftigen Leidens bewusst sein, das durch sexuelle Beziehungen entstehen kann. Wir wissen, dass wir, um unser Glück und das anderer zu bewahren, unsere eigenen Rechte und Bindungen und die anderer respektieren müssen. Wir wollen alles tun, was in unserer Macht steht, um Kinder vor sexuellem Missbrauch zu schützen und um zu verhindern, dass Paare und Familien durch sexuelles Fehlverhalten auseinanderbrechen. Unseren Körper werden wir mit Mitgefühl und Respekt behandeln. Wir sind entschlossen, die vier Arten der Nahrung tief zu betrachten und Wege zu erlernen, unsere Lebensenergien (die sexuelle Energie, den Atem, den Geist) zu bewahren und so zu lenken, dass sie der Verwirklichung unseres Bodhisattva-Ideals dienen. Wir wollen uns der Verantwortung, neues Leben in die Welt zu bringen, vollkommen bewusst sein und regelmäßig über dessen zukünftige Lebensbedingungen meditieren.

### (für Mönche und Nonnen)

Im Bewusstsein, dass das tiefe Streben einer Nonne oder eines Mönches nur verwirklicht werden kann, wenn sie oder er die Fesseln sinnlicher Liebe vollkommen hinter sich lässt, sind wir entschlossen, Keuschheit zu praktizieren und anderen zu helfen, sich selbst zu schützen. Wir sind uns bewusst, dass Einsamkeit und Leiden nicht durch eine sexuelle Beziehung gemindert werden können, sondern durch die Praxis von liebender Güte, Mitgefühl, Freude und Unvoreingenommenheit. Wir wissen, dass eine sexuelle Beziehung unser monastisches Leben zerstören wird, anderen schadet und uns daran hindert, unser

Ideal zu verwirklichen, den Lebewesen zu dienen. Wir werden angemessene Wege erlernen, um gut mit unserer sexuellen Energie umzugehen. Wir sind entschlossen, unseren Körper nicht zu unterdrücken oder zu misshandeln und auch nicht auf ihn als ein bloßes Instrument herabzuschauen. Wir werden lernen, unseren Körper mitfühlend und respektvoll zu behandeln. Wir werden die vier Arten der Nahrung tief betrachten, um Wege zu erlernen, unsere Lebensenergien (die sexuelle Energie, den Atem, den Geist) zu bewahren und so zu lenken, dass sie der Verwirklichung unseres Bodhisattva-Ideals dienen.

# Manifest 2000 für eine Kultur des Friedens und der Gewaltlosigkeit

WEIL das Jahr 2000 ein neuer Anfang sein muss, die Gelegenheit zur – gemeinsamen – Transformation der Kultur von Krieg und Gewalt in eine Kultur von Frieden und Gewaltlosigkeit,

WEIL eine solche Transformation die Beteiligung einer jeden und eines jeden verlangt und der Jugend und zukünftigen Generationen Werte vermitteln muss, die ihnen behilflich sind, eine gerechtere, solidarischere, freiere, würdigere, harmonischere und für alle blühendere Welt zu schaffen,

WEIL die Kultur des Friedens eine nachhaltige Entwicklung, Umweltschutz und die Entfaltung des Einzelnen möglich macht,

WEIL ich mir meines Anteils an Verantwortung angesichts der Zukunft der Menschen bewusst bin, insbesondere für die Kinder von heute und morgen,

verpflichte ich mich, in meinem Alltag, meiner Familie, meiner Arbeit, meiner Gemeinschaft, meinem Land und meiner Region:

1. das Leben und die Würde jedes Menschen ohne Diskriminierung oder Vorurteile zu respektieren;

2. aktive Gewaltlosigkeit zu praktizieren, indem ich jegliche Art von Gewalt ablehne: physische, sexuelle, psychische, ökonomische und soziale, insbesondere den Schwächsten und Mittellosesten gegenüber, wie Kindern und Jugendlichen;

3. meine Zeit und meine materiellen Ressourcen zu teilen, indem ich mich in Großzügigkeit übe, damit der politischen und ökonomischen Ausgrenzung, Ungerechtigkeit und Unterdrückung ein Ende gesetzt wird;

4. die Freiheit und die kulturelle Vielfalt zu verteidigen, wobei ich immer dem Zuhören und dem Dialog den Vorrang gebe, ohne Fanatismus, Verleumdung und Ablehnung von anderen anheimzufallen;

5. eine verantwortungsvolle Konsumhaltung zu fördern sowie eine Entwicklungsweise, die der Bedeutsamkeit aller Lebensformen Rechnung trägt und das Gleichgewicht der natürlichen Ressourcen des Planeten bewahrt;

6. an der Entwicklung meiner Gemeinschaft mitzuwirken, unter voller Beteiligung der Frauen und mit größtem Respekt für die demokratischen Prinzipien, damit wir gemeinsam neue Formen der Solidarität schaffen können.

.............................

Unterschrift

# Manifest 2000
# Sechs Prinzipien für eine Friedenskultur

**1. Respekt vor allem Leben**
Das Leben und die Würde jedes Menschen ohne Diskriminierung oder Vorurteile respektieren.

**2. Ablehnung von Gewalt**
Aktiv Gewaltlosigkeit praktizieren und jegliche Art von Gewalt ablehnen: sei es physische, sexuelle, psychische, ökonomische und soziale, insbesondere solche Gewalt, die sich gegen die Schwächsten und Mittellosen richtet, wie etwa Kinder und Jugendliche.

**3. Das Teilen mit anderen**
Zeit und materielle Ressourcen in einem Geist von Großzügigkeit teilen, um der politischen und ökonomischen Ausgrenzung, Ungerechtigkeit und Unterdrückung ein Ende zu setzen.

**4. Verständnisorientiertes Zuhören**
Freiheit und kulturelle Vielfalt verteidigen, wobei dem Zuhören und dem Dialog immer Vorrang gegeben wird, ohne Fanatismus, Verleumdung und Ablehnung von anderen anheimzufallen.

## 5. Die Erhaltung des Planeten

Eine verantwortungsvolle Konsumhaltung sowie eine Entwicklungsweise fördern, die alle Lebensformen respektiert und das natürliche Gleichgewicht des Planeten bewahrt.

## 6. Die Wiederentdeckung der Solidarität

Zu einer gemeinschaftlichen Entwicklung bei voller Beteiligung der Frauen und mit größtem Respekt für die demokratischen Prinzipien beitragen, damit gemeinsam neue Formen der Solidarität geschaffen werden können.

# Anhang 4

## Dokumente

# VIETNAM AND THE AMERICAN CONSCIENCE

**A Tribute to**

## Thich Nhat Hanh

**Leading Buddhist Monk from Vietnam**

Thich Nhat Hanh is a foremost spokesman for peace among Vietnamese Buddhists. Close associate of Thich Tri Quang and Thich Tam Chau, he is a writer, poet and activist, heading up the Institute of Social Studies of Buddhist University of Saigon. After three weeks in America, talking to people in all walks of life, on TV and the press, of the anguish of his people and their longing for peace, Thich Nhat Hanh returns to his homeland, to face possible persecution at the hands of the Ky government.

**ARTHUR MILLER**

**ROBERT LOWELL**

**DANIEL BERRIGAN S.J.**

**ABRAHAM HESCHEL**

**JOHN OLIVER NELSON**

## Town Hall, June 9, 8 p.m.

113 W. 43rd St., N.Y.C.

General Admission: $1.00. Tickets at box office from June 2 or at the door. Hall open 7:30 p.m. JU 2-4536.

**Sponsored by**

## The International Committee of Conscience on Vietnam

**of the Fellowship of Reconciliation**

Plakat einer zu Ehren von Thich Nhat Hanh
organisierten Konferenz in New York.

Während einer Pressekonferenz am 1. Juni 1966 in Chicago:
Martin Luther King jr. fordert in Begleitung von Thich Nhat Hanh
die Einstellung der Bombardierung Vietnams.

May? 1966

*I want my friends to know that I have joined the Fellowship of Reconciliation. Becoming a member of the Fellowship, to me, is as natural as breathing — because my whole being aspires for peace, understanding, love and brotherhood. The Fellowship of Reconciliation to me is an effort to put love in action. The basis of all Buddhist doctrines is Reverence For Life. All Buddhists should pledge themselves to the refusal of war. Peace should be in our mind and in our heart. Peace should be on the earth. Being in the Fellowship I find myself among those who believe in ahimsa and who work untiringly for peace and reconciliation —*

*bhiksu Thich Nhat Hanh*

Brief von Thich Nhat Hanh, in dem er seinen Freunden
ankündigt, dass er sich dem Versöhnungsbund (»The Fellowship
of Reconciliation«) anschließt (Mai 1966).

January 25, 1967

The Nobel Institute
Drammensveien 19
Oslo
NORWAY

Gentlemen:

As the Nobel Peace Prize Laureate of 1964, I now have the pleasure
of proposing to you the name of Thich Nhat Hanh for that award in
1967.

I do not personally know of anyone more worthy of the Nobel Peace
Prize than this gentle Buddhist monk from Vietnam.

This would be a notably auspicious year for you to bestow your Prize
on the Venerable Nhat Hanh. Here is an apostle of peace and non-
violence, cruelly separated from his own people while they are
oppressed by a vicious war which has grown to threaten the sanity
and security of the entire world.

Because no honor is more respected than the Nobel Peace Prize, con-
ferring that Prize on Nhat Hanh would itself be a most generous act of
peace. It would remind all nations that men of good will stand ready
to lead warring elements out of an abyss of hatred and destruction. It
would re-awaken men to the teaching of beauty and love found in peace.
It would help to revive hopes for a new order of justice and harmony.

I know Thich Nhat Hanh, and am privileged to call him my friend. Let
me share with you some things I know about him. You will find in this
single human being an awesome range of abilities and interests.

He is a holy man, for he is humble and devout. He is a scholar of
immense intellectual capacity. The author f ten published volumes,
he is also a poet of superb clarity and human compassion. His academic
discipline is the Philosophy of Religion, of which he is Professor at

Wortlaut des Briefes von Martin Luther King jr.,
in dem er Thich Nhat Hanh für den Friedensnobelpreis
vorschlägt (Januar 1967).

Nobel Institute
January 25, 1967
Page 2

Van Hanh, the Buddhist University he helped found in Saigon. He
directs the Institute for Social Studies at this University. This
amazing man also is editor of Thien My, an influential Buddhist
weekly publication. And he is Director of Youth for Social Service,
a Vietnamese institution which trains young people for the peaceable
rehabilitation of their country.

Thich Nhat Hanh today is virtually homeless and stateless. If he
were to return to Vietnam, which he passionately wishes to do, his
life would be in great peril. He is the victim of a particularly
brutal exile because he proposes to carry his advocacy of peace to
his own people. What a tragic commentary this is on the existing
situation in Vietnam and those who perpetuate it.

The history of Vietnam is filled with chapters of exploitation by
outside powers and corrupted men of wealth, until even now the
Vietnamese are harshly ruled, ill-fed, poorly housed, and burdened
by all the hardships and terrors of modern warfare.

Thich Nhat Hanh offers a way out of this nightmare, a solution accept-
able to rational leaders. He has traveled the world, counseling
statesmen, religious leaders, scholars and writers, and enlisting
their support. His ideas for peace, if applied, would build a monument to ecumenism, to world brotherhood, to humanity.

I respectfully recommend to you that you invest his cause with the
acknowledged grandeur of the Nobel Peace Prize of 1967. Thich
Nhat Hanh would bear this honor with grace and humility.

Sincerely,

Martin Luther King, Jr.

Km

## The Poetry of Thich Nhat Hanh 1967

"A Resolution"

You are opposing me
because I want to uproot hatred
while you are trying
to use hatred as a tool

you are cursing me
because I don't *will not* accept your proposal
to put labels on man
and to aim a gun at him

you are condemning me *cannot*
because you can't make use of my flesh and bone
to pay the debt of ambition
because I have decided to stand on the side of man
against violence
and to protect life
which is so precious.

you are trying to destroy (liquidate) me
because I consent only to bow my head
before love and truth
because I firmly deny *refuse* to identify man
with the wolf –

Originalversion des Gedichts »A Resolution« von
Thich Nhat Hanh mit eigenhändigen Korrekturen.

# Anmerkungen

1 Jo Confino in »Thich Nhat Hanh: is mindfulness being corrupted by business and finance?«, *The Guardian*, 18. März 2014.

2 Der Kreislauf der konditionierten Existenzen, der von Leiden, Verblendung und Vergänglichkeit geprägt ist.

3 Thich Nhat Hanh, *The Art of Power. Die Kunst, mit Macht richtig umzugehen*, Freiburg im Breisgau (Herder) 2008.

4 *Bhikshu*: Begriff aus dem Sanskrit, der einen buddhistischen oder hinduistischen Mönch bezeichnet.

5 Letztlich erweist sich diese Entscheidung als förderlich für die Regierung, denn das Land wird 2007 Mitglied in der WTO.

6 Thich Nhat Hanh, *Kein Werden, kein Vergehen. Buddhistische Weisheit für ein Leben ohne Angst*, München (Knaur) 2008.

7 Thich Nhat Hanh, *Kein Werden, kein Vergehen*, a. a. O.

8 Die Hung-Könige haben vom 6. bis 3. Jahrhundert v. Chr. über das Königreich von Van Lang regiert.

9 Thich Nhat Hanh, *Der Duft von Palmenblättern. Erinnerungen an schicksalhafte Jahre*, Freiburg im Breisgau (Herder) 2000.

10 Ein ehemaliger französischer Hersteller von Brücken, Gleisbauten und Lokomotiven. (Anm. d. Übers.)

11 Es handelt sich bei Vietnam um eine Kolonie der Ausbeutung, nicht um eine der Besiedlung, deren ausdrückliche Bestimmung es ist, ein echter Kolonialstaat zu sein. Für die 3. Republik Frankreichs unter der Führung von Léon Gambetta, Jules Ferry und Paul Doumer ist das Land durch die Nutzung von Tee, Kaffee, Bodenschätzen und Kautschuk aber gleichzeitig auch als vielversprechendes Sprungbrett zum unermesslichen chinesischen Markt von enormem wirtschaftlichen Interesse.

12 »Um die benötigten Arbeitskräfte zu erhalten, berufen sich die auf den Neuen Hebriden angesiedelten Finanzgesellschaften auf patriotische Gründe: Da diese Inseln ein britisch-französisches ›Kondominium‹ sind und ihre Regierung derjenigen Macht übertragen wird, deren Angehörige in der Mehrheit sind, muss man, so hieß es, Tausende von Arbeitern importieren, um den Engländern ›den Rang abzulaufen‹. – ›In Wirklichkeit sind die Neuen Hebriden nur ein Vorwand. Die meisten der Schiffe werden nach Neukaledonien und den anderen französischen Inseln umgeleitet.‹ – ›Es ist die Wiederauflage des Sklavenmarkts mitten im 20. Jahrhundert.‹ – ›Ich habe von Sklaverei gesprochen, doch es ist sogar noch schlimmer. Die Besitzer von Sklaven besaßen ein Interesse, mit ihren Arbeitstieren schonend umzugehen, da sie einen Wert darstellten. Wer jedoch einen Tonkinesen für 5 Jahre gekauft hatte, sieht dessen Kaufwert in jedem Jahr um ein Fünftel schrumpfen. Also hat er ein großes Interesse daran, aus seinem Kauf so viel herauszuschlagen wie nur irgend möglich. Was macht es schon, wenn der Mann schließlich ausgelaugt, am Ende, zu nichts mehr zu

gebrauchen ist! Den Herrn wird es keinen Pfennig kosten.« (*Volonté indochinoise*, 10.08.1927)

13 Bezeichnung der Vietnamesen während der Kolonialzeit. (Anm. d. Übers.)

14 *Au Tonkin*, Paris (Victor-Havard) 1885.

15 Ho Chi Minh, vietnamesisch für »der das Licht bringt«.

16 Der Latifundismus ist ein System landwirtschaftlicher Betriebe, die extensive Bodennutzung betreiben. Der Grundbesitz ist hierbei besonders konzentriert und erfordert im Allgemeinen den Einsatz von Tagelöhnern.

17 Sie gehört dem Zweig des Dhyana-Buddhismus an. Dieser Weg soll auf den buddhistischen Mönch Tang Toi zuruckgehen, der im 3. Jh. v. Chr. aus Zentralasien nach Vietnam gekommen sein soll, um den Dhyana-Buddhismus (Meditations-Buddhismus) zu lehren.

18 Das vietnamesische »Thay« bedeutet »Meister«, eine Anrede, die für alle Mönche verwendet wird.

19 *Gathas* sind kurze Verse oder Merksprüche, die zu alltäglichen Tätigkeiten gesprochen oder innerlich rezitiert werden, um die Achtsamkeit für die Tätigkeit zu intensivieren und das Bewusstsein für die Interdependenz mit anderen Wesen im Sinne des Interseins zu erhöhen. (Anm. d. Übers.)

20 www.buddhaline.net/Le-bouddhisme-engage-selon-Maitre.

21 Thich Nhat Hanh, *Versöhnung mit dem inneren Kind: Von der heilenden Kraft der Achtsamkeit*, München (O. W. Barth) 2011.

22 Mara (oder Māra) (aus dem Sanskrit hergeleitet von *marati*, »sterben«, »morden«) steht im Buddhismus für das Prinzip des Todes und des Unheils. Als Person wird Mara als der Versucher bezeichnet und manchmal mit dem christlichen Teufel verglichen. (Anm. d. Übers.)

23 Thich Nhat Hanh, *Versöhnung mit dem inneren Kind*, a. a. O.

24 Thich Nhat Hanh, *Kein Werden, kein Vergehen*, a. a. O.

25 Wie etwa Nguyen Ai Quoc zwischen 1911 und 1920. Der Marxismus liefert in der Tat eine Analyse des Hauptfeindes – nämlich der französischen Kolonisation – sowie eine Sozialtheorie und ein Befreiungsprogramm.

26 Die vier Großmächte, die den Zweiten Weltkrieg beendet haben – die Vereinigten Staaten, Großbritannien, Russland und China –, haben in einem gemeinsamen Abkommen beschlossen, Frankreich die Souveränität über Indochina zuzusprechen.

27 Roger Tagholm, »The Other Dalai-Lama«, *The Times*, 10. August 2010.

28 Thich Nhat Hanh, *Der Duft von Palmenblättern*, a. a. O.

29 Ebenda.

30 Ebenda.

31 *Phuong* bedeutet »duftend«, »selten«, »kostbar« und *Boi* bezeichnet die Blätter eines bestimmten Palmbaumes, auf die in den Tempeln alter Zeit die Lehren Buddhas aufgeschrieben wurden.

32 Thich Nhat Hanh, *Der Duft von Palmenblättern*, a. a. O.

33 Ebenda.

34 Ebenda.

35 Ebenda.

36 Sallie B. King & Christopher S. Queen (Hrsg.), *Engaged Buddhism: Buddhist Liberation Movements in Asia*, Albany, NY, (State University of New York Press) 1996.

37 Aus Mangel an verfügbaren Übersetzungen bleibt das monumentale Werk des Chinesen Taixu (1890-1947) im Westen größtenteils unbekannt. Dieser Mönch muss jedoch als der allererste Theoretiker eines sozial engagierten

Buddhismus angesehen werden. Er selbst war wiederum von den anarchistischen Autoren beeinflusst, von denen er viel über die Bedeutung struktureller und institutioneller Veränderungen für jede soziale Transformation gelernt hat.

38 Éric Rommeluère, *Le Bouddhisme engagé*, Paris (Seuil) 2013.

39 Ebenda.

40 Ambedkar, der den Ehrennamen Babasaheb erhielt, war ein Jurist und Politiker in Indien. Er gilt als Vater der indischen Verfassung und war ein Anführer der Unbe- rührbaren in ihrem Kampf um soziale Gleichberechti- gung und Initiator der Erneuerung des Buddhismus in Indien.

41 Schwester Chan Khong, *La Force de l'amour.* Paris (Albin Michel, coll. »Espaces libre«) 2008.

42 Die *Sangha* ist die »Gemeinschaft« der Schüler Buddhas.

43 Thich Nhat Hanh, *Kein Werden, kein Vergehen*, a. a. O.

44 Thich Nhat Hanh, *Ärger. Befreiung aus dem Teufelskreis ne- gativer Emotionen*, München (Goldmann) 2007.

45 Diese Sorge gründet sich auf die von Eisenhower formu- lierte »Domino-Theorie«, der zufolge Länder, die nahe einem kommunistischen Land liegen, durch die »populis- tische Kraft« von deren Ideologie ebenfalls kommunis- tisch werden. Diese Bewegung setzt sich, wie beim Umfallen einer Reihe von Dominosteinen, wie eine Ket- tenreaktion bei allen Ländern einer Region fort, und sie wenden sich damit von der westlichen Welt ab. (Anm. d. Übers.)

46 Thich Nhat Hanh, *Der Duft von Palmenblättern*, a. a. O.

47 Ebenda.

48 Ebenda.

49  Ebenda.

50  Ebenda.

51  Ebenda.

52  Ebenda.

53  Ebenda.

54  Ebenda.

55  Ebenda.

56  Ebenda.

57  Ebenda.

58  Thich Nhat Hanh, *Dialog der Liebe. Jesus und Buddha als Brüder*, Freiburg im Breisgau (Herder) 2000.

59  Ebenda.

60  Chan Khong, *Aus Liebe zu allen Wesen: mein Weg, meine Visionen, meine Sangha*, Berlin (Theseus) 1995.

61  Artikel von Andrea Miller im März 2016 in *Lion's Roar*.

62  Thich Nhat Hanh, *Der Duft von Palmenblättern*, a. a. O.

63  Ebenda.

64  *Vietnam. The Lotus in a Sea of Fire*, New York (Hill & Wang) 1967.

65  Chan Khong, *Aus Liebe zu allen Wesen*, a. a. O.

66  Thich Nhat Hanh, *Nenne mich bei meinen wahren Namen: gesammelte Gedichte*, Berlin (Theseus) 1997.

67  Zwischen 1957 und 1963 werden beinahe sieben Millionen Landbewohner, fast die Hälfte der Gesamtbevölkerung, gezwungen, ihre Häuser und Reisfelder zu verlassen und sich zu »Zentren des Wohlstands« zusammenzuschließen; Verdächtige werden in »Zentren der Umerziehung« eingesperrt.

68  Thich Nhat Hanh, *Der Duft von Palmenblättern*, a. a. O.

69  Ebenda.

70  Chan Khong, *Aus Liebe zu allen Wesen*, a. a. O.

71 Ebenda.

72 Thich Nhat Hanh, *Der Duft von Palmenblättern*, a. a. O.

73 Außerdem werden die von Napalm verbrannten Ökosysteme für etliche Jahre zerstört (»Politik der verbrannten Erde«). 1980 wurde der Einsatz von Napalm gegen die Zivilbevölkerung durch eine Konvention der Vereinten Nationen verboten. Die Vereinigten Staaten haben diese Konvention nicht unterschrieben, beteuerten jedoch 2001, ihr Arsenal zerstört zu haben.

74 Die von Agent Orange verursachten Schäden halten bis zum heutigen Tag an. Noch immer werden zahlreiche Kinder mit körperlichen Deformationen geboren, die auf die Verwendung dieser giftigen Substanz während des Krieges zurückzuführen sind.

75 Thich Nhat Hanh, *Liebe: Wie wir sie in unserem HerzGeist nähren können*. Berlin (Edition Steinrich) 2015.

76 *Vietnam. The Lotus in a Sea of Fire*, a. a. O.

77 Ebenda.

78 Der *Vinaya* ist eine Sammlung von Texten, in denen es um die Regeln einer Sangha oder einer buddhistischen klösterlichen Gemeinschaft geht. Diese Ordensregeln gründen sich auf die Lehren Buddhas.

79 *Lion's Roar*, 9. März 2015.

80 Die *Fellowship of Reconciliation* wurde 1914 in der Schweiz gegründet, als sich am Vorabend des Ersten Weltkriegs Christen verschiedener Konfessionen versammelten. Diese Vereinigung fördert die Gerechtigkeit und den Frieden, indem sie sich gegen Gewalt und Militarismus stellt. Außerdem ruft sie zu einer gerechteren Verteilung der Reichtümer auf der Welt und zu einer Umwandlung der Rüstungsindustrie auf.

81 Chicago (Henry Regnery Company) 1954.

82  *Satyagraha* bezeichnet die Praxis des gewaltlosen Widerstands oder zivilen Ungehorsams. Dieser Sanskrit-Begriff wurde von Gandhi geprägt.

83  Aus dem Film *The 5 Powers*, This is the Way Films Inc., 2014

84  Grundlage dieses Ordens ist der Meditationsbuddhismus der Linji-Chan(Rinzai-Zen)-Linie, und er betont vor allem das Nicht-Anhaften an Weltanschauungen, die unmittelbare Erfahrung der gegenseitigen Abhängigkeit aller Dinge durch die Meditation sowie die Anpassung und geeignete Mittel.

85  Der Begriff »Gebote« schien für das westliche Publikum zu stark besetzt zu sein; daher wurden die »Gebote« später »Übungen«, »Prinzipien« oder »Grundsätze« genannt.

86  Der Dharma bezeichnet sowohl den spirituellen Weg als auch die Lehre des Buddha und das »Gesetz« oder die Große Ordnung des Universums.

87  Der Frühling mit seinem Erwachen der Natur aus dem Winterschlaf ist im Zen ein Symbol für das spirituelle Erwachen, die »Erleuchtung«. (Anm. d. Übers.)

88  Briefwechsel, Mai 1966, Archiv FOR.

89  Chan Khong, *Aus Liebe zu allen Wesen*, a. a. O.

90  *The New York Times*, 5. November 1966.

91  *Detroit Press*, 25. Oktober 1966.

92  Thich Nhat Hanh, »A Chair that is unbreakable«, Brief.

93  Thich Nhat Hanh, *Nimm das Leben ganz in deine Arme. Die Lehre des Buddha über die Liebe,* Berlin (Theseus) 1997.

94  *Vietnam. The Lotus in a Sea of Fire*, a. a. O.

95  Thich Nhat Hanh, *Buddha und Christus heute*, München (Goldmann) 1996.

96  New Brunswick, NJ (Rutgers University Press) 2002.

97 Martin Luther King jr. wird am 4. April 1968, genau ein Jahr nach dieser Rede, ermordet.

98 *Das Wunder, wach zu sein: Ein Meditationshandbuch*, Hamburg (Buddhistische Gesellschaft) 1974.

99 Ebenda.

100 Ebenda.

101 Siehe www.jimandnancyforest.com

102 Avalokiteshvara ist in der buddhistischen Tradition ein wichtiger Bodhisattva, die Verkörperung des Mitgefühls. (Anm. d. Übers.)

103 Aus dem Archiv des Versöhnungsbundes (FOR).

104 Chan Khong, *Aus Liebe zu allen Wesen*, a. a. O.

105 *The New York Times*, 17. Mai 1967.

106 Thich Nhat Hanh, *Das Wunder der Achtsamkeit*, Bielefeld (Theseus) 2009.

107 Jean-Sébastien Stehli, »Le Maître zen du Bordelais«, *L'Express*, 27. Dezember 2001.

108 Thich Nhat Hanh, *Nimm das Leben ganz in deine Arme*, a. a. O.

109 Thich Nhat Hanh, *Ärger*, a. a. O

110 Thich Nhat Hanh. *Wahren Frieden schaffen*, München (Goldmann) 2004.

111 Thich Nhat Hanh, *Dialog der Liebe*, a. a. O.

112 Ebenda.

113 Die EPHE ist eine Institution für fortgeschrittene Studien, aber keine Universität. (Anm. d. Übers.)

114 Die »Prinzipien für Umwelt und Entwicklung« der von dieser Konferenz verabschiedeten Deklaration sind auch heute noch maßgeblich.

115 Thich Nhat Hanh, *Aus der Tiefe des Verstehens die Liebe berühren*, Berlin (Theseus) 1996.

116 Chan Khong, *Aus Liebe zu allen Wesen*, a. a. O.

117 Siehe www. jimandnancyforest.com

118 Chan Khong, *Aus Liebe zu allen Wesen*, a. a. O.

119 Ebenda.

120 Siehe www.jimandnancyforest.com

121 Deutsch: *Das Wunder, wach zu sein*, Hamburg (Buddhistische Gesellschaft) 1982. (Anm. d. Übers.)

122 Siehe www.jimandnancyforest.com

123 Der Name eines alten Projekts für ein Retreat-Zentrum in Vietnam, das nie verwirklicht wurde.

124 Thich Nhat Hanh, »Five Wonderful Precepts«, *The Mindfulness Bell* 1.2 (Frühjahr/Sommer 1990).

125 Chuck Dean, *Nam Vet: Making Peace with your Past*, CreateSpace Independent Publishing Platform, 2012.

126 Thich Nhat Hanh, *Liebe handelt. Wege zu einem gewaltlosen gesellschaftlichen Wandel*, Heidelberg (Werner Kristkeitz Verlag) 1997.

127 Jean-Sébastien Stehli, »Le Maître zen du Bordelais«, *L'Express*, a. a. O.

128 Christopher S. Queen, *Engaged Buddhism in the West*, Boston (Wisdom Publications) 2000.

129 Ebenda.

130 Ebenda.

131 Jean-Pierre und Rachel Cartier, *Thich Nhat Hanh. Le bonheur de la pleine conscience*, Paris (La Table ronde) 2001.

132 Aus einem Interview von Vincent Bardet für Buddhaline. net.

133 Vom 27. September bis 1. Oktober 1995.

134 Siehe *Gorbatchev's Plan for a United World* (1995): http://www.crossroad.to/text/articles/gorb10-95.html.

135 Thich Nhat Hanh, *Ärger*, a. a. O.

136 Thich Nhat Hanh, *Calming the Fearful Mind*, Berkeley, CA (Parallax Press) 2005.

137 *The Right Kind of Power*, www.beliefnet.com, 8. September 2011.

138 Ebenda.

139 Vesak: traditionelles buddhistisches Fest, das den Geburtstag des Buddha feiert, aber auch die drei großen Abschnitte seines Lebens (seine Geburt, seine Erleuchtung und seinen Tod).

140 David Van Biema, »Burma's Monks: ›Already a Success‹«. 12. Oktober 2007.

141 Brief von Thich Nhat Hanh zur Klimakatastrophe. Deutsche Übersetzung von Ursula Richard. (www.intersein.de/texte.html)

142 Bernard Paranque, Roland Pérez (Hrsg.), *La finance autrement? Réflexions critiques et perspectives sur la finance moderne*, Villeneuve-d'Ascq (Presses universitaires du Septentrion) 2015.

143 James Doty ist Autor des amerikanischen Bestsellers *Into the Magic Shop: A Neurosurgeon's Quest to Discover the Mysteries of the Brain and the Secrets of the Heart*, New York (Avery) 2016.

144 Thich Nhat Hanh, *Das Wunder der Achtsamkeit*. Zürich (Theseus) 1988.

145 Thich Nhat Hanh, *Das Wunder der Achtsamkeit*, Bielefeld (Theseus) 2009.

146 Thich Nhat Hanh, *Das Leben berühren*, Freiburg im Breisgau (Herder) 2004.

147 Audoze, Jean; Michel Cassé; Jean-Claude Carrière, *Conversations sur l'invisible*, Paris (Pocket, nouvelle édition augmentée) 2002.

148 Ebenda.

149 Thich Nhat Hanh, *Die Sonne, mein Herz. Über die Verbundenheit allen Seins*, Bielefeld (Theseus) 2012.

150 Thich Nhat Hanh, *Aus Angst wird Mut. Grundlagen buddhistischer Psychologie*, Berlin (Theseus) 2014.

151 Thich Nhat Hanh, *Dialog der Liebe*, a. a. O.

152 Thich Nhat Hanh, *Nimm das Leben ganz in deine Arme*, a. a. O.

153 Thich Nhat Hanh, *Versöhnung mit dem inneren Kind*, a.a.O.

154 Thich Nhat Hanh, *Der Duft von Palmenblättern*, a. a. O.

155 Jean-Sébastien Stehl, »Le Maitre zen du Bordelais«, *L'Express*, a. a. O.

156 Ebenda.

157 »Den Himmel und die Erde rufe ich heute als Zeugen gegen euch an. Leben und Tod lege ich dir heute vor, Segen und Fluch. Wähle also das Leben, damit du lebst, du und deine Nachkommen.« (5. Buch Mose 30:19. Einheitsübersetzung der Bibel)

158 Thich Nhat Hanh, *Ärger*, a. a. O.

159 Nach Angaben der Weltgesundheitsorganisation ist der Stress eine der Krankheiten des Jahrhunderts.

160 Thich Nhat Hanh, *Nimm das Leben ganz in deine Arme*, a. a. O.

161 Ebenda.

162 Saint-Exupéry, Antoine de, *Der Kleine Prinz*, Düsseldorf (Karl Rauch Verlag) 1976.

163 Cyrulnik, Boris, *Scham: Im Bann des Schweigens. Wenn Scham die Seele vergiftet*, Hünfelden (Präsenz Kunst & Buch) 2011.

164 Auszug aus der Rede in Berkeley vom 13. September 2001 über das Zuhören.

165 Ebenda.

166 Thich Nhat Hanh, *Nimm das Leben ganz in deine Arme*, a. a. O.

167 Thich Nhat Hanh, *Dialog der Liebe*, a.a.O.

168 Ebenda.

169 Thich Nhat Hanh, *Versöhnung mit dem inneren Kind*, a. a. O.

170 Thich Nhat Hanh, *Nimm das Leben ganz in deine Arme*, a. a. O.

171 Thich Nhat Hanh, *Dialog der Liebe*, a. a. O.

172 Ebenda.

173 Ebenda.

174 Aus einem Gespräch von Gregory Kennedy-Salemi mit den Autoren.

175 Ebenda.

176 Villagedespruniers.net

177 Zeitschrift *Psychologies*, »Thich Nhat Hanh, le plus grand maître du bouddhisme«, Anne-Laure Gannac, März 2014.

178 Abdruck mit freundlicher Genehmigung des Ordens Intersein in Plum Village, Frankreich. Siehe auch http://www.eiab.eu.

# Bücher von Thich Nhat Hanh

*Das Wunder im Jetzt*, München (O. W. Barth) 2017.

*Mit dem Herzen verstehen*, Hamburg (Nikol) 2017.

*Die Quelle der Liebe*, Freiburg im Breisgau (Herder) 2017.

*Das Wunder bewussten Atmens*, Bielefeld (Theseus) 2016.

*Das Wunder der Achtsamkeit* (eBook), Bielefeld (Theseus) 2016.

*Der Geruch von frisch geschnittenem Gras*, überarbeitete Lizenzausgabe, Bielefeld (Theseus) 2016.

*Einfach entspannen*, München (O. W. Barth) 2016.

*Einfach essen*, München (O. W. Barth) 2016.

*Einfach gehen*, München (O. W. Barth) 2016.

*Einfach lieben*, München (O. W. Barth) 2016.

*Einfach sitzen*, München (O. W. Barth) 2016.

*Glücklich sein im Hier und Jetzt*, München (O. W. Barth) 2016.

*Im Hier und Jetzt zu Hause sein* (eBook), Bielefeld (Theseus) 2016.

*Jesus und Buddha – Ein Dialog der Liebe*, Freiburg im Breisgau (Herder) 2016.

*Lächle*, München (O. W. Barth) 2016.

*Achtsamkeit Survival-Kit*, München (O. W. Barth) 2015.

*Liebe*, Berlin (Edition Steinrich) 2015.

*Ohne Schlamm kein Lotos*, München (Nymphenburger) 2015.

*Stille, die aus dem Herzen kommt*, München (Lotos) 2015.

*Zur Ruhe finden*, Freiburg im Breisgau (Herder) 2015.

*Achtsam sprechen – achtsam zuhören*, München (O. W. Barth) 2014.

*Aus Angst wird Mut*, Bielefeld (Theseus) 2014.

*Die Weisheit des Lotos-Sutra*, Freiburg im Breisgau (Herder) 2014.

*Gut sein und was der Einzelne für die Welt tun kann*, München (O. W. Barth) 2014.

*Liebe heißt, mit wachem Herzen leben*, Freiburg im Breisgau (Herder) 2014.

*Liebesbrief an die Erde*, München (Nymphenburger) 2014.

*Schritte der Achtsamkeit*, Freiburg im Breisgau (Herder) 2014.

*Achtsam arbeiten, achtsam leben*, München (O. W. Barth) 2013.

*Alles, was du tun kannst für dein Glück*, Freiburg im Breisgau (Herder) 2013.

*Der furchtlose Buddha*, München (Arkana) 2013.

*Die Heilkraft buddhistischer Psychologie*, München (Goldmann) 2013.

*Es gibt nichts zu tun*, Berlin (Edition Steinrich) 2013.

*Goldene Regeln der Achtsamkeit*, Freiburg im Breisgau (Herder) 2013.

*Zur Ruhe finden*, Freiburg im Breisgau (Herder) 2013.

*Achtsam essen – achtsam leben*, München (O. W. Barth) 2012.

*Auf dem Weg der Achtsamkeit*, Freiburg im Breisgau (Herder) 2012.

*Die Quelle der Liebe*, Freiburg im Breisgau (Herder) 2012.

*Friede mit jedem Atemzug*, München (Goldmann) 2012.

*Fünf Pfade zum Glück*, Freiburg im Breisgau (Herder) 2012.

*Schritte der Achtsamkeit*, Freiburg im Breisgau (AIRA) 2012.

*The Art of Power. Die Kunst, mit Macht richtig umzugehen*, Freiburg im Breisgau (Herder) 2012.

*Umarme dein Leben*, Freiburg im Breisgau (AIRA) 2012.

*Wenn es auch unmöglich scheint*, München (Goldmann) 2012.

*Achtsamkeit mit Kindern*, München (Nymphenburger) 2012.

*Die Sonne, mein Herz*, Bielefeld (Theseus) 2012.

*Das Diamantsutra*, Berlin (Edition Steinrich) 2011.

*Das Lächeln des Buddha*, Freiburg im Breisgau (Herder) 2011.

*Entdecke den Schatz in deinem Herzen*, München (Kösel) 2011.

*Innerer Friede – äußerer Friede*, München (Knaur) 2011.

*Jeden Augenblick genießen*, Freiburg im Breisgau (Herder) 2011.

*Umarme deine Wut*, Bielefeld (Theseus) 2011.

*Versöhnung mit dem inneren Kind*, München (O. W. Barth) 2011.

*Unsere Verabredung mit dem Leben*, München (Knaur) 2010.

*Mit dem Herzen verstehen* (eBook), München (Knaur) 2010.

*Achtsam leben – wie geht das denn?*, Bielefeld (Theseus) 2010.

*Alles, was du tun kannst für dein Glück*, Freiburg im Breisgau (Herder) 2010.

*Antworten von Herzen*, Bielefeld (Theseus) 2010.

*Du bist ein Geschenk für die Welt*, München (Kösel) 2010.

*Nenne mich bei meinen wahren Namen*, gekürzte Neuausg., München (Knaur) 2010.

*Tief aus dem Herzen*, München (Goldmann) 2010.

*Wie Siddhartha zum Buddha wurde*, Bielefeld (Theseus) 2010.

*Im Hier und Jetzt zu Hause sein*, Freiburg im Breisgau (Herder) 2010.

*Aufwachen zu dem, der du bist*, Frankfurt, M. (O. W. Barth) 2009.

*Die Kunst des achtsamen Lebens* (DVD), Stuttgart (Theseus) 2009.

*Die Welt ins Herz schließen*, Bielefeld (Aurum) 2009.

*Lächle deinem eigenen Herzen zu*, Freiburg im Breisgau (Herder) 2009.

*Das Wunder der Achtsamkeit*, Bielefeld (Theseus) 2009.

*Frei sein, wo immer du bist*, Stuttgart (Theseus) 2008.

*Geh-Meditation*, mit Nguyen Anh-Huong, München (Arkana) 2008

*Kein Werden, kein Vergehen*, München (Knaur) 2008.

*Mutter – das erste Wort für Liebe*, Freiburg im Breisgau (Herder) 2008.

*Wahren Frieden schaffen*, München (Goldmann) 2008.

*Ärger. Befreiung aus dem Teufelskreis destruktiver Emotionen*, München (Goldmann) 2007.

*Der Buddha*, Frankfurt am Main (Insel) 2007.

*Friedlich miteinander leben*, München (Heyne) 2007.

*Gegenwärtiger Moment, wundervoller Moment*, Stuttgart (Theseus) 2007.

*Ich pflanze ein Lächeln*, München (Goldmann) 2007.

*Sei liebevoll umarmt*, München (Kösel) 2007.

*Zeiten der Achtsamkeit*, Freiburg im Breisgau (Herder) 2007.

*Nimm das Leben ganz in deine Arme*, München (Deutscher Taschenbuch Verlag) 2006.

*Das Diamant-Sutra*, Berlin (Theseus) 2005.

*Das Herz des Kosmos*, Freiburg im Breisgau (Herder) 2005.

*Versöhnung beginnt im Herzen*, Freiburg im Breisgau (Herder) 2005.

*Worte der Wahrheit*, Kreuzlingen (Diederichs) 2005.

*Das Herz von Buddhas Lehre*, Freiburg im Breisgau (Herder) 2004.

*Das Leben berühren*, Freiburg im Breisgau (Herder) 2004.

*Schlüssel zum Zen*, Freiburg im Breisgau (Herder) 2003.

*Drei Juwelen im Herzen*, Berlin (Theseus) 2002.

*Das Boot ist nicht das Ufer*, München (Goldmann) 2001.

*Der Mondbambus*, München (Knaur) 2001.

*Die Kunst des glücklichen Lebens*, Berlin (Theseus) 2001.

*Meditationen zu »Lebendiger Buddha, lebendiger Christus«*, München (Goldmann) 2001.

*Das Erblühen des Lotos*, Berlin (Theseus) 2000.

*Der Duft von Palmenblättern*, Freiburg im Breisgau (Herder) 2000.

*Dialog der Liebe.* Freiburg im Breisgau (Herder) 2000.

*Die fünf Pfeiler der Weisheit*, München (Knaur) 2000.

*Heute achtsam leben*, Freiburg im Breisgau (Herder) 1999.

*Klar wie ein stiller Fluss*, Heidelberg-Leimen (Werner Kristkeitz Verlag) 1999.

*Worte der Achtsamkeit*, Freiburg im Breisgau (Herder) 1999.

*Vierzehn Tore der Achtsamkeit*, Berlin (Theseus) 1998.

*Nenne mich bei meinen wahren Namen*, Berlin (Theseus) 1997.

*Nimm das Leben ganz in deine Arme*, Berlin (Theseus) 1997.

*Das Glück, einen Baum zu umarmen*, München (Goldmann) 1997.

*Das Wolkenkloster*, Braunschweig (Aurum) 1997.

*Drachenprinz und Göttervogel*, Heidelberg (Verlag im Mühltal) 1997.

*Liebe handelt*, Heidelberg (Werner Kristkeitz Verlag) 1997.

*Buddha und Christus heute*, München (Goldmann) 1996.

*Aus der Tiefe des Verstehens die Liebe berühren*, Berlin (Theseus) 1996.

*Zeiten der Achtsamkeit*, Freiburg im Breisgau (Herder) 1996.

*Der Klang des Bodhibaums*, Berlin (Theseus) 1995.

*Donnerndes Schweigen*, Berlin (Theseus) 1995.

*Ein Lotos erblüht im Herzen*, München (Goldmann) 1995.

*Und ich blühe wie eine Blume*, Braunschweig (Aurum) 1995.

*Alter Pfad, weiße Wolken*, Zürich (Theseus) 1992.

*Einssein*, Zürich (Theseus) 1991.

*Das Sutra des bewussten Atmens*, Zürich (Theseus) 1988.

*Lotos im Feuermeer*, München (Kaiser) 1967.

# Weiterführende Weblinks

Auf den folgenden Websites finden Sie zusätzliche Informationen über Thich Nhat Hanh, den Orden Intersein, CDs und
DVDs von Thich Nhath Hanh (einige in deutscher Übersetzung), Übungsgruppen und Zentren sowie Literatur über Thich
Nhat Hanh.

http://www.intersein.de
http://www.intersein-zeitschrift.de
https://plumvillage.org
https://tnhaudio.org/category/languages/englishgerman/
https://de.wikipedia.org/wiki/Th%C3%ADch_Nhất_Hạnh
https://www.eiab.eu
http://www.intersein-zentrum.de/de-de/index.html
http://www.quelle-des-mitgefuehls.de/?Thich_Nhat_Hanh
http://deerparkmonastery.org
http://magnoliagrovemonastery.org
http://bluecliffmonastery.org
http://pvfhk.org
http://nhapluu.org

# Dank

Unser Dank gilt Daniel Odier, The Fellowship of Reconciliation, Gregory Kennedy-Salemi, Iris Manca Ghérrino, Jim Forest, Minh Tri und Isabelle, Élisabeth, Nathalie, Elfie, Éric und Christian für ihre wertvolle Mitarbeit.